责任编辑　张克敏
版式设计　李　灵
责任校对　王洪霞
责任印制　宋二顺

甘肃政法学院2009年重点科研资助项目

侦查学基础理论

薛炳尧/编著

中共中央党校出版社
The Central Party School Publishing House

图书在版编目（CIP）数据

侦查学基础理论/薛炳尧编著．—北京：中共中央党校出版社，2009.4

ISBN 978-7-5035-4129-2

Ⅰ.侦…　Ⅱ.薛…　Ⅲ.刑事侦察学　Ⅳ.D918

中国版本图书馆 CIP 数据核字（2009）第 055924 号

中共中央党校出版社出版发行

社址：北京市海淀区大有庄 100 号

电话：（010）62805800（办公室）　（010）62805818（发行部）

邮编：100091　网址：www.dxcbs.net

新华书店经销

北京大河印务有限责任公司印装

2009 年 4 月第 1 版　2009 年 4 月第 1 次印刷

开本：700 毫米×1000 毫米　1/16　印张：17.75

字数：282 千字　印数：1-3000 册

定价：35.00 元

前　言

本书的主题是侦查学基础理论，这是一个关涉我国侦查学科型塑的重大课题。“基础，是指事物发展的根本或起点。”“理论，是指概念、原理的体系，是系统化了的理性知识。”所谓基础理论就是指作为基础的理论。基础理论与理论基础二者含义基本相同，基础理论是作为基础的理论，理论基础是由理论构成的基础；前者强调的是理论，后者强调的是基础。一门学科的基础理论就是在学科理论基础上生长起来的。对侦查学科基础理论涵盖的所有问题，不应当仅作为一种指称事物的概念来理解，而应当作为侦查学科的基本范畴来把握；因为，范畴具有“孕育理论”的功能。对侦查学科基础理论的研究，旨在为“学科”走向“科学化”奠基；“奠基”之后围绕侦查学科中的一系列范畴，将侦查学科逐渐构建成为一个完整的理论体系。

我国真正意义上对侦查学科全面而系统的研究，发端于20世纪80年代初的“两法”颁布之后。在这屈指可数的30年研究历程中，侦查学科研究始终强调理论联系实际；侦查学科理论和实务界的学者们，一直致力于解决侦查实践中的疑难问题。这种建立在侦查学科是一门应用学科定位基础上的学术追求，当然具有合理性。但是，侦查学科的应用恰恰是以理论为前提的。所谓应用，正是侦查学科理论之应用。因此，倘若侦查学科理论本身不够发达，侈谈侦查学科的应用性，就会成为无源之水、无本之木。我国侦查实践的能力不足和水平不高，正说明侦查实践缺乏有效的侦查学科理论指导，说明侦查学科理论的研究落后于侦查实践的需要。从我国目前侦查学科理论的整体水平来看，学科理论研究仍是处于对侦查经验总结的阶段；侦查学科的应用性理论单一落后，侦查学科的基础性理论单薄滞后；实践中存在着侦查认识和侦查行为的盲目性，这些都急需大力发展侦查学科的基础理论。理论具有全面性、逻辑性、系统性三大特征。最近有学者提出“学科的发展就是要走‘由应用理论向基础理论转变，再由基础理论促进应用理论发展’的一个辩证循环之路，这是学科发展的必然路径”的观点，这一观点对我国侦查学科的研究具有指导作用。在我看来，侦查学科的理论性与应用性是两种层次、两种境界和两种分工。就两种层次而言，首先应当将侦查学科的理论性与应用性加以区隔，应当明确意识到这两者是不同的，从而为正确地处理侦查学科的理论性与应用性提供逻辑前提。就两种境界而言，理论性的侦查学与应用性的侦查学，是侦查理论的两种语境；尽管两者之间存在密切的联系，但在理论形态上呈现出不同的特质。就两种分工而言，从事理论侦查学的研究与从事应用侦查学的研究，应当有所分工由不同的侦查群体来承担。基于学术资源配置上的考量，我认为在大学以及专门研究机构中的侦查学者，应将学术重心放在理论侦查学的研究上，应用侦查学的研究可以由侦查实务机构中的研究人员来承担。在我国侦查学科的研究中，若能形成适当的学术分工，必将有利于侦查学科的良性健康发展。之所以将理论侦查学与应用侦查学做如此区隔的目的，绝对没有重理论而轻应用之意，而是为使侦查学科研究的两种理论形态各得其所。回顾这些年侦查学科的发展，我以为标志之一就是理论侦查学的兴起和发达。理论侦查学从应用侦查学中析离出来，逐渐形成自身的话语体系和学术品格，必将引领和规范应用侦查学的发展。

本书的主要内容由“侦查学科”和“侦查本体”两大部分组成，侦查学科包括：侦查学的学科、侦查学的原理、侦查学的演变三个部分的内容。侦查本体包括：侦查概述、侦查主体、侦查对象、侦查行为、侦查原则、侦查比较六个部分的内容。由于本人对侦查学科基础理论的认识肤浅，加之侦查学科理论研究的资料相当匮乏，对侦查学科这一性质复杂范围宽泛的专门科学，实无何项心得足以就正于当代学者之前；但本着对侦查学科基础理论“不离不弃”的精神和“添砖加瓦”的态度，在七八年教学与思索所得基础上，三易其稿写成这个册子，谬误或遗漏在所难免，将在不断的实践、研究中加以充实完善。

目　　录

第一章　侦查学的学科

第一节　侦查学研究对象与学科特征 …………………………… 1

一　侦查学的研究对象 …………………………………………… 1

二　侦查学的学科特征 …………………………………………… 3

三　侦查学的学科名称 …………………………………………… 6

第二节　侦查学学科属性与结构体系 …………………………… 10

一　侦查学的学科属性 …………………………………………… 10

二　侦查学的学科体系 …………………………………………… 15

第三节　侦查学相邻关系与研究方法 …………………………… 23

一　侦查学的相邻关系 …………………………………………… 23

二　侦查学的研究方法 …………………………………………… 26

第二章　侦查学的原理

第一节　侦查认识论 ……………………………………………… 29

一　唯物主义实践观 ……………………………………………… 29

二　辩证的认识方法 ……………………………………………… 30

三　侦查认识的特定性 …………………………………………… 33

四　侦查思维的多样性 …………………………………………… 35

第二节　侦查信息论 ……………………………………………… 37

一　侦查信息的含义 ……………………………………………… 37

二　侦查信息的类型 ……………………………………………… 38

三　侦查信息的作用 ……………………………………………… 40

第三节　侦查同一论 ……………………………………………… 42

一　同一认定的含义 ……………………………………………… 42

二　同一认定的原理 ……………………………………………… 45

三　同一认定的条件 ……………………………………………… 46

四　同一认定的类型 ……………………………………………… 47

五　同一认定的步骤 ……………………………………………… 50

六 同一认定的评断 …… 52

第三章 侦查学的演变
第一节 古代侦查机构演变概述 …… 56
一 古代侦查职能的产生 …… 56
二 古代侦查机构的变更 …… 57
三 古代侦查活动的形式 …… 67
四 古代侦查研究的文献 …… 71
第二节 近代侦查学科创建概述 …… 73
一 侦查学科的萌芽 …… 73
二 侦查学科的诞生 …… 81
第三节 当代侦查学科发展概述 …… 84
一 侦查学科在欧美的发展 …… 84
二 侦查学科在苏联的发展 …… 87
三 侦查学科在中国的发展 …… 90

第四章 侦查概述
第一节 侦查的概念与特征 …… 95
一 侦查的概念 …… 95
二 侦查的特征 …… 98
三 侦查的名称 …… 102
第二节 侦查的权力与性质 …… 104
一 侦查权力的概念 …… 104
二 侦查权力的性质 …… 107
第三节 侦查的任务与价值 …… 112
一 侦查的任务 …… 112
二 侦查的价值 …… 115

第五章 侦查主体
第一节 侦查的体制与管理 …… 123
一 我国侦查的体制 …… 124
二 我国侦查的管理 …… 130
第二节 侦查的机构与队伍 …… 135

一　我国的侦查机构 …… 136
二　我国侦查的队伍 …… 140
第三节　侦查的人员与素质 …… 142
一　我国侦查人员的职权 …… 142
二　我国侦查人员的素质 …… 143

第六章　侦查对象

第一节　侦查对象的基本类型 …… 150
一　刑事案件的概念 …… 151
二　刑事案件的规律 …… 152
三　刑事案件的特点 …… 153
四　刑事案件的类型 …… 155
第二节　侦查对象的构成要素 …… 158
一　作案时间要素 …… 159
二　作案空间要素 …… 163
三　作案主体要素 …… 166
四　作案对象要素 …… 172
五　作案行为要素 …… 175
第三节　侦查对象的侦破模式 …… 178
一　一般侦破模式 …… 178
二　特殊侦破模式 …… 180

第七章　侦查行为

第一节　侦查行为的性质 …… 187
一　对行为的理解 …… 187
二　侦查行为的概念 …… 189
三　侦查行为的性质 …… 192
四　侦查行为的原则 …… 194
第二节　侦查行为的分类 …… 197
一　侦查行为分类的标准 …… 197
二　常见的侦查行为分类 …… 199
第三节　侦查行为的种类 …… 204
一　侦查的基础 …… 204

二　侦查的方法 …… 212
三　侦查的措施 …… 217
四　侦查的谋略 …… 229

第八章　侦查原则
第一节　传统侦查的原则 …… 232
一　实事求是的原则 …… 232
二　依靠群众的原则 …… 233
三　遵守法制的原则 …… 234
四　迅速及时的原则 …… 236
五　协同作战的原则 …… 237
六　保守秘密的原则 …… 238
第二节　现代侦查的原则 …… 239
一　程序法定的原则 …… 240
二　措施比例的原则 …… 242
三　司法审查的原则 …… 244
四　科学证明的原则 …… 247
五　适度公开的原则 …… 250
六　效益效率的原则 …… 252

第九章　侦查比较
第一节　英美侦查制度的演变概述 …… 256
一　英国侦查演变概况 …… 256
二　美国侦查演变概况 …… 261
第二节　法德侦查制度的演变概述 …… 263
一　法国侦查演变概况 …… 263
二　德国侦查演变概况 …… 266
第三节　日俄侦查制度的演变概述 …… 267
一　日本侦查演变概况 …… 267
二　俄罗斯侦查演变概况 …… 269

后　记 …… 274

第一章　侦查学的学科

在人类历史的长河中，侦查作为追究犯罪的社会实践，在我国古代就已经存在，距今大约有几千年的历史；而作为研究侦查实践的侦查学科，是在近代才出现，距今只有一百多年的历史。欲要了解侦查学的学科，首先对学科要有一个明确的认识，按《现代汉语词典》的解释，学科是“按照学问的性质而划分的科学门类。”① 这是一种对学科大众化的理解；从学术研究的角度来解释学科，可以将学科粗略地理解为“对事物认识所形成的知识体系”，某一学科就是对某一事物认识所形成的知识体系。所以，“科学学科是以科学理论为核心材料和其他材料建构起来的具有系统化的知识体系，是比科学理论更广和更深的认识形式。”② 学科是根据事物的不同性质，将人们的认识分成不同类别而形成的知识系统；任何在感性认识基础上形成的经验性知识，都必须要努力探求对这些知识的综合而求得它的共同认识。

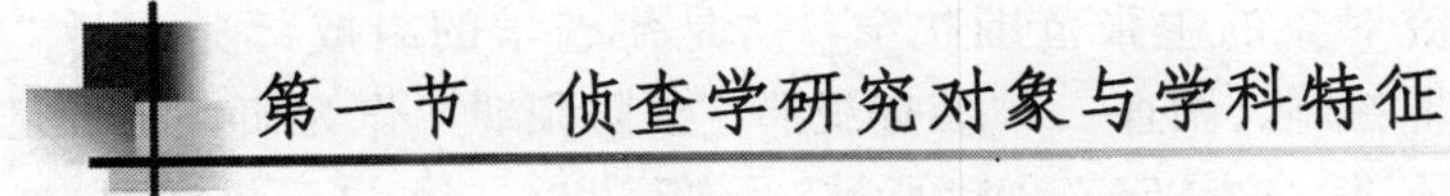

第一节　侦查学研究对象与学科特征

一、侦查学的研究对象

侦查学的学科就是对应侦查这一事物的知识体系，侦查学作为研究侦查的知识体系，首先要回答的是学科的研究对象。可见，对“侦查学是什么”的问题，可以简化为“侦查学是研究什么的”问题，也即揭示学科的研究对象。对侦查学的学科研究对象的准确界定，关系到学科的研究范围和发展方向，是学科研究的核心范畴。任何一门学科的建立都要有自己独立而明确的研究对象，这是一门学科建立的基础，也是区别于其他学科最根本的依据。正如毛泽东在《矛盾论》一文中指出：科学研究的区分，就

① 《现代汉语词典》，商务印书馆2008年版，第1547页。

② 舒炜光：《科学认识论》第3卷，吉林人民出版社1990年版，第145页。

是根据科学对象所具有的特殊矛盾性。因此，对某一现象的领域所特有的某一矛盾的研究，就构成某一学科的对象①。

（一）侦查学研究对象

侦查学研究对象是侦查学科建立的基础，也是确定学科研究范围的重要依据。侦查学研究对象是侦查活动及其规律的学科。确切地说：侦查学是研究侦查制度、活动规律和对策的学科。

侦查学的研究对象在学界一直存在争论，概括起来大致有以下几种观点：(1) 侦查活动规律和方法说；(2) 犯罪规律、侦查对策说；(3) 犯罪行为、侦查行为说；(4) 侦查技术、侦查措施和侦查方法说；(5) 侦查技术、措施、方法、谋略说；(6) 侦查行为规律说；(7) 犯罪、侦查活动说；(8) 犯罪控制、调查说；(9) 侦查犯罪、预防犯罪说；(10) 侦查活动说；(11) 侦查活动、制度、方法说②。

对上述几种观点进行归纳分类可见：主张“侦查活动”作为研究对象的有4条，主张“犯罪规律”作为研究对象的有2条，主张“侦查技术”作为研究对象的有2条，主张“侦查行为”、“犯罪控制、调查”、“侦查犯罪”作为研究对象的各有1条；其中以“犯罪规律”或“犯罪行为”作为侦查学研究对象的主张显然不当，这是犯罪学研究的对象；以“侦查技术”作为侦查学研究对象的主张范围狭窄，这是侦查学的组成部分；以“侦查行为”、“犯罪控制、调查”、“侦查犯罪、预防犯罪”作为侦查学研究对象的主张界定不准，这是定义含糊所致。一般认为，对一门具体学科根据研究对象所具有的特殊矛盾性进行学科的划分和界定，这是划分学科的基本依据；另一方面必须将研究对象作为一个整体来考虑，一门具体学科研究对象的划分，应能够揭示学科研究对象的本质特征；既要从学科本身各部分之间的相互联系出发，又要从其内在的联系中把握学科的本质特性和整体性特征。据此，认为侦查学的研究对象是侦查制度、活动规律和对策，符合上述理论依据并切合客观实际。

（二）侦查学研究对象的内涵

1. 侦查学研究对象内涵之一是侦查的制度

侦查的制度不同于侦查活动的一般法律规定，它探寻的内容更为广泛

① 《毛泽东选集》第1卷，人民出版社1991年版，第309页。

② 瞿丰：《关于侦查学若干理论问题探讨》，载《中国法学》，2002年第4期。

和深远，包括侦查的一般概念、侦查的理论依据、侦查的历史渊源，以及侦查的基本原则和侦查的基本形式等。因此，侦查制度是从理论上或从宏观上研究侦查的活动规律，属于对侦查活动进行理论研究的范畴，这些研究内容对侦查的应用研究具有规范和指导意义。

2. 侦查学研究对象内涵之二是侦查的规律

侦查的规律主要体现在侦查的程序和方法中，侦查的对象是具体的刑事案件，刑事案件是由相关的要素构成和存在，任何种类的刑事案件都具有发生和发展变化的规律；侦查活动及其规律就是在研究刑事案件规律和特点的基础上，提出刑事案件侦查的一般规律和各类刑事案件侦查的特殊规律，为各类刑事案件侦查提供科学方法和依据。

3. 侦查学研究对象内涵之三是侦查的对策

侦查的对策是侦查规律归纳、概括、提炼和升华的策略与谋略，侦查唯有在研究掌握刑事案件规律和特点的基础上，总结和抽象出针对各类案件规律特点的侦查对策，以有效解决案件侦查中的疑难问题，才是侦查学研究追求的最高之境界和达到更高之水平；也是侦查学研究侦查活动及其规律行之有效的目标，成为指导侦查实践的理论基础。

二、侦查学的学科特征

侦查学的学科特征是学科自身所具有的本质特性，学科特征是学科形成、学科作用、学科任务所蕴涵的学科特质；侦查学科中的应用性、实践性、综合性特征，成为侦查学科区别于其他学科的显著特点。

（一）学科的应用性

侦查学属于一门应用性极强的学科，它产生于同犯罪相生相克的社会实践中，并在与犯罪互动和互促的实践过程中，不断丰富与发展自身的理论和学科体系。侦查学的应用性体现在其学科的理论具有极强的实践性，侦查实践的经验和技能，在其学科理论中占有较大的比重，这是侦查学的研究对象和学科性质决定了侦查学理论，必须植根在与犯罪相互作用的实践之中，并通过总结与刑事犯罪相互作用的实践经验，不断地探索、研究、更新、完善侦查学的理论，更好地为揭露和证实犯罪，打击和预防犯罪服务。侦查学的应用性表现为：

1. 侦查学借鉴众多学科理论为立论之依据

侦查学中除了以刑法和刑事诉讼法学的概念、原理和方法，作为学科研究的基石范畴外，还运用和吸收了证据学、犯罪学、犯罪心理学等诸多相关学科的内容与方法，作为本学科立论的依据以丰富和完善学科的理论体系。虽然与侦查学有密切联系的诸多刑事学科，各自从自身角度出发研究犯罪与侦查，而且侦查学与其他研究犯罪和侦查的学科相比，在内容上具有一定程度的交叉和渗透，但是其他学科研究侦查对象的角度和内容无法取代侦查学。侦查学的形成是在借鉴和吸收刑事法学，及其众多社会科学的相关学科理论的基础上，以这些学科的概念、原理和方法为侦查学立论之依据。

2. 侦查学移植多种科技成果为技术之方法

侦查学作为法学和自然科学相结合产生的应用性学科，其内容中大量地移植和嫁接了自然科学的技术成果。侦查学在发展研究中，一是移植自然科学技术的理论和方法的成果，即在侦查学研究中将现有的自然科学技术的理论和方法，直接地运用到侦查实践中为侦查服务；二是嫁接自然科学技术的理论和方法的成果，即在侦查学研究中将现有的自然科学技术的理论和方法，间接地运用到侦查实践中为侦查服务。侦查学正是在移植和嫁接自然科学技术的理论与方法，以及吸收和引进最新科技成果的过程中，建立、形成、发展了侦查学特有的技术手段与方法体系，使多种科技成果为侦查实践的技术之方法。

3. 侦查学吸收最新研究方法为发展之动力

侦查学的研究主要是以马克思主义哲学中的辩证唯物主义为指导，充分吸收和借鉴社会科学与自然科学的最新成果方法，吸收“老三论”即系统论、控制论、信息论等理论，指导侦查学科研究方向和服务侦查实践；借鉴“新三论”即突变论、协同论、耗散结构论等理论，充实侦查学科研究内容和提高侦查实践水平，以及汲取社会学、逻辑学、心理学、语言学、管理学等诸多具有方法性质学科的养分，为侦查学的理论研究和实践总结提供方法论，使侦查学充分吸收和借鉴最新研究成果与方法，真正成为侦查学科发展不竭的源泉和动力。

（二）学科的实践性

侦查是一项实践性极强的认识活动，侦查理论绝大多数是在侦查实践的调查统计和分析研究的基础上形成，也是对长期侦查实践经验的总结、归纳和提炼的成果，侦查学的实践性是侦查学具有与其他学科不同的显著特点。当然，不能将侦查学的实践性理解为只是对侦查实践经验的简单总结，或者说侦查理论就是侦查实践经验的堆积，如果这样简单地认识侦查学科，就违背了侦查学作为一门科学的自身规律和特点。实质上，任何理论都来自实践并只能来自于实践，侦查学的实践性是由侦查学科的性质所决定。侦查学的实践性表现为：

1. 侦查实践是侦查学理论的源泉

侦查学科是从侦查实践与犯罪相生相克中生成的一门学科，侦查学研究的侦查原则方法、措施策略，以及案件侦查的程序、步骤等理论，都是建立在对侦查实践的总结与概括的基础上；通过对侦查实践经验的总结与概括，使感性认识上升到理性认识的高度，并且从中找出带有规律性的东西，揭示侦查学研究对象具有的内在和本质的联系，从而形成侦查学的学科理论与学科体系。

2. 侦查实践是侦查学理论的检验

侦查学科产生的目的就是为指导侦查实践，侦查学理论必然接受侦查实践的检验。侦查学理论来源于侦查实践，侦查实践经过侦查理论的概括、提炼、归纳和总结，从中凝结出具有普遍性和规律性的事物，再回到侦查实践中去指导侦查工作，接受侦查实践对侦查学理论的检验。侦查学理论只有在侦查实践中接受检验，侦查理论才能不断地得到修正和提高，才能在侦查实践的新时期和新要求中，不断研究、发展和完善侦查理论，从而形成新的侦查学的学科理论。

3. 侦查学理论是侦查实践的指导

侦查是揭露和证实犯罪、打击和预防犯罪的重要程序，侦查实践能否准确及时地查明案件事实真相，迅速有效地完成肩负的侦查重任，取决于侦查实践是否有科学的侦查理论的指导。任何脱离科学理论指导的实践活动，只能是低水平重复的活动或是盲目的活动。无数侦查实践经验反复证明，侦查实践活动只有在科学理论的正确指导下，侦查实践才能发展方向明确和发展动力充足。

（三）学科的综合性

侦查学科理论研究涉及的知识范围极其广泛，刑事侦查是一项涉及面极广的行业。因为，人类活动的所有领域都有可能存在犯罪现象，侦查实践牵涉方方面面的事物和触及形形色色的人物，这就使得侦查实践必然要涉及到各个领域，这就要求侦查理论研究必须具备综合性的特点。而且侦查实践和侦查理论研究关注任何事物时，总是从事物与其他事物联系的多个方面进行考察和探究；同时，侦查学在关注和研究本学科相关问题时，往往需要利用和借助大量的社会科学与自然科学的研究成果，形成了侦查学科理论与其他学科的交叉与渗透，这就使侦查学的理论研究具有明显的综合性特征。侦查学的综合性表现为：

1. 侦查学理论的综合性

侦查实践内容的广泛性和侦查对象的多样性特点，决定了侦查学理论研究的综合性和多元性。侦查学理论中既有社会科学的内容，也有自然科学的多种方法与内容；既有侦查学科理论研究的内容，也有侦查实践操作的内容；因此，侦查学理论研究必须能够满足学科涉及众多内容的客观需要，使学科的理论研究成为涵盖和涉猎广泛学科领域的综合性特征。

2. 侦查学研究的综合性

侦查实践内容的广泛性和侦查对象的复杂性特点，决定了侦查学研究方法的综合性和多样性。侦查学研究方法的综合性是由侦查学研究内容的综合性所决定的，侦查学研究方法不仅要以辩证唯物主义的方法论为指导，而且还要根据社会科学技术进步和犯罪发展变化的特点，与时俱进地借鉴和运用最新理论和方法来充实与发展本学科的理论。

三、侦查学的学科名称

学科的名称不仅标志着学科的研究对象和范围，也标志着研究的内容和重点与其他学科的区别。所以，学科名称的差异体现学科研究内容和重点的不同；学科名称又是随着人们对学科认识的不断深化，而有所发现、有所创造、有所发展和有所完善。学科名称承载着学科研究发展的历程，反映着对学科认识的成熟程度。

（一）侦查学科名称的创立

“侦查学”是个外来词，创制于19世纪末期的1893年。奥地利的司法检验官汉斯·格罗斯作为侦查学的创始人，撰写的标志侦查学诞生的著作《司法检验官手册》(Handbuch Fǔr unterscuchug scrichter)，在印刷发行第三版时，为原书名增设了一个副标题“system fǔr kriminalistiks（侦查学体系)”。这个副标题中的“kriminalistiks”就成为一个全新的词汇——“侦查学”，这一新词汇出现后迅速向全世界传播。在以美国为代表的欧美国家

“kriminalistiks”被演绎成为“物证技术学”，研究内容主要侧重于物证技术方法领域；其英文对应词是“Criminalidtics”，法文对应词是“Criminalistique”。在以前苏联为代表的东欧国家将“kriminalistiks”内涵进行扩充，内容中既包括原有的侦查技术方法和侦查措施方法，又增加了各类犯罪侦查方法的内容；其俄文对应词是“KPNMNHAJINCTNKE”。

（二）侦查学科名称的变迁

“侦查”一词引入中国最早见之于清代的末期，于1910年的成文法律文献《大清刑事诉讼律（草案）》中。“kriminalistiks”作为学科系统地传入中国是在20世纪30年代末的国民党统治时期。当时国民党的侦查机构为适应侦查工作的需要，参照日本、英国、德国等资本主义国家的侦查学著作，编译出版一本名为《侦探学》的著作，其内容主要是盯梢、坐探、抓捕、摄影、指纹、信检、隐语和黑话等知识的介绍，这可以说是中国最早的侦查学。新中国建国之初，侦查学教材和有关参考资料中，仍旧沿用国民党时期“侦探学”的名称；当时铁道部公安局编写的《侦察工作大纲》中写道：“侦探学是一门有阶级性的专门学科。”但侦探学名称在我国使用时间很短。大致到20世纪50年代中后期，我国开始全面引进和推广前苏联的“KPNMNHAJINCTNKE”（侦查学）。当时我国法学界将苏联的“KPNMNHAJINCTNKE”翻译为“犯罪对策学”，“犯罪对策学”一词被普遍使用至20世纪60年代中苏关系破裂为止。由此而来，我国的“犯罪对策学”也开始更名为“刑事侦察学”；1963年3月，西南政法大学刑侦教研室集体编写了《刑事侦察学教学提纲》的教材，是我国较早使用“刑事侦察学”名称的侦查学教材。

（三）侦查学科名称的争论

侦查学到20世纪70年代末80年代初，在我国进入了一个蓬勃发展的全新时期，随着各地各级公安院校的相继纷纷恢复和建立，侦查学教材和专著如雨后春笋般地涌现，有关侦查学名称的确定也出现分歧，对侦查学科名称由此而出现纷争。概括起来大致有以下几种争论：

第一种争论是将侦查学称为“刑事侦查学”或“犯罪侦查学”，这主要集中在司法部统编教材和政法院校使用的教材，以及综合大学法律系所使用教材的名称。主张使用“刑事”一词作为限定词，依据的是《中华人民共和国刑法》和《中华人民共和国刑事诉讼法》中，有关对刑事犯罪和刑事案件侦查规定中的“刑事”一词；而且认为使用“刑事”一词可使侦查学与刑法学和刑事诉讼法学相一致，在名称上均带有“刑”字，使侦查学在名称上加上“刑事”一词，具有刑事法律科学的学科归属感。而主张使用“犯罪”一词作为限定词则认为，使用“犯罪”一词作为名称较“刑事”更为明确；其依据就是侦查学为研究揭露和证实犯罪的学科，使用“犯罪侦查学”的名称，比使用“刑事侦查学”更为明确直观，因为“侦查学”就是为侦查“犯罪”而设置的学科，所以应当称为“犯罪侦查学”更合理。还有主张使用“刑事犯罪”词组作为限定词，认为使用“犯罪”一词限定范围的外延太宽泛，因为犯罪一词可以泛指刑法规定的一切犯罪类型；而侦查学实际上只研究其中一部分犯罪类型的侦查，也就是通常所说的普通刑事犯罪的侦查，并不研究刑法规定的所有犯罪类型的侦查。同时认为“刑事”一词是被人们简化了的口语称谓，“刑事”一词应与其后的“犯罪”一词相组合才符合语法规范；因而使用“刑事犯罪”词组作为“侦查”的限定词，既可以避免使用“犯罪”一词外延宽泛的弊端，又可以弥补使用“刑事”一词语法缺陷的不足。此外，最有代表性的主张是在“侦查学”前不使用任何限定词，认为“侦查”一词就是特指对犯罪的侦查。因为，世界上既没有区分对“刑事”与“民事”进行侦查的国家，也没有对不是犯罪进行侦查的法律规定，侦查的对象在世界范围与任何法律规定都是特定的和唯一的；所以，在“侦查”前不使用任何限定词，其意思表达依然明确无误，不会发生任何歧义或混淆，而且字义更为简练直观。

对于“刑事”、“犯罪”或“刑事犯罪”限定词之争与学术无益，而且有画蛇添足之嫌；“侦查”一词本身就蕴涵了刑事诉讼的性质，我国刑法和刑事诉讼法明确规定，侦查的对象只能是各类犯罪；侦查对象具有唯一性和特定性的特点，这与“检察”和“审判”等具有民事、刑事、行政之分的特点完全不同。之所以在侦查一词前不加“刑事”、“犯罪”或“刑事犯罪”的限定词，是因为“侦查”、“刑事侦查”、“犯罪侦查”、“刑事犯罪侦查”，这四者名称之间在意思表达上毫无本质的区别。“侦查学”作为学科的名称是完全符合科学和法理的精神，能够反映和揭示学科的内涵与外延；因此，遵循我国刑事诉讼法使用“侦查”一词的一致性，同时从使用“侦查”一词的含义更为明确，以及不易发生歧义和简洁直观等因素考虑，我们主张统一使用“侦查学”作为学科名称最为适宜。

第二种争论是将侦查学称为“侦查学”或“侦察学”，即在使用“查”

或“察”一字之差的分歧上，这主要集中在公安部统编教材和公安院校自编教材的名称。主张使用“查”字的观点与主张使用“察”字的观点分歧在于：认为“侦查”一词是公开侦查活动的代名词；“侦察”一词是秘密侦查活动的代名词。主张使用“侦查”一词的则首先认为侦查是法律术语，我国《刑事诉讼法》全文使用“侦查”一词，应依据刑事诉讼法的规定统一使用“侦查”一词；其次，主张使用“侦查”一词的认为侦查是公开活动，是指我国刑事诉讼法规定的专门调查和有关的强制性措施；再次，主张使用“侦查”一词的认为侦查的适用具有广泛性，侦查是适用于法律规范、行为性质、活动范围、行使主体、证据价值等各个方面。而主张使用“侦察”一词的则首先认为侦察是军事活动，侦察组织和侦察活动就是带有军事性质的武装力量与军事行动；其次，主张使用“侦察”一词的认为侦察是秘密的调查和措施，不仅包括法律规定的专门调查和有关的强制性措施，而且还包括侦查机关自行制定的各种特殊的调查工作和秘密手段；再次，主张使用“侦察”一词的认为侦察就是特指秘密侦查的内容，使用侦察一词以区别于公开侦查的内容。

对于“侦查”与“侦察”一字之争并非是一种学术争鸣，在一定程度上是部门间权力之争的不正常现象。目前，经过理性反思意识到一字之争，在学术研究上毫无意义；因为，“侦查”是国家通过立法机关以法律的形式授权的行为，刑事诉讼法对此有明确而具体的规定；在我国刑事诉讼法有关侦查的基本界定中，既没有将侦查区分为公开的侦查和秘密的侦察两种不同的形式，也没有明确指出因侦查机关的不同而侦查权有所区别，更没有明确规定将侦查仅限定于刑事诉讼法中的专门调查和有关的强制性措施。所以，将“侦查”与“侦察”有意对立起来的做法，或者是人为划分为不同形式的做法都是于法无据。“侦查”依据我国刑事诉讼法的立法原意，不仅包括刑事诉讼法规定的专门调查和强制性措施，也包括各种侦查法规中规定的其他调查手段和强制措施。“侦查权”——国家法律授予所有侦查机关都具有“相同的职权”，凡是法定的侦查机关均享有同等的侦查权力。因此，应尊重刑事诉讼法使用“侦查”一词的规范性，在所有涉及使用这一词语的领域都应一致使用“侦查”一词，在确定学科名称时统一称为“侦查学”。

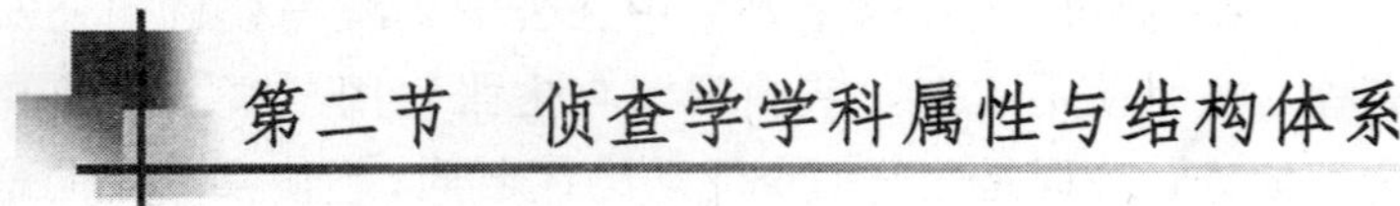

第二节 侦查学学科属性与结构体系

一、侦查学的学科属性

侦查学作为一门新兴学科产生，具有其历史的必然性，学科在自身发展和迅速传播中与其他学科相互融合，转化或形成了适合各国本土特点的侦查学科的发展轨迹；在中国虽然系统的侦查学科传入较晚，但在侦查学科属性的研究方面却是走在世界的前列。

（一）侦查学学科属性之争

侦查学学科自19世纪创建至20世纪初期，在欧美国家中主要是以物证技术学的形式出现，并将物证技术学归属到法庭科学的范畴。西方学者认为侦查只是一门技艺，而不是一门科学，在将侦查作为一种应用技艺加以研究时，才把侦查“设想”为一门科学。因此，在西方国家侦查学不被视为一门专门的科学，所以学科性质也未引起争论。

侦查学在20世纪50年代由前苏联传入我国，我国法学界承袭了前苏联侦查学属于法学的主流观点；但在此后随着学科的发展和学者们的深入研究，对侦查学的学科性质产生了新的认识和看法，在学科属性上出现分歧并形成两种主要的观点：一种是侦查学属于法学之说，一种是侦查学属于公安学之说。

1. 侦查学属于法学之说

通常认为，法律科学（法学）是一类“以法律现象为研究对象的各种科学活动及其认识成果的总称”①。以学科研究对象是科学划分的基础和标志为依据，侦查学的研究对象就决定了它的法学性质。持这种观点的学者们认为，侦查学虽不研究法律规范，但它的研究对象——侦查活动属于法律现象，受法律规范的制约和指导，这就决定了侦查学的学科性质属于法学的分支学科。在认为侦查学属于法学的观点中，又有侦查学属于刑事法学和侦查学属于边缘法学两种代表性的观点：

一种是认为侦查学属于刑事法学。认为侦查学从其学科性质和研究范

---

① 张文显：《法理学》，法律出版社1997年版，第3—4页。

畴划分，理应属于法学或更应属于刑事法学，而且是刑事法学的三大支柱之一；该说法作为传统的观点由来已久，是我国法学界的通说。这一观点是前苏联法学界传统观点的传承。20世纪50年代，随着我国一批批留苏法学学者的归国，在我国教学与科研上对这一观点的传播，成为我国法学界的主流观点；直到20世纪80年代中期，前苏联的侦查学教科书仍将侦查学视为法学的一个部门，更准确地说是将侦查学视为大刑法中的一个分支学科。认为“犯罪侦查学同刑法系统中的其他学科一样，都是为实现法律的基本要求服务的学科。”这一观点的立论依据有二：一方面是从诉讼角度看，侦查活动是刑事诉讼活动的一部分，侦查程序是刑事诉讼程序相对独立的一个阶段，侦查活动的基本形式和侦查程序的诉讼过程，均受到刑事诉讼法的约束和规范；另一方面是从司法角度看，侦查的目的在于揭露和证实已触犯刑法的行为，收集犯罪证据和查找与缉捕犯罪嫌疑人，协同刑法完成惩罚犯罪和保护人民之任务。由此可见，以侦查活动规律作为研究对象的侦查学，其研究侦查的内容受制于刑事诉讼法的规范，其研究的意义也在于实现刑法规定的任务。所以，将侦查学归属于刑事法学是顺理成章之事，侦查学与刑法学、刑事诉讼法学共同构成刑事法学的三大支柱。

一种是认为侦查学属于边缘法学，边缘法学也属于边缘学科。所谓边缘学科是指一个学科由于研究对象和方法介于两个或两个以上学科之间，而且是从它们中间分离或派生出来的一门独立学科。边缘学科也有自己独特的学科研究对象、研究方法和研究任务，只是它的理论基础是来自于两门或两门以上学科的内容。将侦查学视为边缘学科的学者认为：“侦查学是法学与自然科学和其他社会科学相互交叉、渗透而形成的一门法学边缘学科，侦查学应属于边缘法学。”① 这一观点认为侦查学首先应是法学的一个部门，其次为完成研究侦查活动及其规律的任务，不仅需要依赖社会科学的原理和方法，而且需要借助于广泛的自然科学的原理与方法，尤其是作为传统侦查学研究对象的侦查技术，更是直接借助于化学、物理学、生物学等自然科学发展成一系列专门技术；侦查学的社会科学原理与方法和自然科学原理与方法，都是为法律活动所生成和服务；因此，侦查学应属于边缘学科，更准确地说侦查学应当属于边缘法学。

2. 侦查学属于公安学之说

公安学在我国本身就是一个特例，且存在诸多争议；将侦查学列入公

① 杨殿升：《刑事侦查学》，北京大学出版社1995年版，第6页。

安学体系中的一个分支学科，实为我国学界的独创。这种学科划分的依据在于：侦查学是研究公安机关如何运用侦查策略手段和刑事科学技术，发现、控制犯罪和揭露证实犯罪的一门综合性应用学科。

根据上述学科划分的依据，对此观点在学界提出两点质疑：其一，按照主谓宾的句式结构“侦查学是研究‘公安机关’的应用学科。”在我国法律授予侦查权的有：公安机关、国家安全机关、人民检察院、军队保卫部门和监狱，将侦查学视为公安学的一个分支学科，其逻辑结论便是侦查学乃是公安机关的部门性知识，并且只能为公安机关或是警察机关所独有。但是，依据我国拥有侦查权的机关或部门的性质来看，公安机关、国家安全机关当属于公安机关的范畴；监狱警察不属于公安机关管辖，可以将其归于警察机关或警察体系；而人民检察院、军队保卫部门既不属于公安机关的范畴，也不属于警察的性质。由此看来，侦查学是公安学的组成部分，检察机关、军队保卫部门和监狱的侦查活动不需要运用侦查学知识和接受侦查学的理论指导；这显然与客观事实不相符合，在逻辑上也说不通。其二，在上述概念中将侦查学是研究“公安机关”的这一词组，换成“国家安全机关”、“人民检察院”、“军队保卫部门”和“监狱”的词组，侦查学就可以变成这些词组代称机关的应用性学科，侦查学也就可以属于这些词组演化学科的从属学科，从而降低了侦查学的学科地位，模糊了侦查学的学科属性。

“公安”一词是我国特定历史时期创制的特定名词，“公安学”一词在我国学界出现的时间不长，而且其学科名称、概念和性质存在颇多争议。这些争议概括起来其一是对学科名称的观点，主张公安学的学者认为“公安学是一门警察学”，“公安与警察的地位应是并列的，在公安学研究领域内将警察与公安的含义可以等同起来。”根据主张公安学学者的观点看，认为实质上公安就是警察，公安学就是警察学；那么，从反对公安学学者的观点看，认为既然公安与警察名称相同和地位相等，何不“忍痛割爱”弃一留一作个彻底了断，以防止一个主体使用多个名称容易发生歧义；况且，“公安”一词已经圆满完成它的历史使命，在新世纪世界警察趋向统一化的潮流中，应当明确使用“警察”和“警察学”的统一名称，就应当取消“公安”和“公安学”的旧有名称，以便在国际交往中与世界警察方便交流和取得一致，以免在学界研究中产生不必要的歧义和争执。其二是对学科概念的观点，“公安学是关于我国人民公安工作的理论和知识的体系，是以马克思主义的国家学说为指导，研究人民公安机关在党和政府领导下，保障国家安全、维护社会治安秩序的工作规律、对策、历史及现状的科学。”也有学者认为“公安学是以如何预防、制止、打击违法犯罪分子的破坏活动，维护国家安全和社会治安以及如何进行公安建设为主要研究对象，全面地研究和揭示公安工作规律的科学”。公安学作为一门学科，其学科划分的标准是以部门或机关的“工作”为依据，这与以研究对象的特殊性为标准划分学科的理性认识相违背。因此，公安学或警察学的名称亟待统一，公安学或警察学的概念需要提炼；侦查学不是公安学或警察学的从属学科，但侦查学是公安学或警察学不可或缺的重要组成部分。

（二）侦查学学科基本定位

侦查学是研究侦查制度、活动规律和对策的学科，侦查制度、活动规律和对策具有法学的属性；侦查学的研究对象决定了它的法学性质，理应是刑事法学体系重要的组成部分。

侦查学在传统意义上是刑事法学的三大支柱之一，在现实角度上是刑事法学体系中不可或缺的重要组成部分。侦查学是法学的重要分支学科，在刑事法学体系中具有不可替代的重要地位。从学科研究的形式上看，侦查学研究犯罪，刑法学等学科也研究犯罪；侦查学研究犯罪的侦查，刑事诉讼法学也研究犯罪的侦查。但从学科研究的内容上看，侦查学科所研究的犯罪和对犯罪的侦查，与刑法学研究的犯罪和刑事诉讼法学研究对犯罪的侦查相比，各自研究的角度和研究的侧重点显然不同。刑法学研究犯罪的侧重点在于犯罪的罪名、犯罪的构成、犯罪的量刑、犯罪的原因等方面，以确定罪与非罪、此罪与彼罪的界限和定罪量刑为核心的内容；而侦查学研究犯罪的侧重点在于：行为人犯罪的方式方法以及行为人犯罪的规律特点等方面，以确定有效实施侦查行为和为制定相应的侦查对策提供依据。刑事诉讼法学研究犯罪侦查的侧重点在于：侦查的诉讼程序和原则规定，以确定侦查机关在侦查中的权利和义务，以及侦查人员在侦查中必须遵循和不可逾越的行为规范；而侦查学研究侦查的侧重点在于：以刑事诉讼法规定的程序和原则为前提，合理运用侦查策略措施和方法手段揭露与证实犯罪。这种学科研究角度的不同和侧重点的差别，使研究领域和方向大致相同的学科存在一定的差异。

但是，从学科联系的程度上看，侦查学与刑法学和刑事诉讼法学的联系又是极其密切的。侦查学是以刑法学和刑事诉讼法学研究的有关概念与原理，作为本学科研究的起点和依据，倘若没有刑法学研究的犯罪构成理论、罪与非罪、此罪与彼罪的界限，以及没有重罪与轻罪和定罪量刑等的法律依据，侦查学研究正确揭露和证实犯罪就成为无源之水，侦查学科的产生和建立也就无从谈起。同理，假如没有刑事诉讼法学对侦查程序、措施、方法、原则的规范，侦查学研究也就没有对侦查行为规范的法律依据，侦查就会成为没有法律约束随心所欲的行为，侦查学科也就成为毫无意义的摆设。所以，侦查学研究立案侦查和分析判断案情，必须以刑法学中的犯罪概念、犯罪构成理论、具体罪名的定义为依据；侦查学研究侦查取证、策略措施和侦破方法等，也必须以刑事诉讼法学对侦查程序和原则的要求进行规范。

由此可见，侦查活动是以刑法和刑事诉讼法所规定的内容为依据，刑法和刑事诉讼法是侦查行为实施的前提与依据，侦查活动是为实现刑法和刑事诉讼法规定的任务而存在，侦查活动应当是体现与实现刑法规定的惩罚标准和目的，服务、服从于刑事诉讼法规定的程序规范和原则。这两部法律的任务就是通过公正的法律标准和正确的程序规范，准确地对犯罪人定罪量刑和公平公正地惩罚，借以维护社会秩序的安定和保障人民生命财产的安全。

在现实司法实践中，仅靠刑法和刑事诉讼法实现对犯罪的惩罚是不现实的，因为“徒法不足以自行”。没有一系列强有力的侦查活动就无法揭露和证实犯罪，也就无法获得证明犯罪事实的确凿充分证据，就不可能查明案件事实和捕获犯罪嫌疑人；由此而来，刑法的惩罚权就无法得以实现，刑事诉讼法的程序规定就成为毫无意义的虚设。从诉讼程序上讲，侦查作为刑事诉讼程序的一个重要阶段，目的是通过侦查活动依法收集和审查各种证据材料，准确及时地查明案件事实和查获犯罪嫌疑人，为检察机关的起诉和法院的审判提供必要的基础条件。所以说侦查是起诉和审判的前提与基础，在诉讼程序上属于第一阶段的重要地位，倘若没有侦查程序的查明案情和认定犯罪事实，就没有起诉和审判对犯罪行为人的处罚。侦查活动正是通过自身特定的活动方式为起诉和审判提供准备，使打击犯罪、惩罚犯罪和保护人民的任务得以完成。因此，侦查学以侦查制度、活动规律和对策为研究对象，其研究内容不仅仅是对本学科内容体系的自我完善，而且通过侦查策略措施和侦破方法等方面的研究与深化，为完善刑事法学的理论体系提供服务和重要支撑，最终为刑法学和刑事诉讼法学的有效实施服务。但是，这种服务并非意味着侦查学就处于刑法学或刑事诉讼法学的从属地位，而只是因为侦查学研究对象的特殊性和法律地位的实用性，使它成为法学中一门独立的应用性学科。它与研究刑法和刑事诉讼法的刑法学与刑事诉讼法学之间，是一种互为借鉴和补充、互为利用和促进的关系；这三个学科共同构成刑事法学的三大支柱，从不同的角度和阶段保证刑事诉讼活动的顺利进行。

二、侦查学的学科体系

侦查学科的结构体系既制约着侦查学科内容的内外关系，同时又引导着侦查学科的发展方向。发展的学科体系应具有开放性和动态性的特质，一门学科只有在吸纳融合中成长与分化凝聚中完善。

（一）侦查学科体系的历史考察

任何一门学科都是为适应社会实践的需要而产生和建立，学科特定的研究对象决定着学科的结构体系。侦查学科的结构体系是研究对象所涵盖内容间逻辑关系的客观反映，这种逻辑关系是随着学科的产生和发展而变化。

1. 早期侦查学科体系的发展概况

（1）早期侦查学科的结构体系。侦查学科诞生于19世纪末期1893年欧洲的奥地利，司法检验官汉斯·格罗斯用长达20多年的时间，潜心钻研多门学科知识后，写作完成了被国际公认为侦查学诞生的标志性著作《司法检验官手册》一书。1898年《司法检验官手册》在印制发行第三版时，汉斯·格罗斯为书名加了一个副标题“侦查学体系”（System fŭr Kriminalistiks），至此，汉斯·格罗斯创制的“Kriminalistiks”成为国际公认的特指“侦查学”的新词。这一词汇传播到欧美等国家后主要被译为“物证技术学”。传播到前苏联和东欧等国家后主要被译为“犯罪对策学”。中国近代受外来因素影响和国内自身因素所致，这一词汇先后被译为“侦探学”、“犯罪对策学”、“犯罪侦查学”或“刑事侦查学”、“物证技术学”、“侦查学”等名称。但无论是将学科译为任何一个名称，都是将汉斯·格罗斯作为侦查学科的创始人，也都是将“Kriminalistiks”作为侦查学这一词汇的词源。

侦查科学诞生在19世纪末的欧洲是历史的必然。伴随着欧洲资产阶级诉讼制度和人权思想的确立，为应对资本主义经济发展刺激犯罪增长的社会需求，在资产阶级工业革命和文艺复兴带来的科技文化热潮等的推动下，欧洲众多的科学家在人体测量、指纹鉴定、笔迹鉴定等分支学科领域，为侦查学科的诞生奠定了坚实的基础，并促使侦查学科在资本主义国家出现了萌芽。汉斯·格罗斯处在一个特定的历史性关键时期，大学法律专业毕业后从事司法检验官工作，在司法实践中他深深地感受到：侦查唯有依赖强有力的科学技术支撑，才能有效地对付日益严峻的犯罪态势。他用了长达20多年的时间，系统地自学了物理学、化学、植物学、动物学、摄影技术、检验技术等相关知识，同时全面研究了当时的犯罪现象和侦查领域中所有的科研成果，终于在1892年出版了第一本著作《一个侦查员的经验》，并于第二年修改使其内容更加系统化的基础上，将书名改为《司法检验官手册》。

《司法检验官手册》作为现代侦查学科诞生的标志物，它的出现一方面体现出汉斯·格罗斯理论研究和实践经验的有机结合，另一方面显现出侦查学科萌芽期先驱人物在各领域取得的丰硕成果。《司法检验官手册》在内容结构上分为两大部分，第一部分是犯罪现象，主要论述犯罪及其规律特点；第二部分是侦查的方法，主要包括侦查策略方法和物证技术方法。汉斯·格罗斯在《司法检验官手册》中，集当时侦查学科的研究成果和实践经验于一体，将侦查对策方法与法医学、毒物学、显微学、人体测量学、笔迹鉴定学、枪弹检验学、司法化学等科学技术方法融为一体，并按内容结构使之系统化和体系化，又冠之于“侦查学体系”或“侦查学”的名称，后来《司法检验官手册》也因此而更名为《侦查学手册》。

（2）早期侦查学科体系的特点。《司法检验官手册》作为侦查学科诞生的标志，它是汉斯·格罗斯在收集整理综合众多侦查学科先驱人物的研究成果，以及在个人学术理论研究和实践经验总结基础上创立和制造的一门新学科；同时，侦查学科又是形成于19世纪末这一特定的历史时期，更是由于侦查学科作为创始性学科的性质，使侦查学科及其学科体系具有三个基本特点：

第一，早期的侦查学是一门侧重技术的应用学科。19世纪正是欧洲资产阶级工业经济蓬勃发展时期，在文艺复兴运动的倡导下向自然科学进军成为时尚。侦查学科在客观上对自然科学的强烈需求，促使侦查科学的先驱者们偏重于对自然科学和技术方法的研究与探索。因此，早期的侦查学科不可避免地带有技术性应用学科的性质，内容主要集中在人体测量、指纹鉴定、笔迹检验、毒物检验、法医检验、枪弹检验等技术科学领域；其中也涉及到有关勘验和讯问等方面的内容，但与其他技术方法的内容相比在容量上仍然很少。与此相关，早期的侦查学的学科地位也不甚明确，侦查学最初不是以刑事法律科学的面貌出现，而是以一门综合性的技术性应用学科的身份面世。

第二，早期的侦查学是一个广义的侦查学科体系。侦查学科在创始期容纳了与之相关的所有分支学科内容，各分支学科合为一体构成了一个大的侦查学科体系。汉斯·格罗斯的《司法检验官手册》不仅技术科学属性较强，而且所涉及的科学技术的领域相当广泛，现代物证技术的主要门类在书中均有论述；因此，后世有学者认为现代物证技术学发端于《司法检验官手册》。早期的侦查学科体系中容纳了人体测量、文书检验、毒物检验、法医检验等相关内容，不仅包括了大量的物证技术方面的内容，也涵盖和囊括了与侦查学科关系极为密切，但已成为独立学科的法医学和犯罪学等方面的内容，这就使得早期的侦查学更多地是具有资料汇编的特征。

第三，早期的侦查学中带有一些非科学的内容。在汉斯·格罗斯的《司法检验官手册》中强调"侦查人员要寻找妇女罪恶的手"，主张讯问时要"根据被讯问人的面部表情来确定犯罪的倾向"等，还是有很多带有片面性、局限性的非科学倾向的内容。汉斯·格罗斯对意大利犯罪学家龙勃罗梭天生犯罪的观点持相左的观点，但他又支持和肯定龙勃罗梭的笔相学理论与观点。当然，这一切都是受当时自然科学和技术科学的发展水平所限，同时也受当时人们认识主观世界与客观世界的能力所限；我们不应该站在今天认识水平和科学技术发展的高度，对先驱者们在侦查学科领域创立的丰功伟绩妄加评论；我们应持的态度是：既要承认早期侦查学科初创的局限性，又要理解早期侦查学科形成的局限性；唯有如此才能使我们正视历史继往开来，为侦查学科的健康发展和壮大努力创新。

2. 各国侦查学科体系的发展概况

（1）前苏联与东欧侦查学科的结构体系和发展特点。在前苏联20世纪20年代中晚期，随着总检察长安·扬·维辛斯基主编的第一部高等院校侦查学教材的出版，侦查学除了有"技术上的手段和工具"外，还包含有"措施上的手段和工具"，侦查措施内容的独立性和地位显著提高。在前苏联汉斯·格罗斯侦查学中的"犯罪现象"，已不再作为侦查学科体系中独立的一部分，而是将"技术上的手段和工具"与"措施上的手段和工具"，确立为侦查学科体系的重要"二要素"。"Kriminalistics"的俄文对应词是"KPNMNHAJINCTNKE"，在前苏联主要被演绎成为"侦查措施"，或将侦查技术和侦查措施合称为"侦查对策"。

侦查措施方法在前苏联侦查学科体系中独立地位的确立，使得侦查学社会科学的属性明显增强；尤其是在心理学、逻辑学、管理学、法律学、军事学等学科理论和方法的影响下，侦查学科的措施方法逐渐寻找到其存在的理论基础，相关学科的影响对侦查学科在措施方法上的发展带来了质的飞跃，侦查学科在汲取和借鉴其他学科理论方法中迅速发展。在侦查学界也出现了一大批著名的专家和学者，侦查学研究领域涌现出一批又一批的学术论文和专著，极大地丰富了侦查学研究的科学内容和体系。随着前苏联社会经济发展及各类新型犯罪相继出现，各类犯罪的特点和案件侦查的方法出现显著的差别；侦查的措施方法和技术方法在具体案件中的有效组合，成为侦查学科在侦查实践中遇到的新问题。1935 年前苏联高等法律院校出版的第一部上、下册的通用教材，上册书名为《侦查的技术和措施》，下册书名为《各类犯罪案件侦查方法》。“侦查方法”在前苏联侦查学体系中取得独立的地位。至此，侦查学的“三大块”体系，即侦查技术、侦查措施、侦查方法正式形成。

(2) 欧洲与美国侦查学科的结构体系和发展的特点。欧洲的英、法、德、奥等国是现代侦查学的发源地，侦查学中的指纹学、毒物学、法医学等学科是在欧洲创立；但是，欧洲大陆在侦查学上良好的开端却被两次世界大战严重破坏；自 20 世纪开始，欧洲侦查学科领先的地位逐渐被削弱。而美国远离两次世界大战的战争中心地带，在工业革命和科学技术迅猛发展的促动下，侦查学科在美国异军突起得到飞速发展，美国凭借科技实力成为现代侦查学科的领路者。汉斯·格罗斯创制的“Kriminalistics”的英文对应词是“Criminalistics”，在欧美国家被演绎成为“物证技术学”。

欧美侦查学是指以美国为代表的资本主义国家的侦查学，欧美侦查学的发展与前苏联迥然不同。前苏联凡以“KPNMNHAJINCTNKE”命名的教材中，均包含了侦查技术、侦查措施、侦查方法三个方面的内容；而美国及西欧国家以“Criminalistics”命名的教科书，无一例外主要都是刑事技术或物证技术方面的内容。此时，“Criminalistics”已非汉斯·格罗斯“Kriminalistics”时代的大侦查学，而被定义为“运用于侦查领域的各门科学知识的总称”，侦查学被演化成为专门研究物证技术方法的学科。

在欧美侦查学中原有的技术内容经重新组合成为一门物证技术学，并成为法学体系的重要组成部分归属于“法庭科学”的范畴，而且研究所涉及的领域和范围更加深入广泛，侦查技术方法也向高级、精密、尖端技术发展。此外，欧美侦查学发展也较为注重侦查措施和侦查方法的研究，美国侦查学家卡尔斯·奥哈里和格列高里·奥哈里合著的《刑事侦查学基础》一书中，认为侦查只是一门“艺术”而非“科学”，但在具体阐述这门“艺术”时，却包含了“信息、情报”、“询问、讯问”、“技术方法、仪器操作”的内容。特别是在具体阐述中措施方法技术化和技术方法措施化方面尤其显著，综观全书内容的社会科学属性占据主导地位。由此可见，欧美侦查学在一定程度上也朝着自然科学与社会科学相融合的趋势发展。

（3）中国建国前后侦查学科的结构体系和发展特点。我国侦查学科体系受多种因素的影响，发展过程显得非常繁乱和极其缓慢。我国在 20 世纪 30 年代末，国民党统治时期的《侦探学》是模仿日本，最早引进和编译的侦查学的专著；这一时期的侦查学既无严密的体系，内容也显得极为单薄，主要是对盯梢、坐探、抓捕、摄影、指纹、信检、隐语黑话等内容，以及侦查中一些实用技术方法和措施方法的介绍。直至新中国成立后的相当一段时期，我国始终没有自成体系的侦查学专业教材；在个别政法院校法律专业开设“犯罪对策学”课程，其内容和体系都是当时苏联侦查学的翻译本。

我国在 20 世纪 70 年代末，侦查学进入了重新确立和发展的新的历史时期；在拨乱反正和改革开放大政方针的指引下，侦查学在对历史总结与反思中出现了繁荣发展的景象，这一时期在解放思想、实事求是方针的促进下，侦查学的学术研究出现了百花齐放和百家争鸣的局面，侦查学的内容和体系也呈现出各式各样的态势。但这一时期侦查学的基本内容和框架体系上，仍是较多地沿袭前苏联的侦查学体系的旧制；内容多为侦查技术、侦查措施、侦查方法的组合，只是各部教材编写内容的侧重点有所不同。当时的司法部和所属的政法院校编写的《犯罪侦查学》或《刑事侦查学》教材，其结构体系基本上按技术、措施、方法“三块”组织内容；侦查技术方法主要限于同一认定领域（刑事照相、痕迹技术、枪弹检验、文书检验、刑事登记、外貌识别等），侦查措施也限于刑事诉讼法规定的几类措施，侦查方法则主要集中在公安机关管辖的若干类案件，以及检察机关管辖的职务犯罪案件的侦查。与此同时，公安部也组织编写了《刑事侦察学》统编教材，其教材除在侦破方法上只涉及公安机关管辖的几类案件外，在侦查措施部分增加了特情和耳目等秘密侦查措施的内容，并且对犯罪的防范和控制进行了专门论述。综观这一时期侦查学发展的基本状况，其内容的单薄和体系的不完整显而易见，但就其学科的发展水平而言符合学科发展规律，这一时期侦查学科的发展与侦查实践需要基本相适应。

我国在20世纪80年代中后期以来，侦查学如雨后春笋般迅猛发展。侦查学科与其他学科交叉和渗透形成的新兴边缘学科，如侦查心理学、侦查逻辑学、侦查语言学、侦查情报学、侦查管理学等等；侦查学按照案件侦查管辖分工也出现了专业侦查学的教材，如《反革命案件侦查学》或《政治侦查学》、《检察机关自侦案件侦查学》、《经济犯罪侦查学》、《军队保卫侦查学》、《狱内犯罪侦查学》等；有关侦查学领域的研究专著也大量涌现，侦查学的发展呈现出一派欣欣向荣的景象。与此同时，对侦查学科体系划分的新观点不断涌现，“侦查谋略”作为侦查学科体系的重要组成部分，在侦查学科理论界得到专家学者广泛一致的认可，侦查学体系传统的“三块论”被“四块论”所取代。

我国在20世纪80年代后期，随着社会主义市场经济向纵深发展，现代科学技术水平的迅速提升，刑事科学技术领域也不断兴起和拓展。为了使我国刑事科学技术的研究向更深和更高发展，国内一些学者根据欧美国家对侦查学科的分类方法，建议将侦查学中的刑事科学技术从学科中分离出来，与诉讼中的其他物证技术方法合并为一门新的学科——物证技术学。现教育部已将“物证技术学”作为一门独立的学科设置，物证技术的相关专业和课程在高等院校也予以开设，有关物证技术的教材不断出版并日臻成熟。至此，我国侦查学科中刑事科学技术方面的内容，完成了从侦查学中分离向物证技术学转化的过程。

（二）侦查学科体系的现实构建

1. 侦查学科体系的简单分析

侦查学的学科体系反映和体现着侦查学的研究对象，侦查学的研究对象限定和制约着侦查学的学科体系。在对侦查学科体系的简单分析时，首先必须明确侦查学科体系与一部侦查学著作或教材的体系结构不能相提并论。侦查学的学科体系与研究对象具有内在的必然联系，两者的关系是形式与内容的关系。因此，科学规划和合理构建侦查学的学科体系，对充分反映和深入研究侦查学的研究对象，具有特别重要的意义。

在侦查学的学科体系问题上学术界存在较大的分歧，主要观点有：“两块说”认为侦查学的学科体系由犯罪活动和侦查对策构成，认为侦查学的学科体系包括犯罪活动规律特点和侦查对策两部分。“三块说”认为侦查学的学科体系由侦查技术、侦查措施和侦查方法三部分构成。“四块说”认为侦查学的学科体系由侦查技术、侦查措施、侦查谋略和侦查方法构成，或认为侦查学的学科体系分为侦查总论、侦查破案、侦查技术、预防犯罪四个部分，或认为侦查学的学科体系由侦查原理、侦查技术、侦查措施和侦查方法构成。“五块说”认为侦查学的学科体系由犯罪的规律和特点、侦查破案的对策和方法、预防犯罪的对策和方法、各国侦查的理论、经验及技术、侦查体制和工作机制五部分构成。“六块说”认为侦查学的学科体系由基础理论、侦查情报信息、侦查谋略、刑事特情、侦查措施与手段、侦查方法构成。“七块说”认为侦查学的学科体系由基础理论、刑事犯罪情报、现场勘查、秘密侦查、刑事科学技术、案件侦查、侦查基础业务建设七方面构成①。

从上述侦查学的学科体系的主要观点可见，绝大多数观点都是将学科体系与侦查工作内容进行对应或对接。在确立侦查学科体系时没有摆脱侦查工作内容的框架，而是跟随在侦查实际工作内容之后，对一定时期侦查工作重点的被动解释，即侦查学科体系是将侦查实践中的重点和课题，逐步吸收和纳入自己的研究体系中，类似于用搭积木的方式将工作内容的重点叠加在学科体系中，致使侦查学科体系的内容随着时间的推移而呈现增加的现象。这种确立和构建学科体系的不科学方式，严重影响与制约着侦查学科体系内容的稳定性和科学性。我们认为在构建侦查学的学科体系时，将侦查部门的工作内容或工作重点进行堆积罗列的方式，是一种不科学、不合理和不严谨的方式。科学地确立和构建学科的方式应当是：既不能完全依附于侦查实践而脱离侦查理论，又不能完全推崇纯粹的侦查理论而脱离侦查实践，应当体现的是侦查理论与侦查实践的有机结合。

这就好比侦查实践是一间没有光源的黑房间，侦查学科理论是电源和灯光；如果在确立侦查学科体系时过于注重侦查实践，侦查理论犹如放在黑房间地上台灯罩中发出的灯光一样，虽然灯光在黑房间里很明显又很抢眼，但灯光照射的面积却是很有限的局部，可能只能照亮黑房间内百分之二十或三十的面积，而黑房间内百分之七十或八十的面积仍是照射不到。这就说明侦查学科体系确立的理论层次不能太低，低则不能统摄和覆盖侦查实践并指导侦查实践，最终只能沦为侦查实践的附属品。那么，确立和构建侦查学科体系时亦不可过于推崇高深的侦查理论；过于崇尚侦查理论就好比灯光是从黑房间外的电线杆上发出的一样，电线杆上的灯光看上去耀眼夺目，既有高度又有亮度，照射的范围广而且面积大，但对照亮侦查

① 徐为霞：《侦查学原理》，中国民主法制出版社 2007 年版，第 8 页。

实践这个黑房间却作用甚小；显然，侦查理论规划的太高深或侦查学科体系设想的太遥远，都不切合侦查学科的实际情况。因此，侦查学科理论这个灯泡要安装在什么高度和什么位置，这是侦查学科体系理性构建的关键问题。我们认为侦查学科理论的灯泡安装在侦查实践黑房间内的顶部，是唯一恰当的位置和最为适中的高度。因为，侦查学科理论处在侦查实践的适当高度和适中位置，使侦查学科理论既不脱离侦查实践需要，又能指导侦查实践并受到侦查实践的检验；同时，使侦查实践既能被侦查学科理论所覆盖，又能引领和指导侦查实践的研究与发展；因此，侦查学的学科体系应由理论侦查学、应用侦查学、比较侦查学三部分构成，这三部分形成一个互相联系、互相补充、互相促进的有机整体。

2. 侦查学科体系的基本构成

侦查学科的发展历史表明，早期侦查学科研究注重把自然科学的研究成果运用于侦查实践；近代侦查学科研究则在注重自然科学研究的基础上，还比较注重研究侦查措施和经验；而现代侦查学科则在前驱研究的基础上不断丰富走向成熟，把自然科学和技术科学相应的技能与方法，创造性地应用于特殊条件下的侦查实践中。随着社会的发展和人类的进步，侦查学科的研究内容和侦查实践的形式会不断发展变化。所以，对侦查学的学科体系的概括性越强，其覆盖性也就越广泛，生命力也就越旺盛，学科也就具有更强的稳定性和科学性。

（1）理论侦查学。即侦查学的基础理论部分，主要包括两方面的内容：一是侦查学的学科研究对象和学科结构体系，侦查学的学科认识方法和同一认定方法，侦查学的学科发生和发展演变的规律等有关侦查学科的基本理论范畴；二是侦查的概念和侦查的特征，侦查主体的体制和运行机制，侦查对象的构成要素和侦破模式，侦查行为的基本内容和分类，侦查的原则等有关侦查的基本理论范畴。

（2）应用侦查学。即侦查学的基本应用部分，主要包括六方面的内容：一是对普通刑事犯罪案件的侦查，二是对经济犯罪案件的侦查，三是对危害国家安全犯罪案件的侦查，四是对职务犯罪案件的侦查，五是对军人犯罪案件的侦查，六是对罪犯又犯罪案件的侦查以及针对上述各类犯罪案件侦查的方法、措施、技术、谋略、技艺和对策等具体的侦查应用研究，是应用侦查学研究的基本范畴。

（3）比较侦查学。即侦查学的对比研究部分，主要包括两方面的内容：一是对中外侦查制度的比较，通过比较中外侦查制度、理念和模式，借鉴和移植先进的侦查制度、理念和模式为我所用，在吸收和引进先进中完善传统侦查模式；二是对古今中外侦查历史的比较，通过比较研究古今中外侦查制度与发展特点，对特定历史时期和一定社会制度的侦查特点的研究，以史为鉴可以研究侦查学的过去吸取精华，认真把握侦查学的今天承前启后，展望侦查学的未来勇于开拓。

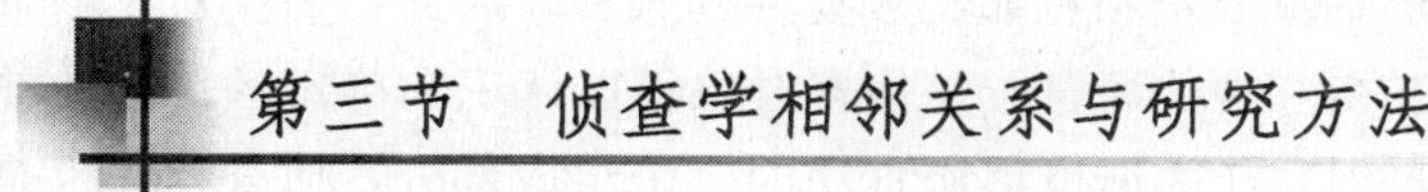

第三节 侦查学相邻关系与研究方法

一、侦查学的相邻关系

侦查学作为法学体系的一个重要组成部分，属于刑事法学的三大支柱之一，与刑事法学中相邻的刑法学、刑事诉讼法学、犯罪学和法医学等学科关系极为密切；这些相邻学科的理论不仅与侦查学理论具有互补的密切关系，而且这些学科的一些基本理论作为侦查学科的理论依据和实践规范，在侦查学科中消化吸收并转化为进一步发展的重要成分。

（一）侦查学与刑法学的关系

刑法学是以犯罪概念及其构成的抽象性理论为研究对象，它所研究的实质是有关犯罪的抽象性法律概念。而侦查学也研究犯罪的一般性法律概念和理论，它所面对的主要是客观发生的犯罪事件和侦查行为，是在刑法学抽象性概念前提下，通过侦查行为的实施实现刑法的规范性要求。广义的刑法学既包括刑事诉讼法学，也包括侦查学。狭义的刑法学是研究实体刑法规范和刑法理论的学科，其核心包括犯罪、刑事责任和刑罚三个方面。

侦查学是广义刑法学的一个分支，是从广义刑法学中逐步独立出来。狭义刑法学抽象地研究犯罪、刑事责任和刑罚等问题的概念内涵、逻辑构造和理论关系，属于抽象和具有实质性的犯罪构成及其责任认定、刑罚适用问题；狭义刑法学一般不关注和研究刑法目标的实现程序、方法和技术等问题，这类问题属于刑事诉讼法学研究的对象。侦查学也要研究犯罪问题，因为侦查活动是围绕犯罪而展开和运作，其核心是依据刑法规范犯罪构成的规定，对照实际发生的事件，在进行初步性质判断和事实认定的基础上，展开收集证据材料和缉捕犯罪嫌疑人，以证明案件事实真相的职权活动。由于侦查过程是一种实践行为，行为作用的对象是已发生的犯罪事件和与犯罪事件相关联的要素；侦查程序启动的前提条件是立案，而立案应达到“认为有犯罪事实发生，需要追究刑事责任”的条件标准；侦查中对侦查行为作用对象犯罪事件的认识与确定，必须借助于一定的概念命题作为思维形式才能得以实现，而这种思维形式的命题前设，就是刑法关于犯罪概念的抽象规定和犯罪构成要件的条文。因此，刑法对于侦查这一实践行为的功能和地位而言，是侦查对象得以认识和确定的命题的前提和思维形式。同时，作为刑事诉讼程序的一个组成部分，侦查程序也是实现刑法惩罚犯罪任务的一个重要环节，是实现刑法目标的一个阶段性功能环节。由此可见，刑法学与侦查学的关系极为密切，但两者研究犯罪的方向又各有侧重。

（二）侦查学与刑事诉讼法学的关系

刑事诉讼法学是研究如何进行刑事诉讼的原则和程序的科学，其主要内容和任务不仅在于说明和解释有关刑事诉讼的各种法律规范，而且还在于探讨和揭示刑事诉讼现象的本质和规律以及外部联系，并以此指导刑事诉讼的立法和司法实践。刑事诉讼法学对侦查学而言，一方面，刑事诉讼法学对侦查学具有指导作用和规范意义。刑事诉讼法学作为程序法学，其具有规范包括侦查在内的刑事诉讼的全过程，规范的目的一是保证对犯罪的有效惩罚及保障应有的诉讼效率，二是保护犯罪嫌疑人及其诉讼参与人的基本权利，防止国家权力的滥用。从刑事诉讼法学功能的角度讲，这两个目的犹如车之两轮或鸟之双翼应是不可偏废，尽管国家在不同时期根据需要其重点有所侧重，但两者之间在宏观上应是一种动态的平衡状态。

侦查活动作为刑事诉讼活动的重要组成部分，必须在刑事诉讼法律规范的框架中运行，从这个意义上讲，刑事诉讼法学对侦查学具有指导和规范的意义。另一方面，侦查学是一门刑事诉讼法学所不能替代的独立学科。侦查学科有自己独立的研究对象和特定的研究领域，有自己特定的研究方法和研究价值，不能简单地认为刑事诉讼法学研究的内容与侦查学相似，就可以取代侦查学。侦查学的功能在于依据刑事诉讼法学对侦查程序、原则、步骤等规范前提下，如何高质量、快速度、有效率地揭露和证实犯罪；侦查学研究的这些内容不是刑事诉讼法学研究的对象和重点，刑事诉讼法学是宏观规范侦查程序的学科，其内容是侦查人员在刑事诉讼中必须遵循的和不可逾越的行为规范。但侦查学不可能全方位地研究诉讼程序和规则，而侦查学研究刑事诉讼程序注重研究侦查阶段，特别是注重研究在刑事诉讼法规定的侦查程序中，如何在法定的程序框架和行动范围内有效地开展侦查；既要在法律规定的范围内尽可能地开展侦查活动，又要在法律允许的界限内尽快高效地达到侦查的目的。由此可见，刑事诉讼法学与侦查学的关系极为密切，但两者研究侦查的角度、范围、深度和方法又各有不同。

（三）侦查学与犯罪学的关系

侦查学与犯罪学之间的关系极为密切，一方面犯罪学的犯罪概念为侦查学的犯罪概念提供了更广泛的认识背景，侦查学的犯罪概念是犯罪学的犯罪概念的集中体现。另一方面犯罪学对犯罪原因的深度揭示为侦查学对犯罪原因的探究提供了方向和路径，而侦查学对犯罪原因的研究又为犯罪学对犯罪原因的深化提供了对象和素材。

但侦查学与犯罪学的研究对象又存在较大差异，其一，犯罪学中的犯罪概念与侦查学中的犯罪概念并不相同。犯罪学中的犯罪概念将犯罪定义为“具有严重社会危害性的行为”，虽然犯罪学中犯罪概念含义广泛，但这一定义是犯罪学界的一致共识。然而，侦查学中犯罪的概念不是宽泛意义上的“具有严重社会危害性的行为”；因为，并非所有的“具有严重社会危害性的行为”都是侦查学研究的对象，只有经过刑法所确定的一部分“行为”才是侦查学研究的对象。当然，侦查学中犯罪的概念亦非具有刑事违法性、社会危害性和刑罚当罚性之刑法学的抽象性。侦查学中的犯罪概念具有叙事功用的属性，阐释的是具有现实意义的行为现象和与行为必然联系的事实后果，是在犯罪事实构成意义上判断犯罪行为及其后果。其二，犯罪学是对犯罪现象研究的前犯罪学科，侦查学是对犯罪事实研究的后犯罪学科。犯罪学研究犯罪关注于“犯罪发生前，犯罪发展变化的情况和规律、产生原因及其预防”；侦查学则侧重于“犯罪发生后，如何收集证据材料、揭示和证明犯罪事实的方法、技术及其规则的运用。”因此，以犯罪发生的时间为界限，犯罪学作为前犯罪学科，着重研究犯罪实际发生前的原因和预防对策；侦查学则属于后犯罪学科，着重研究犯罪实际发生后证据的收集、调查事实真相及查获犯罪嫌疑人的方法。其三，侦查学与犯罪学在探究犯罪原因的深度和广度上存在差异。侦查学探究犯罪原因注重直接原因，即犯罪的目的和动机以及故意或过失；而犯罪学探究犯罪的原因则涉及社会原因和个体原因、文化原因与自然原因等方面。其四，侦查学与犯罪学在研究犯罪的目的上明显不同。侦查学注重对案件破获目的的研究，重点在于对侦查程序启动至终结的过程和行为，兼顾对侦查程序运行过程中及时和有效控制犯罪的研究。犯罪学则注重对犯罪的社会预防目的的研究，重点在于对遏制犯罪发生的社会原因和个体原因，通过对导致犯罪发生原因的揭示，进而为有效地防控犯罪提出理论方案的研究。所以说，侦查学和犯罪学既有密切联系，又有本质上的区别。

（四）侦查学与法医学的关系

法医学是运用医学原理和病理知识研究人体伤害和死亡检验与鉴定的专门学科。法医学主要研究涉及法律事件的人死亡原因及各种尸体现象的发生、发展的规律；各种暴力所致的损伤及死亡的机理、征象和检验方法；各种猝死的病因、诱因和检验方法；各种自杀、他杀、自然灾害等原因引起的人体伤亡的规律和特点；各种涉及法律问题的人体生理状态以及伤、残、病等问题的检验和鉴定；各种医疗纠纷的鉴定；涉及诉讼的人体组织、分泌物、排泄物的检验方法；个人识别方法等。广义上讲，法医检验报告和法医鉴定意见作为刑事证据之一，在案件的定性和定罪上具有重要作用；法医学研究的如对尸体的检验，目的是确定他杀与自杀，推断死亡时间和原因等；尸检报告、DNA 检验报告和法医鉴定结论本身就是一种证据，对于认定犯罪事实是否发生，以及确定犯罪嫌疑人的刑事责任具有重要的作用。

侦查学的一个重要方面也是研究刑事案件证据的收集和评断，在研究证据方面侦查学与法医学具有同类性特点；但是，侦查学研究人体伤害和死亡原因是从侦查案件的因果关系角度进行研究，而法医学研究人体伤害和死亡原因则是从医学原理和病理检验角度进行研究，两者又存在显著的区别；在司法实践中法医是根据侦查的需要对人体和尸体进行检验与鉴定，侦查是依据法医检验和鉴定的结果对案件性质与情节予以认定。简而言之，法医学不等于侦查学，侦查学也不能取代法医学；法医学对涉及案件的人体伤害和死亡等方面的检验与鉴定结论，是侦查学在案件侦查中研究有关刑事证据，以及对案件性质与事实认定的前提，法医学在对人体伤害和死亡检验与鉴定方面受到侦查学的指导。

二、侦查学的研究方法

（一）调查研究法

调查研究方法既是一种认识过程，又是一种实践过程，是侦查学实践研究最为主要的方法和有效的形式之一。调查研究方法通过对侦查过程及相关情况的观察、感知和体会，进而对获取经验事实素材进行专门的处理、加工、提炼和概括，最终获得对判明事实有价值的研究性结论。调查研究方法的关键在于侦查中及时和有效获得作为经验性事实的相关资料与情况，侦查涉及经验性事实方面的内容极其广泛，而且形式又是丰富多样，诸如案件侦破程序中实际运行过程的观察和记录，调查人员对案件有关联人员的调查访谈结果，侦查程序中形成案件的有关各种文书材料等，均可作为经验性事实的调查研究方法的对象。在具体做法上，调查研究可以是调查，也可以是研究；可以是观察，也可以是查找；可以是调取，也可以是访谈。

（二）经验总结法

经验总结方法既是事物发展的依据，又是理论概括的基础，是侦查学理论研究的重要途径和基本方法之一。经验总结方法在侦查学研究的目的，是通过对现代和古今中外侦查学中成功经验的研究整理，特别是对现代和古代侦查理论、方法内容的精髓挖掘与吸收，对外国侦查学研究中优秀成果的借鉴和移植，可以丰富和发展现实侦查学的理论、方法和内容。另外，通过对现代和古今中外各个历史时期侦破典型案例的经验总结，可以从中总结汲取侦破案件成功的经验和失败的教训，并从个别案件中归纳出一般规律提炼上升为理论。

（三）科学实验法

科学实验方法是指在实验室内利用一定的设施和控制一定的条件，并借助专门的实验仪器进行研究的一种方法，是侦查实证研究的重要方法与途径之一。科学实验方法是探索自变量和因变量之间关系的一种方法，又分为实验室实验法和自然实验法。实验室实验法便于严格控制各种因素，并通过专门仪器进行测试和记录实验数据，一般具有较高的科学性和可信度。通常多用于各种刑事科学技术实验活动。自然实验法是在日常生活等自然条件下，有目的、有计划地创设和控制一定的条件来进行研究的一种方法。科学实验法借助自然科学和技术科学的方法，运用精密的仪器设备有效地为侦查实践服务。

（四）比较研究法

比较研究方法一般有宏观与微观比较、功能与概念比较、动态与静态比较、历史文化与法律规范比较等类型，是侦查学理论和实践研究不可缺少的方法之一。比较研究方法在侦查学研究的目的是通过对中外侦查规范、侦查制度、侦查实践等方面的广泛考察比较，针对我国侦查程序中的缺陷和侦查活动中存在的问题，借鉴西方法治发达国家侦查制度的合理经验和具体做法，进一步推进我国侦查制度和侦查实践在保护人权、控制犯罪等方面的发展进化。我国侦查学在有关中外侦查制度的比较研究方面的工作相当薄弱，比较研究方法在侦查学中的运用，主要通过对中外侦查方面相关资料占有的基础上，按照研究的领域和目的，在比较考察中得出相应的结论和理论观点。

本章思考与练习题：

1. 侦查学的研究对象是什么？
2. 侦查学科有什么特点？表现在哪几个方面？
3. 侦查学科性质之争你认为何种说法正确？
4. 侦察学的学科地位应当如何确定？
5. 侦察学的学科体系应当怎样构建？
6. 应当如何看待侦查学与刑法学的关系？
7. 应当如何区别侦查学与刑事诉讼法学的关系？
8. 犯罪学对侦查学研究有何重要作用？
9. 法医学在侦查学研究中的重要性体现在哪里？
10. 侦查学的研究方法主要有哪些？
11. 比较研究对侦查学科的发展有何促进作用？

第二章　侦查学的原理

一般来说，对一门学科研究最基本的任务就是揭示事物的本质和规律，对事物本质的揭示就是为了科学地界定事物，即形成概念；侦查学科“领域中对最基本规律的揭示就是原理”①，而学科基本规律解决的就是事物的运行机理，解释的就是事物变化发展的原因，即“为什么”的问题；所以，对侦查学中“为什么”问题的回答，即就是回答“侦查为什么是这样一种方式破案”的问题，这就是侦查学的原理。在侦查学的原理中认识论是侦查的基础，即阐释侦查是借助于什么原理来认识案件；同一论是侦查的方法，即阐明侦查是借助于什么原理来认定案件；信息论是侦查的中介，即阐述侦查是借助于什么原理来发现案件。

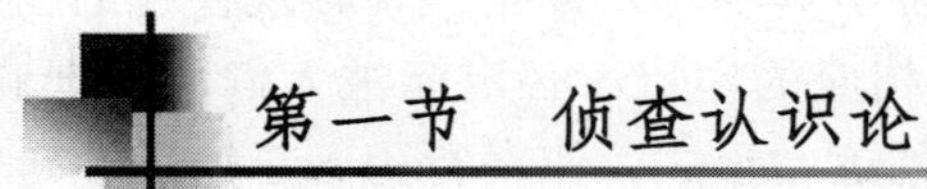

第一节　侦查认识论

一、唯物主义实践观

唯物主义的认识论是侦查认识案件的前提和基础，侦查案件的过程实际上是对案件认识的过程②，侦查过程就是通过已知探求未知的过程，这应是一个千古不易的定律。虽然刑事案件的隐蔽性与复杂性，给侦查破案造成了极大的困难，但是客观世界的物质性与规律性，却给侦破案件提供了极大的可能性与可行性。所以，遵循认识论的基本原理探求事物的本源，是侦查认识案件和破解案情的唯一正确途径。

（一）世界的物质性

马克思主义哲学认为：世界是由物质构成的，“物质是标志客观实在的哲学范畴，这种客观实在是人通过感觉感知的，它不依赖于我们的感觉而

---

① 《新华词典》，商务印书馆 2001 年修订版，第 1212 页。

② 徐立根：《侦查学》，中国人民大学出版社 1991 年版，第 7 页。

存在，为我们的感觉所复写、摄影、反映。”① 列宁还说过：“世界上除了运动着的物质，什么也没有，而运动着的物质只有在空间和时间之内才能运动。”而我们的意识，无非是人脑对物质世界的一种主观反映，它不可能是凭空产生的，只有具体的物质才能引起相应的认识，意识是物质的派生物。所以，世界上不存在不可知的事物，只有尚未被发现和认识的事物，这就决定必须在不断的实践中去发展我们的认识。只有在实践中，人与物才能发生联系，人才能产生能动的意识并指导进一步的实践。

（二）物质的可知性

作案行为既是一种人的行为，又是一种物质运动形式，这就决定了作案行为必然会留下作案痕迹。作案痕迹能如实反映形成痕迹的各种作案行为特征，储存和蕴涵着作案行为信息的全貌，为侦查破案提供了理论依据和物质依据，侦查人员依据作案的物质信息来认识作案行为。作案行为作为一种人的行为和活动，它的存在方式、工具运用、作案的主体和侵害对象，以及作案过程中的每一个环节和动作，都是一种客观存在的物质运动形式。任何人的活动总会留下相应的印迹，必定能被人们所发现和认识。因此，作案行为必然采取一定的运动形式，作案行为必定遗留一定的物质痕迹，这是任何一个作案人都无法消除和毁灭的印迹，只是对作案印迹遗留的方式可以是多种多样，有物质的方式或是意识的方式，有潜在的形式或显在的形式之别；总之，作案的运动形式和行为的物质痕迹必将成为侦破案件的条件。

二、辩证的认识方法

马克思主义辩证法是与形而上学的认识论相对立的。辩证法认为世界是普遍联系和发展的，这种联系和发展是客观存在的，联系是事物存在的普遍方式，它不以人的意识为转移。把侦查界定为一种认识活动，并强调其科学性，这是我国侦查学界的一种通说。侦查是人们对于已发生事件的一种认识活动②，与其他普通科学认识活动一样，侦查也需要以科学认识论和方法论为指导，并注重对科学知识、科学方法和科技成果的运用。所不同的是侦查认识的对象是已经发生和不可能重演的案件事实，所以具有回

① 《列宁全集》第3卷，人民出版社1979年版，第128页。

② 何家弘：《外国犯罪侦查制度》，中国人民大学出版社1995年版，第4页。

溯性、间接性、假说性等特点[①]。

（一）事物的联系性

世界上一切事物、现象、过程都不能孤立地存在，都与周围的其他事物、现象、过程等存在一定的联系，世界是相互联系的统一整体。而任何事物、现象、过程内部的各个部分、要素、环节又相互联系、相互作用。原因和结果是事物、现象之间相互联系的普遍形式之一，是决定论的逻辑依据。这就决定在分析事物或现象时，要看到此事物与彼事物的联系，更要看到任何事物都受因果联系的支配，用因果分析的方法去解决案件中的问题。

刑事案件的因果关系有两个特征：一是原因和结果引起与被引起的关系是因果关系的本质特征。原因与条件不同，条件是原因引起结果必不可少的各种现象的总和。条件是结果产生不可或缺的因素，但条件本身不能产生结果；因此，侦查中的因果关系所要研究的是引起结果的内在的、直接的、本质的原因。二是原因与结果在时间上的先后相继是因果关系的外部特征。先有因后有果的因果关系是确定的法则，这一刑事案件中的因果关系表现为多态性和复杂性：第一，因果关系的形式多样性。既有一因多果的关系，也有一果多因的关系；还有多因多果的关系，多果多因的关系。第二，因果关系的对象多样性。既有与人的因果关系，也有与物的因果关系，还有与事的因果关系。第三，因果关系的性质多样性。既有直接的因果关系，也有间接的因果关系；既有真实的因果关系，也有虚假的因果关系；既有必然的因果关系，也有偶然的因果关系等。第四，因果关系的组合多样性。既有交叉式的因果关系，也有链条式的因果关系，还有网络式的因果关系。刑事案件中的因果关系所反映的内容极其广泛，下面将常见的几种因果关系进行分析：

1. 作案动机与目的的因果关系

作案动机是作案人实施作案行为的内驱力，作案目的是作案动机支配下作案人希望达到的结果。作案目的是作案动机的具体指向，作案动机是作案目的的外部表现。作案动机与作案目的之间密切联系，但又有严格的区分：相同的作案目的可能出自于不同的作案动机，不同的作案动机可以达到不同的作案目的。分析作案动机，对于查明和推断有无某种作案目的，

---

① 〔苏〕拉·别尔金：《刑事侦察学随笔》，群众出版社 1983 年版，第 34 页。

区分罪与非罪、此罪与彼罪有着十分重要的意义。

2. 作案动机与行为的因果关系

作案动机是作案人实施作案行为的内心起因，没有一定的作案动机，就不会产生相应的作案行为。不同的案件中作案的动机不同，相同的案件中作案动机也是千差万别。作案动机不同使作案行为各不相同，作案动机是内在的、隐蔽的内心动因，作案行为是外在的、暴露的外在动作表现。分析作案行为，对于查明和判断作案动机，确定作案性质和查找作案人具有十分重要的意义。

3. 作案行为与痕迹的因果关系

作案行为是作案人在一定时空条件下对人与物实施的侵害行为，无论是对人的侵害或是对物的侵害均会留下侵害行为的印迹。作案行为是形成作案痕迹的原因，作案痕迹是实施作案行为的结果；通过对作案痕迹的固定、提取、分析、判断，就能获得作案行为的相关原因的信息。现实中不存在无痕迹的作案侵害行为，尽管作案人千方百计地消除侵害痕迹，但消除的本质又会形成新的痕迹。分析行为痕迹，对于确定作案人实施作案行为与手段具有重要意义。

4. 作案行为与感知的因果关系

作案行为痕迹是作案人实施侵害的行为结果，这种行为结果既有物质的有形结果，也有无形的心理或意识的感知结果。作案人的行为不仅在自己的心理和意识中有所反映，在其内心深处有所心理刻画和在意识中有所残存；在被害人、证人和有关人员的心理和意识中也有所反映，在内心深处也有所心理刻画并在意识中储存。这就是作案行为与感知的因果关系表现。分析行为感知，对于完整准确地认定案件性质，确定侦查方向和确认侦查对象具有重要意义。

5. 作案行为与结果的因果关系

作案结果是作案人实施作案行为形成的事物发展的状态，具有凝固性、结论性和不可恢复性；作案结果是作案行为必然的和无法消除的状态，是不以人的意志为转移的客观现实。只要存在作案行为就必然形成作案结果，不同的作案行为就会形成不同的作案结果；作案结果是侦查认识的起点和对象，作案结果承载、记录、印证、表达着作案的行为；存在何种作案行为必然会形成相应的作案结果，作案结果与作案行为存在无法切断和无法变更的因果关系。分析行为结果，对于认定案件性质和确定罪名，对于查明案件事实具有重要的意义。

（二）发展的规律性

物质是运动的载体，而运动是物质的特性。世界上既没有无物质的运动，也没有不运动的物质，自然界中的一切物质或事件，无不处于无时无刻与无所不在的运动和变化之中。但是，这种变化和运动并不是混乱无序的，而是具有遵循自身内在规律性的特点，这种规律性是事物发展本身所固有的、本质的、必然的、稳定的联系。

在现实生活中，任何事物的发展是与时间的运动方向相一致的。人的思维方向与客观事物的发展方向一致，即从事物的原因去探求结果，以及结果的结果的思维方向就是顺向思维。而人的思维方向与客观事物的发展方向相反，即从结果去探求原因，以及从原因到原因的思维方向就是逆向思维。侦查认识的逆向性思维是思维的基本模式，在侦查中侦查人员主要运用的是逆向思维。因为，侦查认识的对象是已经发生过去的历史事件，所以，认识这个历史事件就必须以时间的方向性和不可逆性为理论依据。侦查活动往往开始于作案行为实施以后，在事件发展的逻辑顺序上，作案行为的发生与存在和行为的结果产生在前，经发现或报案侦查部门进行必要的审查与调查，立案前后即刻开展初查与侦查活动。这就表明侦查活动实施前，刑事事件已经客观地发生和存在。在实践中也会有侦查人员当场抓获正在作案的人，这似乎说明侦查活动与作案行为的实施处于共时性状态，这种特殊情况下侦查行为与作案行为，尽管在形式上表现为同步动态的特征，但在实质上侦查的实施仍是在作案行为实施稍后进行。从绝大多数刑事案件现状来看，侦查人员一般接触到的首先是作案行为的结果，如某人被杀的现状或某财物被盗的现状等。侦查思维就是从案件的结果现状去探求案件发生的原因，通过追根溯源的推理判断查明案件发生的情况。从案件侦查的具体情节来看，侦查人员经常要从案件情节的结果去溯源推断其原因，如现场上的某些物品被损坏或被烧毁的现状，则要根据现状推断其被损坏和烧毁的原因。总之，根据现状去探求和认识过去或是根据已知去探求和解读未知，这是侦查思维的一个重要特征。

三、侦查认识的特定性

“世界上找不到两片相同的树叶。”这句话说明世界上不存在一模一样的事物，每个事物都有其自身的特点，世界上任何事物都有别于他事物，都具有各自不同的特征，这就是事物的特定性。特定性是人类认识客观事物所依据的一个重要范畴。侦查案件的过程实际上是对案件的认识过程，是人们对已经发生事件的一种认识活动。侦查认识案件是以特定性为认识的起点和归宿。侦查对案件认识的特定性是指认识对象的特定性、认识过程的特定性、认识目的的特定性。

（一）侦查认识对象的特定性

侦查认识的对象是已经立案的刑事案件，所有的刑事案件只会类同而不会相同，即使是相同也不可能等同，侦查的对象具有无法复制的特定性。首先，每个案件具有特定的作案人、特定的被害人和特定的知情人；其次，每个案件具有特定的被侵害物，使用特定的工具和特定的环境；再次，每个案件具有特定的作案动机和目的，特定的作案方法手段和特定的时间与空间，特定的案件发生与发展的过程和结果。总之，案件的特定性是侦查认识案件的基本途径和基础。

（二）侦查认识过程的特定性

侦查认识的过程是对案件事实证明的过程，侦查证明活动是一种对已经发生的刑事事件的认识过程和说明过程的结合。这种过程是以对刑事事件发生的原因这一切入口而引发，由案件的已知事实探求案件未知事实的过程；不同的案件有不同的作案行为和侵害结果，有不同的时间和空间、线索、痕迹与物证，以及有不同的证人、被害人；因此，所有案件的复杂程度和暴露程度不同，对案件选择的切入口也是完全不同，对案件认识的路径和认识过程各不相同。所以，案件认识过程的特定性是侦查的基本规律和特点。

（三）侦查认识目的的特定性

侦查认识的目的是确定刑事案件的具体行为人，在侦查初期被纳入侦查视线的嫌疑对象是不确定的多数。但无论行为人在数量上的多少最终都必须是确定身份的人，这是侦查认识目的特定性的重要标准。因为，侦查最终认定的行为人不能是模棱两可的“一些人”或“一类人”，而必须是与案件有直接联系的特定的人，这个或这些特定的人必须是与案件有直接联系，并且是具有排他性的和具有认定同一结论的人。因此，案件认识目的特定性是侦查的最终归宿和标准。

四、侦查思维的多样性

思维方法不是单纯的客观知识。在客观世界中，我们可以找到与知识相对应的实体，诸如分子、宇宙、书本等，但找不到诸如“比较”、“归纳”、“抽象”、“综合”等方法的实体。所以，思维方法本质上是主体化了的客观规律，是在客观规律基础上依据主体需要而形成的思维规则、工具和手段；因此，从已知事实出发探究未知事实，运用多样化的思维方法认识事物，有助于对于历史事件的认识。因而，在思维方法上和其他科学探索一样，遵循着一种“提出假说——进行验证——得出结论”的路径。正如前苏联侦查专家拉·别尔金在《刑事侦察学随笔》中所说：侦察工作的逻辑程序如下：获得原始证据——建立推论——根据推论推出结果——检验结果——鉴定结论[①]。

（一）发散性思维

发散性思维又称放射性思维，是指思维由一个点向四面八方发散或放射的思维，它是侦查中常用的一种思维方法。这种思维具有多维性、灵活性和辐射性的特点，在发现和解决问题方面具有很强的扩张力与联想力。

发散性思维在侦查中分析与案件有关的具体事物时，能够给侦查人员以无限扩张的思维联想空间，从一个问题出发向多个方面、多个角度进行与之有关的思索，以便发现该事物与作案事实的多种联系。如对作案人遗留在现场的一个烟头进行发散性思维，就会获得烟头与作案有关联的以下几方面的结论：从烟头可以推断作案人有抽烟的习惯；从烟头上的指纹可以识别作案人；从烟头上的唾液可以检验出作案人的血型；从含烟的特点可以推断作案人的职业；从熄灭烟头的方式可以分析作案人当时的心理状态；从烟头品种可以分析作案人与被害人的关系；从烟头的新旧程度可以推断作案时间范围；从烟头的种类可以推断作案人消费水平；从烟头的产销地可以推断作案人活动的区域等。由此可见，侦查中面对案件的一个具体事物时，运用发散性思维方法进行分析和判断，从中可以最大限度地发现和挖掘出多种作案信息，这些信息往往在侦查中会转化成破案的契机。

---

① 〔苏〕拉·别尔金：《刑事侦察学随笔》，群众出版社 1983 年版，第 97 页。

（二）聚合性思维

聚合性思维又称集合性或会聚性思维，与发散性思维相反，是指思维由四面八方向一个点聚合，它也是侦查中常用的一种思维方法。这种思维具有严密性、准确性和验证性的特点，在核实和证明问题方面具有一定的准确性和可信性。

聚合性思维在侦查中分析与案件有关的具体事物时，能够给侦查人员以从多方向聚焦在一个点上，对一个问题从多层面、多角度、全方位进行核实和证明的思维，体现出思维验证的准确性和可信性。如对杀人现场形成时间的判断进行聚合性思维，就会对作案时间这一待证问题有几个证明角度：可以根据尸体形成的各种表征进行确定；可以根据现场的手印、足迹、工具痕迹进行确定；可以根据地面扫擦形成的迹象进行确定；可以根据作案前后的天气现象进行确定；可以根据邻居街坊反映的情况进行确定；也可以从电话、钟表、电脑、信件、票据等方面的信息综合进行确定。由此可见，侦查中面对案件的一个待证事实时，利用聚合性思维方法进行证明和确认，从现实中多层次和多方面相互印证的角度准确认定，这种认定由于佐证较多往往比较准确、真实、可靠。

（三）纵向性思维

纵向性思维是指以当前思维为起点，向纵深进行思维的一种方法。这种思维既有回顾性的纵向，也有前瞻性的纵向思维，是一种向前向后延伸或拓展的思维形式，具有回溯性与前瞻性的特点。

纵向性思维在侦查中分析与案件有关的具体事物时，能够给侦查人员以回溯案件发生的源头和起因的回顾性思维，又可使侦查人员具有超前部署围追堵截关卡要道的前瞻性思维；对一个问题以现实为起点向过去和未来进行思维，体现出思维的连续性、动态性和超前性、纵深性。如对毒品案件的审查不仅要超前追溯毒品提供的源头及供货上线，还要运用连续性、动态性思维审查毒品走私或贩卖的流向及输送下线；通过思维沿着案件脉络向前向后或四面八方的纵向延伸，使思维的深度和广度超出案件原有的已知范围，甚至跨越时间和空间的界限延伸思维的触角，运用思维能力的深度和广度发掘出案件中潜藏和隐蔽的条条暗道。

（四）横向性思维

横向性思维是指以当前思维为起点，从事物的横向进行思维的方法。

这种思维以事物的横断面作为研究的重点，对事物研究具有一定的广泛性和横向扩张性，特别是透过事物现象寻找内在联系是这种思维的特点。

横向性思维在侦查中推断案件事实与事物联系时，在案件的多种现象中发现其内在必然联系，如案件各种要素通过横向思维找到并案的依据；将案件痕迹物品形成的原因及变化的原因，经过横向思维找到合理的内在形成和变化的原因；在对具体案件分析和判断侦查方向和侦查范围时，横向思维一般较之于其他思维更能把握案件的本质。所以，横向思维所做的分析和判断充分，注重对事物的整体性认识。

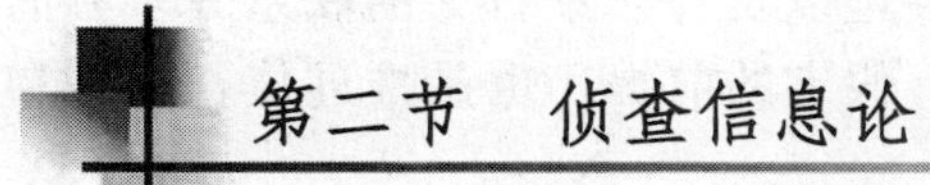

第二节 侦查信息论

一、侦查信息的含义

信息论是“老三论”（系统论、信息论、控制论）之一。信息是来源于物质，体现物质的特征、物质的运动和发展，可以被人类所感知、提取、识别、分析、处理和应用，是人们认识事物的基础和进行决策的依据①。侦查的过程也可以说是围绕着收集作案信息而进行的活动，作案信息是侦查得以再现的基础和中介，又是侦查决策的前提和基础。因此，信息理论是侦查再现的基本理论之一②。

（一）信息

信息一词是20世纪40年代以后作为科学名词出现的。信息是“对消息的接受者来说原先不知道的报导”，是“由数据、信号等构成的消息中所载有的内容”（《牛津词典》信息词条语）。信息论的创始人申农认为信息是用来消除随机不定性的东西。而控制论的创始人维纳则认为信息是人与外部世界相互交换的内容的名称。信息来源于物质，体现物质的特征和物质的运动与发展，是人们认识事物的基础。一般地说，信息是指反映客观世界中各种事物的特征和变化的组合，是一种有用的知识。从侦查学的角度来讲，信息就是事物存在的方式或运动的状态，以及这种方式和状态的直接或间接的表达。

---

① 王长水：《侦查学》，郑州大学出版社2004年版，第29页。

② 杨正鸣：《侦查学原理》，中国方正出版社2007年版，第228页。

（二）作案信息

信息方法论是一种崭新的研究复杂运动形态，把握事物的复杂性、系统性和整体性的必不可少的科学方法；信息方法论引入侦查学的研究领域后，给人们认识侦查和案件提供了一种新的认识方法和认识角度。侦查学研究中对信息的基本观点是：作案行为必取一定的运动形态，作案行为必留一定的物质痕迹；不同的作案形态反映不同的作案行为信息，不同的作案行为信息给破案提供契机；作案信息不仅储存于作案行为形态之中，还储存于作案痕迹以及与作案行为的联系等多方面；作案信息是形成侦查判断、推理、假定的前提，也是推进侦查进展和调整侦查方向的基础。

作案信息就是作案活动存在的方式或运动的状态，以及这种存在方式和运动状态的直接或间接的表达。侦查活动的全过程就是通过初始侦查阶段的现场勘查，以及深入侦查阶段的侦查措施和方法的运用，最大限度地获取和利用作案信息的过程；并通过作案信息的反馈作用，最大限度地“再现”作案事实的本来面目。

（三）侦查信息

侦查信息是侦查对象产生、存在、发展变化状态和属性的表征。在侦查中应用信息理论，就是用信息方法分析和解决侦查领域中的问题，通过对侦查信息的收集、传递、转换、识别、筛选、存储和加工处理，借助于侦查信息揭示和认识侦查对抗的规律性，依赖侦查信息的优势从而赢得侦查对抗的胜利。侦查信息包括三个方面的内容：一是来自作案行为方面的信息；二是来自作案行为外部与作案相关联的信息；三是来自对侦查有价值的各种知识信息。这三方面的信息共同构成侦查信息，其中作案行为信息占主要地位。这些信息在侦查中的实际价值并不相同，其中有些信息具有证据作用，有些信息具有线索价值，有些信息对认识案情有一定意义。

二、侦查信息的类型

侦查信息按照不同的标准可以进行不同的分类，最基本的是按照侦查信息的来源和按照侦查信息的形式两种分类。

（一）按照侦查信息的来源分类

按照侦查信息的来源的不同可以把侦查信息分为：作案行为信息、作案行为关联信息、作案相关知识信息。所谓作案行为信息是指来自作案行为方面的信息，它是作案行为发生、存在、发展变化状态及属性的表征。作案行为信息是作案行为的共生体，也就是说只要有作案行为发生，就必然产生作案行为信息；作案行为信息是从不同侧面和不同形式，反映和表达作案行为的状态、过程和特征。作案行为信息可以存在于作案现场中，也可以存在于其他物品或场所中，还可以存在于相关人员的记忆或其他情报中。总之，作案行为信息非常广泛地存在于各个方面和各个领域，而且存在具有显在和潜在、意识的和物质的多种形式。侦查中收集作案行为信息有一定的困难，但若是收集到有价值的作案行为信息，对侦破案件和认识案情则具有重要作用。所谓作案行为关联信息是指实施作案行为前后，反映和表达作案行为人活动的情况，以及与作案有关联又不属于作案行为的相关信息。作案行为关联信息是作案行为的前奏和后续等相关联的行为。这些信息反映作案行为人实施作案前后的诸如踩点、销赃、逃跑等行为，也可以反映作案工具或现场遗留物的产地和销售的信息，以及周围所发生的与作案相关的能佐证作案的一切信息。这些信息对于侦查主体认识案情，进行侦查决策具有一定的参考价值；有些信息直接提供侦查的线索和旁证材料，为侦查的有效部署和推进提供客观依据。所谓作案相关知识信息主要是指对侦查有一定帮助作用，反映相关科技知识、专业技能和社会科学方面的知识信息。作案相关知识信息是揭示作案行为和认识案情不可缺少的信息。侦查涉及的知识面广量大又内容复杂，仅靠侦查主体现有的知识水平解决所有问题有一定困难；侦查主体必须向有关专家或经验丰富的人求教，从中获得对侦查有价值的信息。侦查主体通过搜集获得解决案件侦查问题的所有信息，都可以称之为作案相关知识信息；作案相关知识信息的获取方式和途径也是多种多样，可以从向专业技术人员的请教中获得，也可以通过查阅文献资料中获得，还可以通过实验或检验等其他方法中获得。这些相关信息虽然不是作案行为的直接信息，但对于进一步获取作案行为的直接信息具有重要作用。

（二）按照侦查信息的形式分类

按照侦查信息储存的形式不同可以分为：物质储存信息和意识储存信息两种。物质储存信息是指储存于作案行为中的一切物质的信息。包括作案现场的痕迹、物证、书证、气味、毛发、血迹等，反映和记载作案时间、行为动作、心理状态和动机目的等方面的信息。物质信息的干扰因素较少，能够客观直接地反映作案行为的形态与特征，是侦查主体在侦查中开发和利用的主要信息。一般来说，物质信息量量大质高，发现和提取有一定难度，但这类信息在认识案件和认定案情上，具有非常关键的作用和重要的意义。意识信息是指储存于有关人员记忆之中的作案意识信息。包括作案人、被害人、证人以及其他耳闻目睹的人对作案情况的记忆，经过回忆和表述达到“思维再现”的信息。意识信息可以转化为录音或录像，也可以转化为文字符号等物质信息。意识信息的干扰因素较多，容易受到信息提供者主观因素的影响；意识信息能够在一定程度上直接或间接地反映作案信息，是侦查主体在侦查中依靠和广泛收集的信息。一般来说，意识信息具有广泛存在和较易收集的特点，但这类信息在认识案件和认定案情上，必须要有其他相关可靠证据信息的相互印证。

三、侦查信息的作用

信息方法论是一种运用信息观点和原理，分析研究系统的性能和运动规律的科学方法。在 20 世纪 40 年代末，以费希尔、申农、维纳为代表的信息论的创立者们，从不同角度对信息进行研究并建立了信息论。这其中申农于 1948 年发表的《关于通讯的数学理论》一文，对信息论的建立产生过重大的影响，被认为是狭义信息论诞生的标志。由于信息本身在各行各业都具有极为广泛的意义，所以信息论迅速地传播到通讯以外的其他领域，使广义信息论在各个领域发展迅速。总之，信息方法论是一种科学方法，在侦查中也发挥着越来越重要的作用。侦查信息的作用主要体现在以下三个方面：

（一）侦查信息是侦查主体认识案情的中介

任何一个刑事案件的发生都是作案行为人，在一定动机支配下为达到一定的目的，在一定的时间和空间条件下实施的具体行为结果。作案行为人的所有作案行为都会产生作案行为信息，作案行为人的作案行为实质上是产生作案信息的源泉；只要作案人实施一定的作案行为，作案行为信息就必然在一定范围和空间存在。作案行为信息从各种途径和不同方式，记载和表达作案行为的发生、发展的状态与特征。这些作案行为信息又能借助于一定的载体（如声、光、电、热、色、味等）进行传递，能够被人们通过一定的手段和方法接受或提取，从而成为侦查主体认识案件规律与特点的纽带。因此，作案行为信息是沟通作案事实与侦查认识的中介，是连接作案事实与侦查认识的桥梁。作案行为关联信息和作案相关知识信息，也以同样的原理和方式表达与作案相关的信息；倘若没有作案关联和相关信息的传递，就无法认识相关作案事实；所以说，与作案关联和相关信息的客观存在是侦查主体认识案件的中介与前提。

（二）侦查信息是侦查主体制定决策的前提

正确的侦查行为往往取决于正确的侦查决策，正确的侦查决策取决于多种因素的制约；但正确侦查决策的决定性因素首先是对双方对抗的具体态势，以及具体案情的正确判断分析和采取侦查行动的正确有效部署；而正确判断分析和采取侦查行动的正确有效部署，则取决于对作案相关信息的获取与掌握。所以，能否全面、及时、准确地获取和掌握作案相关信息，成为侦查主体制定侦查决策和取得侦查实效的前提。倘若在侦查中信息掌握的不够充分和准确，对案件的情况和对方的动态就会模糊不清；处于这种状态下的侦查决策必然会失去客观依据，甚至于离开侦查信息的决策成为盲目的决策，难免使侦查行动陷入“盲人骑瞎马、夜半临深渊”的危险境地。特别是侦查对抗中双方情势不断发展变化，侦查主体在执行侦查决策的方案中信息不通畅，在对方情势变化时不能及时调整或修正行动方案，往往会导致侦查决策的行动失灵或失误。因此，侦查主体的决策必须建立在各种可靠信息的基础之上，侦查信息是侦查主体制定决策的前提和依据。

（三）侦查信息是侦查主体实施控制的依据

侦查的过程是一个连续不断地控制与反馈信息的过程，实施控制的前提和依据是案情发展变化的反馈信息。在侦查中侦查主体不断通过各种渠道和方式，从各个方面搜集和获取作案行为信息或与作案行为相关联信息，为迅速有效推动侦查向纵深发展，侦查主体在一定时间和空间条件下，根据案件发展的具体情势和案情的具体条件，有目的、有计划、有步骤地释放一些信息；通过等待、观察和收集、获取反馈的信息，从所有反馈的信息中过滤筛选发现嫌疑；还可以通过传播一定的信息调动对方的行动，使侦查对象在一定信息引导作用下，按照有利于侦查的方向发展和行动，以信息的反馈实施对侦查对象的有效控制。所以，侦查过程是侦查主体收集处理和加工利用信息的过程，侦查信息是侦查主体实施侦查控制的前提和依据。

简而言之，侦查信息论的特点主要是以作案信息概念作为考察刑事案件的基础，把刑事案件的构成要素和侦查破案的复杂过程，视为抽象的信息交换反馈的简单过程，从而为侦查提供了一个崭新的信息领域。侦查信息论的意义主要表现为在侦查中确立了“信息制胜”的观念，建立以信息科学认识和揭示作案行为；以信息科学合理配置侦查力量和连接侦查指挥；以信息科学调度和运筹侦查方法与侦查策略；以信息科学的控制交换和反馈的原理侦查破案；在侦查中全方位的建立“信息至上”的理念，这对处在“信息社会”的侦查显得尤其重要。

第三节 侦查同一论

一、同一认定的含义

同一认定理论是侦查认识案件的基本方法。同一理论原本是哲学的一个原理，即讲的是矛盾的统一，强调的是事物的共性；而同一认定讲的是事物与自身的关系，强调的是事物的个性①。所以，两个“同一”完全不是一回事。

(一) 同一

“同一”一词来源于拉丁文“ibem”，意即为共同的一个或同一种②，是指特定的物自身与自身的等同，即物的自身同一。“同一”可以理解为“大自然从不精确地重复其本身”原理的表现。从词源及应用都可见，同一有物自身相同、等同的含义。

唯物辩证法认为物质世界具有特殊性，物质世界的任何一个客体物都是独一无二的存在，这正是客体物存在的特殊性与普遍性。因此，物质世界的客体物只能是等同于自己，与其他一切客体物都有区别。正所谓：“人各不同，物各不同”。世界上的任何事物各不相同，再相似的两个物体之间也有差别。物质世界中客体物的这种绝对差异性是认识和理解同一的基础。

---

① 何家弘：《从相似到同一：犯罪侦查研究》，中国法制出版社 2008 年版，第 89 页。

② 《现代汉语词典》，商务印书馆 2002 年版，第 1265 页。

"同一"与"相似"是两个既有联系又有区别的概念。从客体物特征的角度来说，同一是指客体物的全部特征都与自身等同。在认定客体物同一时，实际上只有一个客体物；而相似则是指两个以上客体物之间特征的相同，在认定同一客体物不同时，实际上有两个以上的客体物，尽管两个或多个客体物的外表极为相似，以致很难加以区分，但相似的客体物各自代表自己，两个客体物不能相互等同，也不是同一。

（二）认定

"认定"的含义从字面上看，可以直接理解为识别和确定。而对客体的识别和确定，可以是人们直接凭借感知觉进行，也可以是人们利用专门科学技术手段进行。前者称之为辨认，后者称之为鉴定。可见，认定作为一种活动，包括辨认和鉴定两种形式。就是说，鉴定仅仅是认定的一种形式，不能把鉴定和认定等同起来①。

（三）同一认定的概念

同一认定是指具有专门知识或熟悉客体物特征的人，在研究和比较先后出现的两个反映形象特征的基础上，对其是否出自一个或原属同一整体所做出的判断。这一概念包含以下要点：

第一，同一认定的主体。同一认定的主体必须是具有专门知识的人，应当是司法机关认可的有关鉴定部门的鉴定人员，也可以是被邀请的具有专门知识的人；或者是熟悉客体物某些特征的人，主要是与案件有关联的被害人、作案人、证人等其他人员。

第二，同一认定的对象。同一认定的客体物必须是与案件有关联，包括有关的人、物、场所等一切可以进行认定的客体物；而且进行认定的客体物或客体物的反映形象，必须在案件发生和侦查中先后出现两次。

第三，同一认定的目的。同一认定的目的是解决客体物与案件的特殊联系，通过对某一客体物的同一认定，确定与案件调查中的客体物是否同一，或是否原属同一整体物，以此寻找与案件有关联的客体物。

第四，同一认定的方法。同一认定无论是专门从事鉴定的专业人员，还是与案件有关联的被害人、作案人、证人或其他人员，都必须以对客体物特征的比较为基础。所以说，比较客体物特征是认定同一与否的唯一

---

① 张玉镶、文盛堂：《当代侦查学》，中国检察出版社 2000 年版，第 193 页。

途径。

第五，同一认定的性质。同一认定是认定主体借助于一定的专业知识、经验能力、仪器设备等，对客体物是否同一进行的比较、判断和认定。所以，无论是物证技术鉴定中的同一认定，还是案件调查中的同一认定，均属于判断型的认识活动。

（四）同一认定的其他概念

1. 客体物

客体物是指一切外界事物，同一认定的客体物是指人或物的自身，即客观存在的人与物本身。

2. 客体物反映形象

客体物的反映形象是客体物自身形成的复制品或印迹、痕迹。如照片、手印、撬压或碾轧痕迹等。

3. 被寻找客体物

被寻找客体物是指与案件有关联的人或物，是第一次在现场出现过又离开或消失的客体物，是侦查人员意识中存在并要寻找的客体物。如作案人在现场茶杯上留下的中指指纹，作案人中指的指纹就是被寻找客体物。应当明确，被寻找的客体物不是以其全部或整体作为寻找对象，而主要寻找表明人与物具有特征的部分。如人的指纹特征、足迹特征、外貌特征、行为特征、书写特征等，物的形状特征、颜色特征、体积特征等。

4. 受审查客体物

受审查客体物是指在侦查中被纳入重点调查与审查的人与物，通过审查获得第二次出现或认定的是受审查客体物。如对受审查的人的指纹特征的比对、体貌特征的辨认或对物的形状、颜色的确认等。在对受审查客体物的认定中，某一受审查客体物一经被认定与被寻找客体物同一，其他被纳入重点调查和受审查的客体物的嫌疑即宣告排除。

5. 检材

检材就同一认定鉴定而言，一般是指被寻找客体物的反映形象，或者是被寻找客体物自身的一部分，是为确定被寻找客体物所具有的特征，作为进行同一认定的受检材料。检材在未作出同一认定结论前是个未知物，是鉴定中等待分析比较的底本。如被寻找客体物在现场留下的指纹、足迹、血迹、毛发、笔迹等。

6. 样本

样本一般是指受审查客体物的反映形象，或者是受审查客体物自身的一部分，是为确定受审查客体物所具有的特征，作为进行同一认定的送检材料。样本在未做出同一认定结论前是个已知物，是鉴定中提供分析比较的对象，如受审查客体物被提取的指纹、足迹、血液、毛发、笔迹等。

同一认定的基本形式：

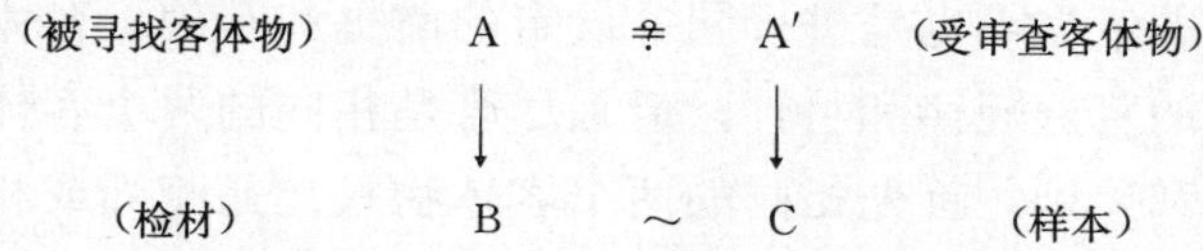

图中A代表先出现的客体物，A′代表后出现的客体物，B是A留下的特征反映形象，C是取自A′的特征反映形象。同一认定的概念表明，同一认定的目的是要解决先后出现的客体是否同一的问题①。

二、同一认定的原理

（一）客体物的物质性与反映性

客体物的物质性是指任何客观的行为必然产生客观的物质结果，物质运动是客体物的本质现象，物质运动必然与相关物质产生联系并发生作用。刑事案件是作案人内心起因的外化，是作案人的行为作用于客体物而形成的客观现象；作案行为无论大小、快慢、强弱、隐露都是一种物质运动，这种物质运动必然与周围的事物发生作用与联系，使客体物的物质形态发生变化并产生一定的客观反映，这种物质运动的形态和反映具有无法改变性。

客体物的反映性是指任何客观的行为必然产生客观的运动形态，物质的反映性是客体物的存在形式，客体物的反映性是人类认识客体物的基础。刑事案件是作案人对客体物实施物质运动的形式，物质运动必然遗留一定的物质运动形态，物质运动形态的特征借助一定的条件和方法可以再现与认识。

（二）客体物的共同性与特殊性

客体物的共同性是指客体物所具有的共同点和相似性，凡是相同的客体物都具有共同的属性和相似性，客体物的共同性是客体物进一步分类的

① 徐立根：《物证技术学》，中国人民大学出版社2008年版，第13页。

基础。刑事案件中的客体物存在于同一类或同一事物中，是客体物所具有的普遍特性，也是进行同一认定的依据和认定具体客体物的基础。如作案人血液的血型、手指指纹的形式，以及作案人的身高体貌、作案方式与技巧等。

客体物的特殊性是指相同客体物又具有不同的特征，这是区别具有共同属性客体物的依据，也是进行同一认定的前提和基础。客体物的共同性是客体物存在的普遍规律和特性；但是尽管是相同的两个客体物，仍是存在细微的区别和差别，首先相同的两个客体物只能是相同或相似，不能也不可能是同一客体物。如双胞胎、两片树叶、两个茶杯、两块手表等，无论两个客体物之间有多相同或相似，终究也只是相同或相似而已。

（三）客体物的可变性与稳定性

客体物的可变性是指任何物质都是处在运动之中，处于运动中的客体物在不断变化，客体物的可变性和运动性是客体物的普遍规律。客体物的可变性一般都呈现相对静止和显著变化两种状态，物质运动是物质的本质特征，运动变化是一切事物的最基本和最本质的特点，但是任何物质运动都有一定的规律性可循。

客体物的稳定性是指客体物的变化运动具有一定的规律性，客体物变化的规律性和相对稳定性是进行同一认定的前提条件。客体物在运动中既有静态和动态，又有运动稳定性的大小和强弱之差。同一认定是一种以客体物特征的比较为基础的判断性认识活动，对同一认定除了应该明确科学依据，还应清楚并非任何一个客体物只要先后出现两次以上，都可以进行认定解决是否同一的问题。

三、同一认定的条件

（一）客体物要有相对的稳定状态

客体物无相对稳定的状态无法对其进行认定，所以并非一个客体物出现两次都可以进行同一认定；间隔时间长稳定性大的客体物同一认定的可能性大，而稳定性差的客体物同一认定的可能性就小。

（二）客体物要有清晰的反映形象

客体物反映形象的清晰度是进行同一认定的关键，所以客体物反映形象越清晰对客体特征的反映越准确，进行同一认定及结论的可靠性越大；反之，客体物反映形象模糊不清就失去同一认定的意义。

（三）客体物要有科学的认识方法

同一认定的水平高低直接决定认定结论的科学可靠性，所以，这主要取决于是否具备科学技术的认定方法和高素质专业知识的人员，还需要有先进精良的仪器设备和专业人员丰富的认定实践经验。

四、同一认定的类型

同一认定根据鉴定主体身份、鉴定客体形态、鉴定客体特征、鉴定认定结论等方面，可以分为鉴定型与非鉴定型的同一认定，人身型与物体型的同一认定，形象型与动作型的同一认定，肯定型与否定型的同一认定。

（一）根据鉴定主体身份分为鉴定型与非鉴定型的同一认定

1. 鉴定型同一认定

鉴定型同一认定的主体是具有专门知识的专业人员，鉴定是经司法部门决定和聘请进行的同一认定。鉴定主要是法律规定的鉴定对象中的同一认定，一般都必须是在各种检验的基础上进行，绝大多数需要借助专门的仪器设备比较和认定客体物的特征。如指纹鉴定、足迹鉴定、工痕鉴定、枪弹鉴定、笔迹鉴定、声纹鉴定、DNA鉴定等。

2. 非鉴定型同一认定

非鉴定型同一认定的主体是对案件的人与物了解的证人、作案人、被害人，鉴定是在侦查人员的组织与主持下进行的同一认定。鉴定主要是对被寻找客体物的回忆、记忆和辨认中的同一认定，一般是以观察、记忆、分析、认识活动为基础，依靠主体的有关记忆、经验、表达和分析能力。如证人、被害人的辨认、指认，证人的证言、被害人的陈述，以及作案人对作案工具和现场的认定等。

鉴定型同一认定和非鉴定型同一认定存在明显区别：一是鉴定的主体不同。鉴定型同一认定的主体是鉴定人员，其应是国家司法机关授权认可或聘请的具有解决案件问题专门知识的人员；非鉴定型同一认定的主体是被害人、证人或作案人，其应是了解案件所要认定被寻找客体物特征的人员。二是鉴定的方法不同。鉴定型同一认定一般是通过技术检验认定，因此，检验方法的科学合理与否十分重要；非鉴定型同一认定则要通过特定人的辨认和思维认定，所以，个人辨认的经验与思维的能力是关键因素。三是鉴定的结果不同。鉴定型同一认定的结论是刑事诉讼法规定的证据之一，鉴定结论是法定的证据和定案的依据；非鉴定型同一认定的结论作为证人证言和被害人陈述，以及犯罪嫌疑人的供述和辩解，是刑事诉讼法规定的证据之一，也可以是侦查的线索或采取侦查措施的依据。

（二）根据鉴定客体形态分为人身型与物体型的同一认定

1. 人身型同一认定

人身型同一认定是以解决先后出现的人身是否同一为目的的同一认定，是根据人身的局部或机体部分的反映形象进行认定，这种认定主要是通过对检材和样本的比较与判断得出结论。人身型的同一认定按被认定客体物的不同，可分为指纹同一认定、足迹同一认定、人体同一认定、牙齿同一认定、动作同一认定等若干个认定分类。其中动作是人的技能与习惯经过长期练习获得的技巧，技能与习惯表现为人的肌体的定型化的运动或动作。对于技能与习惯在符合同一认定条件时，才能作为认定的对象进行同一认定。

人身型同一认定根据认定的方法和途径不同，可以分为直接人身同一认定和间接人身同一认定。直接的人身同一认定是直接依据人体的特征进行的同一认定，19 世纪贝蒂荣发明的人体测量法就是直接人身同一认定的类型。目前侦查实践中常用的人身型的同一认定主要有活人辨认和尸体辨认两种。这种同一认定可以通过有关人员的辨认进行认定，其认定主要依据尸体的身高体貌、衣着装束、牙齿四肢、身体疤痣等外部特征；也可以通过各种科学技术鉴定进行认定，其认定主要依据尸体的受伤部位、内脏病理、生前病症等内部特征。间接的人身型同一认定是通过人体遗留的各种印迹、声音、气味等特征进行的同一认定，主要包括掌纹同一认定、赤足足迹同一认定、笔迹同一认定、声纹同一认定、气味同一认定、DNA 认定等。

2. 物体型同一认定

物体型同一认定是以解决先后出现的物体是否同一为目的的同一认定。物体型同一认定按被认定物体是完整与断离的不同，可分为完整物的认定和断离物的认定两种。完整物体的同一认定是最常见的同一认定形式，其主要依据客体物的形象特征。断离物体的同一认定是一种特殊的同一认定形式，其同一认定的客体物在认定前已断离为两部分或多部分。如对鞋印、掌印、刀刃等的认定是完整物的同一认定；如对两截木棍、两截保险杠、半张报纸等的认定是断离物的同一认定。物体型断离的同一认定根据物体的断离方式不同，又可以分为断离物同一认定和分离物同一认定。前者指物体在撕扯、碰撞的外力作用下断裂为两部分或多部分，如杀人分尸的尸块、撕开的报纸或床单、撞断的门窗或保险杠等；后者指物体在拆卸、分解的作用下分离为两部分或多部分，如拆开的机床或门锁、分离的弹头与弹壳等。这种认定不仅依据物体断离的形象特征，还依据物体成分特质和附加特征综合判断进行同一认定。

3. 场所型同一认定

场所型同一认定是依据场所的综合特征判断是否同一的认定。场所同一认定就是要认定解决某场所是否与案件有关场所同一的问题，是案件侦查和调查中经常进行的同一认定活动；场所同一认定有两种形式，一是由侦查人员根据场所上的痕迹和物品，认定其是否为作案现场；二是由被害人或证人辨认和作案人指认，确认其是否为与案件有关的场所。从总体上而言，场所也属于物体类的范畴，但两者的差别显而易见。一方面，场所具有固定的空间和相对稳定的状态；另一方面，场所具有诸多物体结合或积聚而形成的综合体；所以，物体之间的相互关系对场所同一认定具有特别重要的意义。

（三）根据鉴定客体特征分为形象型与动作型的同一认定

1. 形象型同一认定

形象型同一认定是对客体物的形象特征进行的同一认定，形象特征是指客体物的外表形状和结构特征。如人体的体貌特征、手指的纹线特征、工具的形状特征、鞋底的花纹特征、车辆的外部形象特征等，所有客体物的形象都可以通过其特征进行同一认定。根据客体物的形象特征进行的认定是传统的同一认定，在今天仍是侦查中最主要的同一认定形式。一般而言，同一认定并不能直接以客体物的特征为依据进行认定，而是需要以客体物的反映形象特征为直接依据；反映形象是客体物的外表特征在另一种客体物上的反映，反映形象是特征反映体的一种。反映形象又可分为物质反映形象和意识反映形象；物质反映形象是指所有具有物质反映特征的客体物形象，如指印、足迹、刀痕等；意识反映形象是指所有具有意识反映特征的印象、记忆，如辨认、指认、陈述等。

2. 动作型同一认定

动作型同一认定是对客体物的动作和习惯进行的同一认定。动作习惯是指客体物动力定型的运动规律特征，主要是对人体的动作习惯进行的同一认定。人体的动作习惯又可以分为生理动作习惯特征、心理动作习惯特征和技能动作习惯特征。生理动作习惯特征是指以人的生理动作功能为基础而形成的动作习惯特征，如人的语言动作习惯和行走动作习惯，都是以生理动作功能为基础形成自身的动作习惯特征，这些特征分别成为声纹鉴定和步法鉴定的重要依据。心理动作习惯特征是指以人的神经活动为基础而形成的个性心理动态特征。如表现为兴趣结构、能力结构、气质结构和智力结构的差异，都是以人的神经活动为基础形成的个性心理动作习惯特征，这些特征是重要的心理痕迹和进行心理刻画的依据。技能动作习惯是指人的生理机能在反复练习基础上而形成的技能动作习惯特征。如书写动作习惯、攀爬技能习惯、屠宰技能习惯、雕刻技能习惯和编织技能习惯等，这些都能形成特殊的技能动作习惯特征，成为案件侦查与调查中同一认定的重要内容。

（四）根据鉴定认定结论分为肯定型与否定型的同一认定

肯定型同一认定是指认定的目的是确定客体物与案件事实的联系。否定型同一认定是指认定的目的是排除客体物与案件事实的联系。这种同一认定依据结论的确定性程度，又可分为确定型同一认定和非确定型同一认定；一般来说，确定型同一认定的结论可以单独作为认定案件事实的依据。非确定型同一认定是与确定型同一认定相对而言的认定分类，其结论是一种带有倾向性的推测；所以又称为推测型同一认定，这种推测型同一认定在侦查中也有一定的意义。

五、同一认定的步骤

鉴定是同一认定的一种形式，是一项在科学检验基础上做出的判断过程，鉴定过程是否正确可靠有赖于科学规范的鉴定步骤予以保障。在鉴定实施前鉴定人要做好相应的准备，准备工作包括：首先，通过听取送检人员的介绍或查阅案件材料，或者以实地观察等的方式了解与鉴定有关的问题；其次，对检材和样本材料从质与量两方面检查是否符合鉴定要求；再次，明确了解送检鉴定的目的和要求；最后，准备相应的检测仪器和材料，组织鉴定人员并进行明确分工。在此基础上，按以下步骤实施鉴定：

（一）分别检验

分别检验的任务是按先检材后样本的顺序，分别在检材和样本上发现与确认特征。一般是通过对未知客体物的反映形象和已知客体物的反映形象，分别进行检验发现和确定特征，以此了解反映客体物或客体自身的一些特征，为比较检验的顺利进行提供必要的条件。

在发现和确定客体物特征时，应联系案件情况分析客体物反映形象形成的条件，并运用仪器观察或模拟实验的必要方法，力争尽可能多地找出与客体物有本质联系的特征。在检验寻找客体物时应按顺序进行，即先检验未知客体物的反映形象，后检验已知客体物或其反映形象；在检验客体物特征时，先寻找一般特征，后寻找细节特征。这种检验顺序便于根据未知客体物反映形象的特征分布，确定寻找已知客体物或其反映形象的可比性特征的范围；同时，也便于在发现种类特征或一般特征不相同时，便可不必再对细节特征进行检验，也就可据此作出否定的结论。

（二）比较检验

比较检验是分别检验的自然延续，其基本任务是在分别检验的基础上，对所确定的反映形象特征进行对照，找出两者的相同点和差异点，为检验的综合评判提供科学依据。

比较检验一般是比较客体物的反映形象特征，也可以用未知客体物的反映形象与已知客体物的本身进行直接比较；比较检验采用的方法有：特征对照比较法、特征结合比较法、特征重叠比较法、几何构图比较法、特征统计比较法。

在上述两个阶段，如果需要对已知客体物的特征进行更深入地研究，或者是需要获得更适合于同未知客体物的反映形象进行比对的样本，则可以模拟未知客体物反映形象形成的条件进行必要的实验。

（三）综合评判

综合评判是在综合大量感性材料的基础上，对比较检验中发现的特征异同，及其在认定客体物自身同一过程中的作用进行全面分析和评判，并在此基础上提出相应的鉴定结论。

比较检验所发现的特征应当既有相同点又有差异点，符合这种特征就应当是反映了事物发展和存在的常态。从客体物是否反映了其特征的角度考察，特征的相同或差异都存在本质与非本质之别，即具有本质的相同与差异和非本质的相同与差异。因此，在对客体物认定的分析评判时，必须首先分清特征的相同点和差异点的性质。

综合评判分析特征差异点的性质时，应当从反映形象形成的条件、环境、机理，以及客体物自身的变化情况出发，对差异点产生的具体原因有准确地把握。如果能够从反映形象的形成及处理过程中，找出现有差异点形成的合理解释，则表明这种差异与客体物的特征性无关，应当是属于一种非本质的差异。但是，如果无法从反映形象形成的条件中找到符合逻辑的答案，则不能断然肯定现有差异点是本质的差异。在分析相同点时同样要研究相同点的性质，分析反映形象是反映了同类客体物共性而出现的相同，还是反映了客体物特性而出现的相同。只有后者才是作出肯定同一结论的依据。因此，在分析已知客体物反映形象（或已知客体物本身）与未知客体物反映形象异同后，还应对相同点和差异点的数量关系加以研究；最后，在质与量相统一的基础上，依据不同情况作出相应的结论。

（四）作出结论

同一认定的鉴定有两种基本的结论形式：肯定同一结论和否定同一结论。在鉴定实践中由于主客观因素的影响，实质上存在既不能肯定又不能否定已知客体物与未知客体物是否同一的现象。对这种情形鉴定人可以提出带有一定倾向性的分析意见，这种分析意见固然是无证据效力，但对于证明却仍是有一定的利用价值；因为，鉴定人所提出的推断性结论客观上有一定的事实依据，并不是一般的主观猜测或臆断。当分析意见与案件中的情节和事实相结合时，这种不确定性的结论能够转化为确定性的结论，使侦查人员对案件中的情节和事实形成正确认识，这无疑对案件的侦破有一定的积极作用。所以，在鉴定结束后即使提不出确切性结论，鉴定人也可根据检验的实际结果，运用所掌握的专业知识和积累的实践经验，积极大胆地提出分析意见供送检人或单位参考。

六、同一认定的评断

同一认定的鉴定结论是在科学检验基础上做出的判断结论，其结论是否正确可靠须由侦查和审判人员进行审查评断。我国刑事诉讼法规定的证据必须经查证属实方可采用，鉴定结论也毫不例外必须经过查证属实，方能作为法定证据采信和使用。实践中同一认定鉴定结论的审查从两方面进行：一是审查评断鉴定结论的科学性，二是审查评断鉴定结论的证据性。科学性是鉴定结论作为诉讼证据的基础，证据性是鉴定结论作为证据的地位。

（一）对鉴定结论科学性的审查评断

同一认定的鉴定结论是鉴定人员根据自己的专门知识，对所认定的专门性问题经过科学检验和分析后作出的判断性结论。鉴定结论应当是科学可靠的结论，但由于诸多原因造成鉴定结论会出现差错，因此，凡是认为鉴定结论都是科学可靠的说法，以及盲目相信和依赖鉴定结论的做法都不可取，应当对鉴定结论进行认真审查评断。对鉴定结论科学性的审查评断主要有以下几方面：

1. 对鉴定人员的审查评断

审查鉴定人员是否具备认定案件专门问题的知识与能力，是审查评断鉴定结论是否正确的至关重要的因素。这一因素可以从鉴定人员是否具备专门知识，所具备的专门知识能否解决案件的问题，解决案件的问题是否具备鉴定的资历和经验，鉴定工作和结论是否被认可等多方面考察。鉴定人员如果不具备鉴定资格和条件，鉴定结论便不能被刑事诉讼所认可，应另行安排或聘请鉴定人员重新鉴定。此外，还应对鉴定人员的职业道德进行审查，评断是否存在外界干扰和影响而做出虚假鉴定结论。

2. 对检材样本的审查评断

审查检材和样本是否具备鉴定与比对条件，这是审查评断鉴定结论是否正确的又一至关重要的因素。首先，要审查检材和样本的来源是否确实可靠，倘若将来源不确实、收集不完整、传递不规范、保管不科学的检材和样本作为鉴定依据，极易使鉴定结论出现偏差和错误；其次，要审查检验鉴定工作是否全面充分，如果检验鉴定工作不全面充分，检验可疑文书中是否有添加内容时，只对文书字迹的墨水进行检验，而对字迹的笔画细节特征不进行检验，其鉴定结论就不能认为充分可靠；再次，要审查检验鉴定的依据是否科学有效，包括鉴定中鉴定人员依据的原理是否科学，运用的设备是否良好与完善，采用的方法是否正确合理；如果鉴定人员依据的原理尚未得到验证，运用的设备陈旧缺损和采用的方法不正确合理，鉴定的结论就不可能正确有效。

3. 对论证推断的审查评断

鉴定人员在同一认定获得结论后要进行论证，对检验中发现的差异点与相同点进行综合论证推断。审查鉴定书的论证推断时主要对评断论证是否充分合理，检验前后与结论推断是否存在矛盾漏洞；在鉴定书中如果检验部分描述发现差异点，但在论证部分却未对差异点进行充分的论证说明，这种论证就缺乏充分性、可靠性和可信性。

4. 对结论相关的审查评断

鉴定结论是《刑事诉讼法》规定的七种证据之一，鉴定结论具有独特的证据地位和科学结论的特征。审查鉴定结论是否正确有效可以结合相关证据进行，应当注意审查鉴定结论与其他相关证据是否存在矛盾，审查鉴定结论与证据两者之间的矛盾焦点；必要时对证据的来源及真实性亦可进行审查，更应对鉴定过程和结论的论证进行全方位的审查评断。

（二）对鉴定结论证据性的审查评断

审查评断鉴定结论的科学性是确定鉴定所认定的结论是否正确可靠，而审查评断鉴定结论的证据性是确定鉴定所认定的结论是否具有证据价值。

1. 对人体结论的审查评断

对人体进行同一认定所依据的反映形象，一般会有两类：一类是反映形象与侦查和调查的案件事实没有任何关联，如依据指纹登记卡上采集的指纹对嫌疑人进行同一认定，依据收集的照片对无名尸体进行同一认定等。对这类反映形象进行同一认定作出的评断结论，要根据其在侦查中证实案件事实的作用进行评断。

另一类是反映形象与侦查和调查的案件事实存在联系，其包括以下几种：

(1) 反映形象是在实施行为或掩盖行为时所形成。如实施作案行为时在现场的门窗上留下的指印，依据这种反映形象作出认定同一的结论，就是证明被认定人实施作案行为的有力证据。

(2) 反映形象是在案件现场经过或停留时所形成。在现场勘察和搜查中提取客体物的反映形象并做出同一认定的结论，这些结论不能证明是嫌疑人实施作案的行为，而只能证明嫌疑人到达过作案现场。假定不仅需要证明嫌疑人与作案现场有联系，而且需要进一步证明嫌疑人与案件行为有关系；这就需要结合其他方面的情况综合研究，特别是结合嫌疑人案发前后是否具有到达现场的条件，以及是否具有接触案件现场物品的合理理由等。

(3) 反映形象是在案件物品或材料书籍上所提取。在现场勘察或搜查的物品和书籍材料中提取的痕迹，根据这类反映形象进行的同一认定的结论，不能证明嫌疑人一定是实施作案行为的人或是到过现场的人；但是，这个结论能为进一步侦查和调查嫌疑人是否有作案时间和动机等方面，提供十分重要的线索和方向。

2. 对物体结论的审查评断

对物体同一认定结论的评断包括两方面：一是确定所进行同一认定的物体与案件的联系；二是确定所进行同一认定的物体与人的联系。其中应注意被认定同一的物体与案件三方面的联系：

(1) 被认定同一的物体是实施作案的工具。如依据现场门窗上的撬压痕迹认定的工具；依据碎尸骨骼中的刀刃碎屑认定的刀具。

(2) 被认定同一的物体是实施作案的物体。如依据现场车辆轮胎的印痕认定的汽车；如依据现场鞋印认定的胶鞋。

(3) 被认定同一的物体与案件是间接关系。既不是实施作案的工具，也不是实施作案的物体，但被认定的物体却与案件具有间接的联系，对这种物体的认定可以为侦查提供线索。

本章思考与练习题：

1. 如何运用“物质观”分析和看待作案的物质性？
2. 侦查认识的基本特点有哪些？
3. 为什么说逆向思维是侦查的主要思维形式？
4. 侦查发散性思维与侦查聚合性思维有何区别？
5. 侦查纵向性思维与侦查横向性思维有何不同？
6. 信息在认识案件中有哪些用途？
7. 侦查信息主要分为哪几类？
8. 侦查信息在侦查破案中有什么作用？
9. 什么是同一认定？同一认定的种类有哪几种？
10. 谈谈你对同一认定基本原理的理解。
11. 同一认定的基本类型有几种？各种类型有何不同？

第三章　侦查学的演变

在中国几千年的人类社会历史进程中，侦查作为对付犯罪的一种社会实践，与犯罪相生相克、相互依存、相互作用、相互促进，形成了一对特殊的社会矛盾。“自有社会，即有犯罪；盖犯罪为社会之产物，社会乃犯罪之背景，故社会发达史，即犯罪发达史，早为一般学者所公认。”① 犯罪是一种危害社会的行为，既是一种个人行为，又是一种社会现象；社会产生了犯罪，犯罪危害着社会，为了维护社会秩序和人身安全，必须惩治和预防犯罪，社会的这种需要催化了侦查职能的出现。

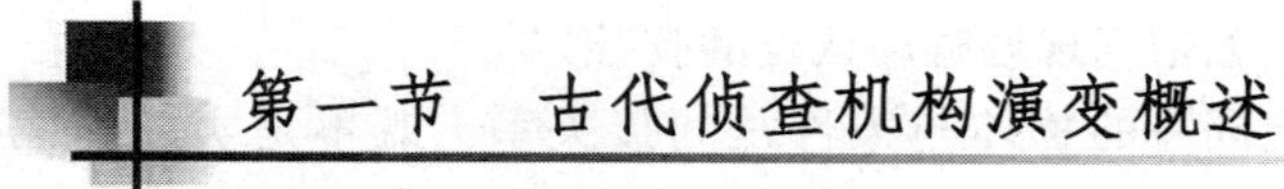

第一节　古代侦查机构演变概述

中国古代侦查机构与侦查官员从无到有、从小到大，从奴隶社会尚无专门和独立的机构与官员，到封建社会逐步分化出独立的机构和专门的官员，这种机构的独立化和官员的专门化是社会分工的需要。在我国司法机构变更的演进中，不仅分离出专门负责刑事犯罪侦查的机构，而且衍生出专门负责职务犯罪侦查的机构，这既是犯罪侦查机构专门化和专业化的表现，也是法律制度进步的重要标志。

一、古代侦查职能的产生

中国是东方人类和古代文明的发祥地，在人类繁衍生息和社会发展演进的历史长河中，由于犯罪的产生和外族的侵扰促使侦查职能的出现。侦查职能的产生可追溯到原始社会的末期，据传说尧舜所处的时代是“人不独亲其亲、不独子其子”，一个“天下为公”的时代；处于一种“无制令而民从，刑政不用而治，甲兵不起而王”的氏族状态。但是随着生产力的发展，产生贫富的差距和阶级的分化，在五千年前中原地区的氏族部落中，

---

① 孙雄：《犯罪学研究》，北京大学出版社 2008 年第 6 版，《自序》。

出现“国家雏形”的社会组织。据《史记·五帝本纪》等史料记载，舜在位时部落联盟时期的长老议事会中，设有九种官员，分别为：司空——掌平治水土，由禹担任；虞——掌山川林泽，由益担任；后稷——掌农事稼穑，由弃担任；秩宗——掌庙堂祭祀，由伯夷担任；士——掌兵革刑狱，由皋陶担任；纳言——掌传达王命，由龙担任；共工——掌百工之人，由垂担任，等。九官中的一种官员“士”，是负责侦查职能的官员。据《尚书·舜典》记载：“帝曰：皋陶，蛮夷猾夏，寇贼奸宄①，汝作士。五刑有服，五服三就。五流有宅，五宅三居。惟明克允。”意即任命皋陶作为士官，负责对外防御和对内治安，运用刑罚惩处犯罪。这是我国有关侦查职能的最早记述。从这一历史记载中可以推断，舜帝时期设置的士官是中国历史上最早具有侦查职能的官职，皋陶是中国历史上最早负责侦查职能的官员。皋陶当时作为黄淮地区一些部落联盟的首领，同时还负有对付“蛮夷猾夏，寇贼奸宄”的职责；因而，皋陶还不是专门负责刑事司法的官员，当时还没有专门和独立的侦查司法官员。

据此，我国原始社会末期就有了掌管刑法的官员，但是当时对掌管刑法惩罚犯罪的官员，是否称为“士”，历史典籍阙载，无从查考证实。至少在商代甲骨文中未发现有“士”字。有学者统计在西周铭文中有关“士”的材料共有七条，其中与名称有关称“士”者共有五条；剔除存疑的材料两条外，比较肯定的材料只有三条，而这三条材料均没有提到“士”是负责刑法的官职。在铭文中称“司士”者有两条，“司士”铭文都是西周中晚期才出现，并且“司士”与刑事有关②。据《尚书》今古文注疏引马融之说：“士”为“狱官之长”；又引郑玄之说：“士，察也，主察狱讼之事。”可见调查问案职能是其兵刑职能的一部分③。

二、古代侦查机构的变更

（一）奴隶社会时期的侦查职能机构

大约在公元前21世纪，中国古代社会开始从原始氏族公社社会过渡到奴隶社会。奴隶社会是以禹让位于启建立夏王朝始，开创“家天下”为标志。公元前16世纪，商汤推翻夏政权，建立商王朝，经历三十王，到纣王

① 《辞源》解释：寇贼奸宄：在外曰姦，在内曰宄。宄：窃盗或作乱之人。

② 张亚初、刘雨：《西周金文官制研究》，中华书局1986年版，第38页。

③ 何家弘：《外国犯罪侦查制度》，中国人民大学出版社1995年版，第9页。

被推翻，商王朝灭亡。周王朝建立定都镐京，至周幽王被杀，史称西周；公元前770年，西周被迫东迁洛阳，史称东周。自此形成了诸侯称霸、政由方伯的动乱局面，走到了奴隶社会与封建社会交替的时代。

1. 夏商时期侦查职能的机构（公元前21—前11世纪）

夏朝初期与皋陶时代相同，刑始于兵，兵刑同制，掌管军事和司法的官吏称为“士”。据《左传·昭公六年》记载：“夏有乱政，而作禹刑。”可见，当时激烈的阶级斗争在客观上要求奴隶主阶级，强化国家机器的军事和司法职能。于是，集军事与司法于一身的“士”的职能的分离，就成为历史的必然。再后来夏王朝在设置的“六卿”（注：六卿，指后稷、司徒、秩宗、司马、士、共工）的官职中，分别设置了“司马”负责军队的官职，“士”专事刑狱的官职。后来，夏王朝在中央设主要司法官职“大理”，在地方设“士”或“理”、“正”、“史”等官职①，专职处理具体的司法事务。据《礼记·月令》注曰：“理，治狱官也；有虞氏曰士，夏曰大理。”

商王朝是以国王为中心的专制政权，在军事、行政、司法上没有严格的区分，一切权力最终归于国王，国王拥有最高的司法裁决权。同时，商朝在中央设“司寇”一职，负责协助商王审理裁决重要案件。司寇之下设有“正”、“史”等属官②。商朝地方分畿内诸侯和畿外诸侯，在畿内诸侯辖地内，辅佐统治并负有司法职能的称为“士”，基层称为“蒙士”，在狱讼中遇有重大案件须报“司寇”复审③。畿外诸侯狱讼由自行决断处理。

殷商朝时代是“敬天地、尚鬼神”的神权政治统治，在司法审判中的反映便是神明裁判。从甲骨文的资料可见，商朝在定罪量刑时要经过占卜来决断，作为占卜者的“贞人”④ 在司法审判中起着重要的作用。

2. 西周和春秋时期侦查职能的机构（公元前11世纪—前221年）

西周的司法制度比夏商朝有很大的发展，司法官吏的专业分工比前朝更加明确。西周的周王是全国的最高立法者，又是全国的最高司法裁决者。据《礼记·王制》记载：“大司寇以狱之成告于王，王命三公参听之。三公以狱之成告于王，王三又（宥）然后制刑。”这说明西周重大案件的审理判决须听从王命。周王之下，三公，（注：三公是辅佐周王处理重大军政事务的最高长官，多由有权威和有经验的大贵族担任。）即太傅、太保、太师，

---

① 郑秦：《中国法制史教程》，法律出版社1998年版，第8页。

② 任惠华：《中国古代侦查史》，中国检察出版社2004年版，第7页。

③ 任惠华：《中国古代侦查史》，中国检察出版社2004年版，第9页。

④ 《现代汉语辞海》解释：“贞”：1. 忠于自己所重视的原则，坚定不变。2. 占卜、问卦。

奉命参与审判重大案件；周王、三公之下设大司寇一职，为中央最高司法长官，全面负责全国范围的司法事务。另外，设小司寇二人之职为辅助长官，直接掌管中央政权的禁令和主管审判事宜，负责审查地方案件和决定适用刑罚。王子公卿大夫采邑之狱讼由方士审理。

在各诸侯国中司法机构与中央大体上相同，但总体规模小。诸侯、卿大夫在封地内享有最高裁判权，上级贵族有权裁判下级贵族的争讼。诸侯国君下设司法官多称为司寇、士。在基层由乡大夫或邑宰处理民事纠纷和轻微刑事案件。重大案件则由“士”审理，乡士掌“王国六乡之狱”，遂士掌“王国四郊之狱”，县士掌“一县之狱讼”，并设有“调人”调解息讼。凡重大疑难案件经地方初审后，上报司寇复审，最后由周王会同三公做出裁决。

春秋战国时期，东周列国的司法制度基本上承袭西周。东周各国国君掌握本国的最高司法审判权，在国君的直接领导下，各国设立了专掌司法审判和刑狱诉讼的官员；在秦国称为廷尉，楚国称为廷理，齐国称为大理。郡守、县令作为地方行政长官，同时兼理司法审判事务，县令下设县丞、县尉、狱吏等官吏。战国时期，县以下还建立了乡、里、聚、邑等基层组织；乡设三老、迁掾，里有里正，负责民间的治安秩序、缉捕盗贼、裁判诉讼等。

据《周礼》记载，春秋战国时期的诸侯列国出现了以下司法官员：（1）司暴（注：古为“虣”字），主要负责维持治安和禁止暴乱；（2）司稽，主管巡市和司察犯禁者及拘捕盗贼等；（3）禁暴士，主要调查发现行为残暴虐杀无辜者，平民和奴隶起义者，以及行为欺诈违反禁令者及言行荒诞不经者，并将上述人员的情况报告上司处置；（4）禁杀戮，主要负责调查发现吏民互相杀戮者和见到杀人和伤害案件不报告者，以及有罪逃跑且官方发布文告追捕缉拿者或阻止被害人向官府告发者，并将其情况报告上司处置；（5）司隶，负责管理奴隶和俘虏，以及劳役和拘捕盗贼①。

（二）封建社会时期的侦查职能机构

随着奴隶社会分封制的瓦解和封建社会郡县制的建立，在地方上开始了由行政长官郡守、县令兼理司法和执掌刑狱。春秋战国时期的诸侯列国就形成这种局面，直到秦朝建立中央统一的政权，郡县制在全国得到普及。

---

① 任惠华：《中国古代侦查史》，中国检察出版社 2004 年版，第 9 页。

1. 秦汉时期的侦查职能机构（公元前221—公元220年）

秦汉时期，皇帝控制一切军政大权，也掌控最高立法权和司法权；建立了一套皇帝直接掌控的司法机构，形成了皇帝亲自审判诏狱等重大案件的司法制度。在中央设置“廷尉”作为常设的最高司法审判官员，官职属九卿之一，地位仅次于三公。廷尉的职责一是负责审理皇帝交办的诏狱等案件；二是负责审理各地上报移送的重大案件和各郡县的疑难案件。廷尉设有监狱称为廷狱。汉朝廷尉之下分设正、左右监等职，组织机构在前代基础上有所扩大。

（1）秦朝的侦查职能机构。秦朝对京师的社会治安管理，采取朝廷的中尉和京师的军政长官中尉及内史双重负责制。据《后汉书·百官表》记载：“中尉，秦官，掌缴循京师，有两丞、侯、司马、千人。”所谓缴循，即专门从事巡查禁备盗贼和侦查刑事案件。两丞、侯、司马、千人等均为协助中尉开展工作的属官。《后汉书·百官表》又记载：“内史，周官，秦因之，掌治京师。”据《云梦秦简·内史杂律》记载，内史系秦代京师的军政长官，除掌握行政和经济方面的职权外，还负有治安管理和查缉犯罪的任务，内史和中尉的分工有所不同。

秦朝实行郡县制，各郡守和县令集军政与司法权于一身，在郡守和县令之下分别设有专门负责社会治安和追究犯罪的官吏；在郡设“都尉”是郡守的副职，负责协助郡守管理一郡之军政和司法的官员。据《后汉书·恒帝记》注引《汉官仪》记载：“秦郡有尉一人，典兵，禁捕盗贼。”在县设“县尉”是县令的副职，负责管理军政和司法的官员。据《后汉书·百官表》记载：“县令、长，皆秦制，事治其县。……皆有丞、尉、秩二百石至四百石，是为长隶。”又载“尉，大县二人，小县一人，主盗贼。”

秦代县以下的地方侦查机构有：①亭。是设置于县以下的基层治安机构，类似于现代的治安派出所；亭设置于驿道、关津、街道及市场，其成员有“亭长”，又称“亭啬夫”，据《后汉书·百官表》记载：“亭有亭长，以禁盗贼。亭长，主求捕盗贼。”亭卒，包括亭父和求盗；亭父，掌开闭扫除（注：相当于内勤人员）；求盗，专事追捕盗贼。校长，据《后汉书·百官表》记载：校长，“主兵戎盗贼事。”②游缴。是设置于乡一级负责治安和缉捕盗贼的官员。据《后汉书·百官表》记载：“乡有三老（注：掌教化），有秩、啬夫（注：听诉讼与收赋税）、游缴（注：缴循盗贼）。”③里正和伍老。里正是里的负责人，伍老为邻伍的负责人，里正和伍老与秦代的什伍连坐制度有关，主要掌管里和邻的治安。

（2）汉朝的侦查职能机构。汉朝分为由刘邦建立的西汉王朝和由刘秀建立的东汉王朝，汉朝是我国封建专制主义中央集权制发展的极为重要的时期。西汉时期京师长安的治安状况相当差，据《史记》记载当时长安出现了犯罪集团，为强化长安都城的社会治安秩序，在前代的基础上增设了一些新的治安管理机构。

汉朝由皇帝直接控制的卫护京师治安和打击犯罪的机构有：①执金吾。原名中尉（注：汉武帝时改称），为督循三辅治安的长官，并统率拱卫京师的警卫部队北军，汉武帝时在北军中增设八校尉。②司吏校尉。原为皇帝专派处理大要案的使节，主要职责为“捕巫蛊，督奸猾”。后来发展至权力极大，“持节（注：皇帝使节凭证的符节），从中郎官，徒千二百人。”据《后汉书·诸葛丰传》记载，司吏校尉不仅可以纠察丞相和弹劾三公，甚至有权直接逮捕违法的百官。后来校尉发展成为专门负责纠察京师百官，以及纠察京师周边郡县地方官员的专职官员，主事侦查刑事犯罪和职务犯罪的任务。③长安令。主要在京师行政区划上为县邑，设长安令负责行政与司法工作；下设专门负责侦查破案的县尉一职，县尉之外设游缴若干名，专事巡逻、察奸、捕盗等维护社会治安。

汉代郡县的地方行政长官都有责任维护辖地的治安，在郡、县、乡各级均设置专门负责治安的官职有：①都尉。郡太守的副职，平时管理征调和训练士兵，兼管理郡的治安和指导各县基层治安机构——亭的工作。②贼捕掾。是郡太守的属官，专管缉捕盗贼。③县尉。汉代大县设两尉，小县设一尉，县尉是武职。据《后汉书·百官表》记载：“尉主盗贼，凡有贼发，名主不立，则推索行寻，案察奸宄，以起端绪。”④亭长。⑤游缴。

2. 三国两晋南北朝时期侦查职能机构（公元220—581年）

东汉末年激烈的兼并战争，最终形成魏、蜀、吴三国并峙的局面。西晋统一三国后，爆发了“八王之乱”至西晋灭亡；在北方，少数民族建立了北魏王朝，后分化演变，史称北朝。在南方，原西晋大地主阶级建立了东晋王朝，后又经演变，史称南朝。这是中国历史上的中古时期。这一时期的最高司法审判权仍掌控于皇帝之手，中央审判机关仍为廷尉；仅在三国时期的孙吴称为大理，北周仿效西周称秋官为大司寇。由于这一时期社会阶级矛盾激化，各王朝都相应扩大了司法审判机关的组织规模。

（1）三国时期的侦查职能机构。三国时期负责京师治安的机构，承汉制而设置执金吾和司隶校尉，并新增设城门校尉。执金吾仍负责京师的护卫和治安，属官有丞和武库令；司隶校尉，掌察举百官及京师近郡的犯法者；城门校尉，掌京师城门。

地方机构为州、郡、县三级，三国时期仍循袭汉制，军事与行政合一，司法与行政合一。魏称州长官为刺史，吴、蜀称州长官为牧；郡设置太守；县设令或长，大县设县令，小县设县长。在司法上一般案件由州郡自行决断，只有大中或疑难案件才上报廷尉；随着中央司法权的加强，地方的司法权有所缩小。在郡太守下仍设都尉，大郡设两人，小郡设一人，负责典兵和禁备盗贼。县令、县长之下设尉一人，负责军事和治安。另外，在设市的城市设市长，兼管市场治安，在关津要隘处设关尉。

三国时期的基层组织设乡、亭、里，其中乡有三老，有秩、啬夫、游徼，游徼专事纳税和缉捕盗贼；亭的设置与秦汉相同，亭长下的求盗掌追捕盗贼；里设里魁，以及其下的什、伍负责辖区内的治安秩序。

（2）晋及宋、齐、梁、陈时期的侦查职能机构。西晋时期在京师撤执金吾，而设司隶校尉，南渡后又撤司隶校尉；东晋和宋、齐、梁、陈的京师设京尹和京令，兼管京师治安和打击犯罪；在京师所在地设置六部尉，辅助京令掌管军事。

晋与南朝地方机构设州、郡、县三级，州的长官称为刺史，统领军队的将军或都尉之职的武官，副职称为统兵刺史；在其下不统兵的刺史，称为单车刺史；郡的长官仍称为太守；县设县令或县长，其下设尉官，掌军事和治安。县一级与侦查有关的官职是贼曹、贼捕掾，均掌巡捕盗贼之事。基层组织基本上沿袭秦汉。

（3）北魏、北齐、北周时期的侦查职能机构。北魏在京师掌管军队和负责京师治安的仍称为京尹和京令。北齐称为清都尹，下设有兵曹掾、骑曹掾、法曹掾等管理治安的官职。北周中央机构管理京师治安的称为武环率和武侯率，管理行政的长官称为京兆尹，同时兼理京师的治安。地方和基层的治安组织基本上沿袭秦汉。

3. 隋唐五代时期的侦查职能机构（公元581—960年）

（1）隋朝的侦查职能机构。隋代中央掌握京师治安的机构称为左右武侯府，专事执掌昼夜巡察京师治安；后改为左右武侯卫，并各增设察非掾二人，专门负责调查职务犯罪和纠弹百官之事。两京的行政长官京兆尹和河南尹，以及所属县的大兴、长安、洛阳的长官，也负责兼管京师的治安。

隋代地方行政组织废郡设州、县两级，州的行政长官称为刺史，州属官中设法户参军、司法参军、兵刑参军、市令丞等，负责维护治安和打击犯罪；县设有县令，县属官中设县丞、县尉辅佐治安管理；其下有户、兵、法等曹佐及市令等员主事治安。

(2) 唐朝的侦查职能机构。唐朝中央和地方的行政长官都兼管治安，同时也设有专门管理治安的机构和官员。在中央专门掌管京师治安的机构，是南衙十六卫中的“左右金吾卫”；这一官职可溯源至秦代的中尉，汉代的执金吾，北魏的御史中丞，北周的武环率和武侯率。据《唐六典·诸卫·左右金吾卫》记载，金吾卫的主要职责是“掌车驾出入，先驱后殿，昼夜巡察，执捕奸非，烽候道路，水草所宜，巡狩师田，掌其营禁”。金吾卫中直接执掌京师治安任务的是左右翊府中郎和左右街使，前者率领府属都督京城左右六街铺巡警，以果毅（注：府兵军官名）二人助巡探，后者分掌六街之巡警。京师的行政长官京兆尹，以及所属的长安、万年两县的县令也掌管京师的治安。

唐朝的地方行政机构分为府州与县两级，州之上的道只是一种监察机构；府是京师、陪都和重要郡县的尊称，府的行政长官称为府尹，少府为副职；府的属官有法曹参军，掌管决狱、定刑、督捕盗贼、没收赃贿等。州的行政长官为刺史，别驾为副职；州的属官也称为法曹参军，职能与府法曹参军等相同。县的行政长官为县令，县丞为副职，主要负责社会治安。

县以下基层组织设乡、里两级，乡基本上是虚设，里是实际行使行政职权的基层组织。百户为里，五里为乡。

4. 宋辽金元时期的侦查职能机构（公元960—1368年）

(1) 宋代的侦查职能机构。宋代在全国设立了两套具有侦查职能的机构，一套是“巡检司”，由朝廷委派官吏到地方捕捉盗贼，其职责是维护城市和农村、海上、河道、驿道及边境地区的社会安定；一套是“县尉司”，由各地县尉主管，负责辖区内的社会安定和捕捉盗贼。巡检司源于五代均由武臣充任，其统率兵士捕捉盗贼和弹压动乱。宋代始由朝廷差遣改为正式职官，并普及到全国各地。地方巡检司一方面受上级巡检的指挥，也受所在州县的节制；但州、路两级的巡检使或都巡检使，常由州、路的行政长官兼任。另外，在河道、驿道、沿海、沿边均设有专门的巡检。县尉司是主管捕盗捉贼和处理民间斗讼事件的地方官，自秦汉以来历代都设有此官职。五代时期因战乱县尉的职权被驻地镇守的武将侵占，宋立国后太祖下令恢复；县尉官职位于主簿之下，负责统率弓手和衙役。据《捕盗令》记载：“县尉躬亲部领收捉”，还负责缉私（注：宋代对酒、盐、茶、矾等实行官榷管理）和处理打架斗殴之事。

宋代基层组织县下有乡，乡设书手；乡下有里，里设里正；里下是户，户设户长。基层设置耆长、弓手、壮丁，上述官与员在乡、里掌管收税和捕盗等杂役。宋自王安石创立保甲法后，保甲制度替代了乡里制度。保甲制十户为一保，选保长一人；五十户为一大保，选大保长一人；十大保为一都保，选正副都保正各一人；每户两丁以上者，选一人为保丁，保内的社会治安均由保内人员负责，“昼夜轮差，往来巡逻”。

（2）辽代的侦查职能机构。辽是与宋相对峙的少数民族政权。辽国掌管君主御帐警卫的机构称为侍卫司，其长官有侍卫太师、侍卫司徒、侍卫司空，其下统领侍卫若干人。侍卫司之下参与禁卫的机构还有近侍司和近侍祥稳司。

地方的行政机构新创设警巡院，其长官称为京警巡使，专管五京的治安和打击犯罪。投下军州是辽王朝接受唐代州县制，而形成的用于控制封建农奴的制度，其行政长官节度使、观察使、团练使、防御使、州刺史，及县令、县丞、县尉等，均负责兼管治安和打击犯罪。

（3）金代的侦查职能机构。金代掌管宫廷警卫的殿前都点检司，掌管的侍卫亲军中的武卫军负责京师的治安任务，据《金史·兵志》记载，老城军负责搜捕曾经犯盗窃罪的人，以充作设防筑城之役，士兵专司京师巡捕之事。金承辽制设警巡院，管理京师治安，并设有警巡使、副警巡使、判官、司隶等；地方长官县下设县尉，专事巡捕盗贼和负责地方治安。

金代在军中设专司治安的军官，在诸府镇都军司设都指挥使；在防御州与刺史州都设有军辖兼巡捕使，执掌职权与都军相同兼司巡捕。诸府州还设有兵马钤，执掌巡捕盗贼；并设有诸巡检，分为都巡检使和散巡检使两种，主事执掌巡捕盗贼。

（4）元代的侦查职能机构。元代仍承前代旧制设警巡院，有达鲁花赤、警巡使、副使二人、司隶八人，还设大都路兵马指挥使司，掌管京城盗贼奸伪和鞫捕之事，设都指挥使、副指挥使。知事及提控案牍为事务官，大都所辖的宛平县、大兴县设尉，兼管军事与治安。

地方诸路总管府中有录事司，设录事、司侯、判官等职，负责地方的治安与刑事案件的侦查兼捕盗贼。诸州中的治安官有达鲁花赤、州尹、同知、判官等；诸县在达鲁花赤、尹、丞、簿下设尉，职责与县巡检相同，主捕盗贼之事。

5. 明清时期的侦查职能机构（公元1368—1840年）

（1）明代的侦查职能机构。明代京师的查缉机构有：①锦衣卫。据《明全典·上二十二卫》记载：“其执掌直驾、侍卫、巡察、缉捕等事。”据

《明史·职官制五》记载："盗贼奸宄，街涂沟恤，密缉而省之。"锦衣卫可以直接逮捕人而不经外庭法司和任何法律手续，皇帝也可以直接命令锦衣卫缉捕和鞫押人犯，即为"锦衣狱"和"诏狱"。②五城兵马司。五城兵马司是维持京师治安和缉捕盗贼的专门机构，设指挥一人，副指挥四人，吏目一人；其下设弓手八十名，火甲多名；主要职责是缉捕盗贼，维持秩序和夜查户口。③皇帝委派的军队。明成化末年，朝廷开始逐步增派驻京三大营军队中的精锐力量，参与京师的治安和捕盗。④大兴、宛平二知县负责京师郊区的治安。其中宛平县在京郊还设有四个巡检司，设巡检一人，带领弓兵缉捕盗贼和盘诘奸伪。

明代地方的查缉机构有：①省级设都指挥使，主管军事；设布政使，主管行政；设按察使，主管司法；时称为"三司"。②巡检司，在全国各府州、县关津要害处均设巡检司。③里甲制和保甲制，在明朝的地方组织中，还有民壮、士兵、乡兵；其中民壮是府州、县招募的地方武装，其职责是捕盗贼；乡兵主要用于乡、里的自卫和联防守望，以御外匪侵扰。

（2）清代的侦查职能机构。在中国历史上，清朝是一个转折时期的封建王朝。在清初，法律制度完全属于封建的法律制度；但是在清末，法律制度和政治制度发生了根本性的变化，为中国近代民主法律制度建设奠定了基础。清朝初期，中央没有专门负责治安的机构，军队与警察的职能也没有明确分离。

全国的治安职责由兵部、刑部、都察院、大理寺、内务府等机构分别承担。兵部，是全国最高的军事机关。在治安方面主要负责督察全国各地的险要关口，管理关禁和海禁。刑部，是负责全国的刑罚政令。对全国的大要案报刑部终审，同时负责厘定各种法律。都察院，是国家最高的检察机关。主要职责除检察国家政事得失之外，还要会同刑部、大理寺裁审要案；都察院设吏、户、礼、兵、刑、工六科；又按省区划分设十五道，分别稽核各省刑名案件。大理寺，是平反刑狱的机关。大理寺与刑部、都察院合称为"三法司"；凡全国重大案件大理寺均有权查问和平允。内务府，是负责皇族生活和安全的机构。主要担负皇族的安全保卫任务，京城与皇宫的安全主要由禁旅八旗负责。此外，户部，是管理户口的机关；礼部，是管理僧俗道家事务的机关；宗人府，是负责皇族事务和遴选教长、族长事宜的组织，也会同户部审理涉及户婚田宅的案件。对京城的保卫还有被称为"巡捕营"的一部分绿营兵承担，各兵营的布防犬牙交错互相牵制。

京城的查缉机构主要有：①"步兵统领衙门"。简称"九门提督"，一部分是八旗的步兵组成的步兵营，有一部分兵士专任捕盗；另一部分是京城绿营的马步兵组成的巡捕营，主要负责外城及近郊地区的治安和捕盗。②“五城兵马司”。即在京城的东西南北中设五城御史，五城兵马司是隶属于都察院的文职机构，负责维持本城的社会治安，并审理徒刑以下的案件。其中“五城兵马司”又划分“十坊”，各坊设有“司坊”负责本坊的捕盗和治安；司坊下设有“捕役”，负责辖区的捕盗和巡逻。③顺天府及大兴、宛平县知事。负责京郊地区的治安和捕盗之事，与五城兵马司和步兵统领衙门是互相协助和互相监督的关系。

清朝地方的治安体制基本上继承明代的制度。各级政府官员上至总督下至知县，都负有管理地方治安的重任；各基层组织也负有维持地方治安的职责，清朝初年推行保甲制度，主要目的是“弥盗贼”。以每十家置一甲长（注：顺治十年改为牌），每百家置一总甲（注：顺治十年改为甲）；凡遇盗匪，事主与邻居必须报告甲长，甲长报告总甲，总甲报告州县。保长、甲长、总甲均是国家设在基层的耳目，各里甲、保甲均有专人负责防御盗贼。在设置保甲制度的基础上，还选拔壮丁进行集中训练，称为“团练”；协助地方官吏捕盗维持治安，类似于现代的民兵组织。

（三）负责职务犯罪的侦查职能机构

中国古代对于官吏职务犯罪的侦查和处罚的任务由御史负责。御史顾名思义是专门的御用史官，在战国时期是负责国家图书秘籍和记录帝王言行的官员；自秦汉建立统一的封建国家之后，为了维护专制主义的中央集权制度，御史被变更为负责纠察弹劾百官的御史大夫，自此建立了延续两千多年与封建君主政权相适应的御史制度。御史大夫负责行政监察和司法弹劾的双重职责，以维护封建社会的法制秩序。到唐朝时期御史制度进一步扩大和完善，御史机构在御史台下设台院、殿院和察院，专门掌管从中央到地方各级官吏的弹劾，参与大理寺的审判活动，审理皇帝交办的“诏狱”案件。在宋代御史台的司法职能又有所扩张，御史台对所有违法失职的官吏有权先行鞫讯；凡大理寺左右推事审理的案件有异议，均须交由御史台推究，从而加强了御史台司法监督的权力。明代改御史台为都察院，都察院则享有更广泛的权力，不仅专职负责弹劾百官、辨明冤案、提督各道，而且对重大刑事案件可以会同刑部和大理寺审理。清代都察院的权力则更大，都察院与刑部、大理寺组成“三法司”，成为国家最高司法机关。在司法审理中都察院左右御史是“九卿会审”的法定成员，刑部的判决和大理寺的复核均受都察院的监督。都察院对刑部的错误判决有权进行弹劾，并可直接受理诉讼事宜，审理有关案件。虽然历代王朝御史制度的隶属关系和官职名称不尽相同，但御史“纠察百官”、“辨明冤枉”的监察和监督的职责始终一致；这种御史制度的监察类似于现代检察机关的职务犯罪侦查，监督则相当于现代检察机关的审判监督；所不同的是御史除有监察和监督权外，还享有对有关案件的审判权。由此可见，御史是中国古代兼有职务犯罪侦查职能的官职，御史制度是中国古代具有司法监督和职务犯罪侦查双重职能的制度。

三、古代侦查活动的形式

（一）神示法

中国古代侦查行为属原始古朴的司法行为，故带有浓烈的宗教色彩和民主议事的成分。皋陶治狱采用“令羊触之”的方法，据《论衡·是应篇》记述：“皋陶治狱，其罪疑者，令羊触之，有罪则触，无罪则不触。”神示法即是神明裁判法或神示证据法，诸如水审、火审、油审、占卜等均属此类。对此，日本学者穗积陈重先生曾认为：“神者，有超自然力，保护善良，罪邪恶；此种信念，凡低级文化人类，莫不有之。故依祷审仰神之裁判习惯之，通行于东西两洋之各民族，殆可谓为世界的现象。”① 美国学者也认为：“所有各种神判法，固易被吾人认为完全无合理之基础，不过吾人应该记着，在此一民智未开，神权思想完全支配人心之时代，凡人皆深信唯神始知是非曲直，并且以为如此不能决断之争端，正当诉之于神，则神必借某种神判方法，以昭示是非曲直。因而，在此种思想环境之下，凡一无罪者，实较之自知其主张虚伪，且相信此种虚伪复为神，所明知者，能真正获得一种表明无罪之良机。”②

西周时期，“盟诅”制度也是一种典型的神示法。在“盟诅”中当事人对神“盟诅”的“誓言”，被视为定案的重要依据记录在案。据《周礼·秋官·司盟》记载：“盟万民之犯命者，诅其不信者亦如之。凡民之有约剂者，其贰在司盟。”又记载：“有狱讼者，则使之盟诅；凡盟诅，各以其地域之众庶，共有牲而致焉；既盟则为司盟供祈酒脯。”郑玄注：“盟诅者，

---

① 〔日〕穗积陈重：《法律进化论》，黄尊三等译，中国政法大学出版社 2003 年版，第 19 页。

② 〔美〕孟罗·斯密：《欧陆法律发达史》，姚梅镇译，中国政法大学出版社 1999 年版，第 48 页。

欲相与共恶之也。犯命，犯君教令也。不信，违约者也。”意思是要对犯君令和违约的人进行盟诅，让神降祸于他们。至于“狱讼”者，按争议的内容分为“罪”和“财”两种。郑玄注：“争罪曰狱，争财曰讼。狱，谓相告以罪名者。讼，谓以财货相告者。”因此，“不信则不敢听此盟诅，所以省狱讼”。据此，现代法律史学者一般把刑事诉讼称为“狱”，把民事诉讼称为“讼”。关于“盟”与“诅”，二者稍有区别，“盟与诅的区别，大概还是在于向神灵祷告的词语性质不同。盟誓主要是相约恪守某种协议，诅则是诅咒违反协议或做某项坏事者必遭祸殃。郑玄谓‘大事曰盟，小事曰诅，’还是大致说得过去。”①

（二）五听法

五听之法是我国古代司法实践经验与生理学和心理学的结晶，是人类认识在司法领域的一次进步与飞跃，也是古代司法领域的一场深刻革命。据《周礼·秋官·小司寇》记载：“两造俱备，师听五辞、五辞简孚，正于五刑”。又记载：“以五声听讼求民情，一曰辞听，观其出言，不直则烦；二曰色听，观其颜色，不直则赧；三曰气听，观其气息，不直则喘；四曰耳听，观其听聆，不直则惑；五曰目听，观其瞻视，不直则眊然。”这种运用心理学和生理学知识察言观色评断被讯问人口供真伪的方法，在当时社会生产力落后和人们认识水平低的条件下，无疑是最为科学先进的侦查断案方法，五听之法可以说是我国最古老的原始“测谎仪”。

“五听”要求司法官吏在审理案件时，通过观察受审人的言词是否合理，直则理直气壮，不直则语无伦次；观察神色是否从容，直则表情坦然，不直则颜色愧赧；观察气息是否平顺，直则心平气和，不直则喘息哽结；观察精神是否恍惚，直则精神集中，不直则精神委靡；观察眼睛是否有神，直则炯炯直视，不直则失神漂移等情况。“五听”中的“听”是判断的意思，就是通过察言观色综合判断当事人陈述事实真伪的一种方法。在审案中通过察色判断，闻声判断，情理判断，言辞判断，事理判断，使五声听讼具体化，对案件事实的查证和对法律的适用具有不可忽视的意义②。张裴在晋律《律表》中对听讼与法律适用之间的关系曾做过精辟的论述：“夫刑者，司理之官；理者，求情之机；情者，心神之使。心感则情动于中，而形于言，畅于四支，发于事业。是故奸人心愧而面赤，内怖而色夺。论罪

① 晁福林：《春秋时期的“诅”及其社会影响》，载《史学月刊》1995年第5期。

② 温慧辉：《〈周礼·秋官〉与周代法制研究》，法律出版社2008年版，第226页。

者务本其心，审其情，精其事；近取诸身，远取诸物，然后乃可以正刑。仰手似乞，俯手似夺，捧手似谢，拟手似诉，拱臂似自首，攘臂似格斗，矜庄似威，怡悦似福，喜怒忧欢，貌在声色。好质猛弱，候在视息。”①

（三）诘问法

秦代法律在《封诊式》的讯狱篇中记载：“凡讯狱，必先尽听其言而书之，各展其辞，虽知其訑，勿庸辄诘。其辞已尽书而毋解，乃以诘者诘之。诘之又尽听书其解辞，又视其他毋解者以复诘之。诘之极而数訑，更言不服，其律当笞掠者，乃笞掠。笞掠之必书曰：爰书：以某数更言，毋解辞，笞讯某。”诘问即盘问或反问。诘问法实际上是要求讯问人尽可能充分听取被讯问者的有罪陈述与无罪辩解，并尽量详细记录被讯问者的全部陈述与辩解，尽管已经察觉被讯问者在陈述中有欺诈的内容，但仍不能打断和追问其陈述虚假的内容，被讯问人的陈述和辩解已全部记录完毕，但是案件中的问题仍然没有得到答案，于是针对案件中失实与矛盾的地方加以追问，实际是要求追问时要抓住重点有针对性。追问也要把辩解的内容详细记录在案，同时再看是否还有其他问题需要再追问，在反复追问中将案件推向深入。直追问到被讯问者理屈词穷无话可说的地步，仍然还在编造谎言不肯认罪时，依据法律规定应当采用刑讯就采用。采用刑讯必须在笔录上记明原因：因为被讯问者多次编造谎言变更口供，在讯问中没有供述任何案件事实，所以对被讯问者采用刑讯。诘问法是现代讯问中的反复讯问和利用矛盾的侦查讯问方法。

（四）钩距法

汉朝时人们总结出辗转推问、侧面迂回以便查明案情的“钩距”讯问法。据《汉书·赵广汉传》记载，广汉“尤喜为钩距，以得事情。钩距者，设欲知马贾，则先问狗，已问羊，又问牛；然后及马，参伍其贾，以类相推，则知马之贵贱，不失实矣。”所谓钩距，晋儒晋灼注：“钩，致以距，闭也。盖以闭其术为距，而能使彼不知为钩也。夫惟深隐而不可得，帮以钩致之。彼若知其为钩，则其隐必逾深，譬犹鱼逃于渊而终不可得矣。”“使对者无疑，若不问而自知，众莫觉所由以闭，其术为距也。”② 这是一种由外围到中心、由浅入深的逐步迂回接近核心问题的提问方法，侦查讯问

① 《晋书》卷30《刑法志》，中华书局1974年版，第930页。

② 张全民：《郑克法律思想初探》，载《法律与社会发展》2004年第6期。

中运用此法则可以“钩致其隐伏，使不得遁；距闭其形迹，使不可窥也”。这种提问先从外围问题入手，摸清与中心问题相关的脉络，将外围基本问题掌握或解决后，再向中心问题发问的典型迂回渐进的侦查讯问方法。

（五）告密法

据《汉书·赵广汉传》记载，西汉宣帝年间颍川郡的强宗豪族，不仅相互结亲与官府勾结，还豢养了一批流氓无赖充当打手，经常欺行霸市、巧取豪夺、横行乡里、打家劫舍，严重影响地方的社会安定，数任郡太守都无法治理。赵广汉接任郡太守后，设置“项筒”（注：瓦质的告密罐，肚大口小形状似瓶，投入简牍可入不可出）收集告密信简后，赵广汉削去告密者的姓名，将告密人告诉强宗豪族；采用离间法使强宗豪族之间相互埋怨互相告发，从而使“强宗豪族家家结为仇，奸党散落，风俗大改。”① 达到瓦解强宗豪族势力和治理社会治安的目的。

（六）刑讯法

在古代诉讼中，如果说神誓法、五听法、诘问法等侦查讯问方法是获取证据的良策，那么，刑讯法则是一个不得已而为之，退而求其次的下策。刑讯法作为一种古老的刑事审判方式，又作为一种取得犯罪嫌疑人和被告人的口供，最为方便、最为直接、最为经济和最为有效的方式，在中外大行其道非常盛行。古代受社会生产力和人们认识能力的局限，侦查断案活动对两造口供的依赖性极大，导致历朝历代刑讯逼供泛滥并逐渐法律化、制度化；早在西周《礼记·月令》中就有“仲春之月，……命有司省囹圄，去桎梏，毋肆掠，止狱讼”的规定。（注：“掠，谓捶治人”）既然仲春之月不可以“捶治人”，除此之外其他季节是完全允许刑讯。刑讯最晚在秦代时已经合法化和制度化了，秦代法律《封诊式·治狱篇》中记载：“治狱，能以书从迹其言，毋笞掠而得人情为上，笞掠为下，有恐为败。”《封诊式》虽然否定了采用恐吓威逼的方法审理案件，但也明确地肯定了刑讯的有效性和合法性。汉代通过刑律对拷讯作出专门规定，据《后汉书·章帝纪》记载：“掠者唯得笞、榜、立。”李贤注《苍颉篇》云：“掠，问也。”《广雅》曰：“榜，击也，音彭。”《说文》曰：“笞，击也。”正所谓“捶楚之下，何求而不得。”中国古代较为著名的刑讯“商有炮烙之法”、“秦有笞掠

---

① 中国科学院法学研究所法制史室：《中国警察制度简论》，群众出版社1985年版，第96页。

之刑”、“汉有拷囚之规”、“唐有请君入瓮”。

四、古代侦查研究的文献

中国作为世界著名四大文明古国之一，不仅创造了丰富多彩和灿烂夺目的文化艺术，在侦查学先驱性研究领域的贡献也是举世瞩目。

（一）秦代的法律规范《封诊式》

1975 年 12 月在湖北省云梦山睡虎地发掘了十二座战国末至秦代的墓葬，其中睡虎地马王堆十一号墓出土大量的秦代竹简，墓葬出土记载法律的有 1155 支秦竹简，这批竹简所反映的时代是战国晚期到秦始皇时期，这是我国封建社会从诸侯割据称雄的封建国家，向专制主义中央集权制封建统一国家转变的时期。在法制史上，秦简有着非常重要的学术意义。我国古代法律完整保存下来的以唐律为最早，隋代以前的律文有人辑录研究，但所见多为断章零篇无完整性可言。秦律是汉代九章律的基础，也已基本散失无存。秦简中的法律条文尽管不是秦律的全部，但由于它保留了秦律中的很多内容，所以大大丰富了对秦律的理解和认识，特别是对研究我国封建时代法律制度的发展，具有十分重要的史料价值。秦简中有一篇名为《封诊式》，是官方颁布处理狱案的规范性文件，“封”是指查封，“诊”是指侦查，“式”是指程式，“封诊式”就是关于查封、侦查、治理狱案的程式，是法律的一种形式①。《封诊式》全文共分二十五节，前两节是关于治狱、讯狱的一般规定，其余二十三节均是承办各类案件的具体式例。《封诊式》对下级治安和司法机构及具体案件承办人具有法律约束力，也是对基层办案机构和人员具有指导意义的法律规范。《封诊式》中大多式例涉及案件的现场勘察与法医检验，集中记述这方面内容的式例有五个：一、《贼死》，即他杀而死；二、《经死》，即自经而死；三、《穴盗》，即挖墙洞盗窃；四、《疠》，即检验麻风病；五、《出子》，即检验妇女小产。《封诊式》是迄今发现我国古代最早的现场勘察与法医检验的法律规定。

（二）宋代的三大刑侦著作流传

五代时，和凝、和蒙父子汇集编成《疑狱集》，进入宋代这类书籍逐渐

---

① 中国社会科学院法学研究所法制史研究室：《中国警察制度简论》，群众出版社 1985 年版，第 27 页。

增多，有赵仝的《疑狱集》，王皋的《续疑狱集》，元绛的《献狱集》，郑克的《折狱龟鉴》，桂万荣的《棠阴比事》，以及无名氏的《内恕录》、《结案式》等，这些著作虽不是法医学专著，但其内容多包括法医检验。到宋代宋慈以“博采近世所传诸书，自《内恕录》以下凡数家，会而粹之，厘而正之，增以己见，总会一编”①，撰写出《洗冤集录》法医学专著，以期达到“洗冤择物”的公正办案的目的，其影响不仅限于中国，在当时也是世界公认的第一部法医学专著。

在上述专著中，《疑狱集》、《折狱龟鉴》、《棠阴比事》三部著作对后世侦查活动影响显著，被誉为“宋代三大刑侦著作”。《疑狱集》是由和凝（五代）、和蒙（北宋）父子先后编辑而成，是我国最早的刑事侦查案例集。主要内容为治狱之道、定案之规和破案之法。《折狱龟鉴》是由南宋高宗绍兴年间（1131—1162 年）郑克撰写。这是继《疑狱集》之后的又一部重要的刑侦专著。其内容在《疑狱集》的基础上又补充了史料和宋代刑侦故事，特别是在案例故事之后附加作者的评论，对各种案例中的侦查治狱方法进行详细的分析评价。本书面世后历经南宋、元、明、清四朝八百多年，流传甚广经久不息。《棠阴比事》是由南宋宁宗嘉定辛未（1211 年）桂万荣编撰。本书的内容完全取材于《疑狱集》和《折狱龟鉴》，在精选了两部著作中绝大部分案例内容的基础上，重新归类编排了内容和设计了目录。本书名“棠阴”引自周代召公在棠阴树下听讼决狱的故事，据中应劭《风俗通义》记述：“自陕以西，召公之主，当农桑之时，重为所烦劳，不舍乡亭，止于棠阴树下，听讼决狱，百姓各得其所。”《棠阴比事》后来风行日本和朝鲜，成为这两个国家刑事侦查的先声，在中外文化交流史上具有重要影响。

（三）宋慈的《洗冤集录》问世

《洗冤集录》是由中国古代法医学家宋慈（字惠父，1186—1249 年）于南宋理宗淳祐七年（1247 年）编撰，不仅是我国古代法医检验制度的专著，也是对古代病理、解剖和药理学等知识的总结，它是我国也是世界现存最早的系统法医学著作。该书比欧洲第一部系统法医学著作的出版，意大利

① 中国社会科学院法学研究所法制史研究室：《中国警察制度简论》，群众出版社 1985 年版，第 208 页。

巴列尔摩大学教授费德罗（1550—1630年）发表的《医生的报告》早350年[①]。《洗冤集录》一经问世立即引起广泛重视，被刑事司法界“官司检验奉为金科玉律”[②]。《洗冤集录》的主要内容是：宋代关于验尸的法令；验尸的方法和注意事项；尸体现象；各种机械性窒息死亡；各种钝器死伤；锐器损伤；古代交通事故；高温致死；中毒；病死与急死；尸体发掘等。全书共分五卷五十三目，每目下分若干条，各目内容穿插交错，初读颇有繁杂混乱之感，细加分析整理可分为如下四部分：第一部分：法医检验的规定；第二部分：法医检验的总论；第三部分：各种检验的方法；第四部分：急救消毒的措施。

第二节 近代侦查学科创建概述

19世纪到20世纪是人类社会飞速发展的时期，也是犯罪侦查学科产生飞跃的时期。自然科学的新成果不断地被引进犯罪侦查的领域，有力地推动着各种侦查方法的发展。先进的科学技术不仅提高了人们识别客体特征的精确度，而且不断地开拓着侦查破案的新领域[③]。

一、侦查学科的萌芽

一门学科的形成要经历相当长时间的探索和积累过程，侦查学科同样也经历了长时间的积累和萌芽的过程。在诸多先驱性相关学科的逐渐形成和多方支撑下，侦查学科终于在19世纪欧洲的沃野中破土而出。在侦查学科诞生之前相关学科的先驱性探索与奠基，为侦查学科的形成与产生提供了直接的养分，人体测量法、指纹鉴定法、笔迹鉴定法和法医学的探究与创立，成为侦查学科形成与面世的前提和基础。

（一）人体测量法

1. 人体测量法的创立之人

---

① 中国社会科学院法学研究所法制史研究室：《中国警察制度简论》，群众出版社1985年版，第218页。

② 钱大昕：《十驾斋养新录》，古籍出版社1990年版，第十四卷。

③ 何家弘：《从相似到同一：犯罪侦查研究》，中国法制出版社2008年版，第96页。

人体测量法的创始人是法国的阿尔方斯·贝蒂荣（1853—1914年），他出生在法国有着良好环境的知识分子家庭，受人类学家、名医和统计学家的父亲，以及自然科学家和数学家祖父的影响与熏陶，于1879年7月开始对关押的囚犯进行登记测量，于1885年创立举世瞩目的人体测量“贝蒂荣法则”。贝蒂荣虽然生长在有着良好环境的家庭，但他本人却是一个生性孤僻、沉默寡言，难以与人沟通的“怪人”。在贝蒂荣上小学到中学期间，因学习成绩不好和性格怪异，曾三次被法国一流学校开除学籍。勉强中学毕业的贝蒂荣在父亲和祖父的帮助下，先后在一家银行做职员和前往英国做家庭教师，但终究由于工作不努力和性格不好而被辞退。1879年3月，26岁的贝蒂荣又一次在父亲的帮助下，在巴黎警察局找到了一份做录事的差事，而在这样一个毫不起眼的工作岗位上，贝蒂荣却创立了举世瞩目的“人体测量法”①。

2. 人体测量法的创立过程

贝蒂荣在监狱做录事的工作相当枯燥乏味，而且绝大多数时间都是在百无聊赖中度过，也许是对乏味单调录事工作的一种厌倦，也许是童年受祖父和父亲测量与计算的影响，贝蒂荣在做录事后的第四个月，开始突发奇想对囚犯的人体进行登记测量。从1879年7月起被警察局正式容许进行测量，到1882年10月三年的时间中，贝蒂荣对关押囚犯身体不同的部位进行测量后，逐步得出一个结论：人身体某些部位的大小和长短可能会相同，但身体四五个部位的尺寸是不大可能相同。他的这个结论参考了当时比利时天文学家和统计学家阿道夫·凯特勒创立的定律。该定律认为世界上人的身高的规律是高个和矮个人数均等，中等个头的人数居多；世界上没有身体各部位尺寸都相同的两个人，统计结论表明人体每个部位尺寸相同的可能性为4∶1。贝蒂荣经测量统计发现如果人体身高等同的几率为4∶1，加上腰的尺寸等同的几率就会降为16∶1；假定两个人进行人体部位11个项目的测量，相同部位尺寸等同的可能性就是4∶1的11次乘方，即为4194304∶1；再加上照片和非常精确的技术描述，贝蒂荣称之为“口头描述”的照片，这种测量方法就可以把一个人与另一个人区别开来。人体测量法在欧洲各国风行二十多年，在当时被认为是进行人体识别最精确的方法，直到被指纹鉴定法所逐步取代为止。尽管人体测量法最终被指纹鉴定

① 〔美〕科林·比万：《指纹断案：现代刑侦科学的兴起》，素朴译，上海译文出版社2003年版，第68—70页。

法所取代，但是贝蒂荣发明的人体测量法对侦查学科的形成是巨大的贡献①。

科学研究的道路总是布满了荆棘和艰难险阻，贝蒂荣对囚犯日积月累进行的人体测量，遭到了巴黎警察局所有人的冷嘲热讽，巴黎警察总监安德烈也给贝蒂荣提出了严厉的警告，让他立即停止这些“没有名堂的恶作剧”。在这关键时刻贝蒂荣的父亲出面，利用自己和朋友的影响说服了新任巴黎警察总监的卡梅卡斯，为贝蒂荣争取到三个月极为有限的实验期限。终于在1883年2月20日贝蒂荣不负众望，成功地鉴别出了第一个有前科羁押犯的身份，并在同年又成功地鉴别出了26名羁押犯的真实身份；与此同时，贝蒂荣经过长期观察还研究出了一种将人面部主要特征，采用摄影拍照进行人身识别鉴定的方法。从1883年采用人体测量法鉴别出第一个羁押犯的身份，到1884年约一年的时间里，贝蒂荣鉴别出有前科的罪犯达300多名。1885年，贝蒂荣被提升为巴黎警察局辨真局局长，至此，巴黎新闻记者在媒体报道时使用一个新术语——“贝蒂荣法则”。

3. 人体测量法的国际影响

贝蒂荣在监狱进行人体测量实验期间，受到父亲的极大支持和全力帮助，他父亲以一个科学家的眼光预言：贝蒂荣从事的是“一门实用的科学，对警察部门来说是一场革命”。1884年，英国科学家斯波曼对贝蒂荣法则产生了极大兴趣，专程赴巴黎向贝蒂荣请教测量方法。法国监狱局局长埃贝尔在拜访了贝蒂荣后，立即决定将贝蒂荣法则在法国所有监狱推广应用。1892年以后，贝蒂荣法则成为举世瞩目的新事物，从西欧向全世界迅速传播，被誉为“十九世纪警务中最伟大的发明”。

正当贝蒂荣法则迅速向世界传播如日中天时，与之同一时期发端的指纹鉴定法的研究也正向纵深推进。随着指纹鉴定法的推广应用和认识水平的提高，阿根廷和南美的一些国家最先放弃了贝蒂荣的人体测量法。与此同时，英国人爱德华·亨利的指纹鉴定法也开始从英国向外传播，首先传入贝蒂荣法则影响很深的欧洲。大约到1902年以后，奥地利、匈牙利、丹麦、西班牙开始转而采用指纹鉴定法，后逐渐扩展到整个欧洲都舍弃人体测量法而采用指纹鉴定法。在这种情景下，贝蒂荣仍然对人体测量法抱有坚定不移的信心，甚至到1911年他用人体测量法鉴定失败后仍不为所动，仅认为指纹是人体测量法的一个“可以容许的补充”。贝蒂荣始终不相信指

---

① 〔美〕科林·比万：《指纹断案：现代刑侦科学的兴起》，素朴译，上海译文出版社2003年版，第71—73页。

纹“小小的痕迹”，能成为可靠的鉴定依据。1914 年 3 月，于贝蒂荣去世后的一个月，在摩纳哥召开的国际刑事警察代表大会上，确认指纹鉴定法正式取代人体测量法，作为国际公认的人身鉴定方法。

尽管贝蒂荣的人体测量法被指纹鉴定法所取代，但是人体测量法的产生无疑是人身识别鉴定领域，乃至侦查领域的一次深刻革命；它的作用在于揭开了探究侦查科学方法的序幕，对科学地探究侦查方法具有极其深远的影响。人体测量法所创制的一些人身登记和基本测量的方法，在现代的情报工作和人身外貌识别中仍被采纳。

（二）指纹比对法

指纹比对法是与人体测量法大体同时代出现的一种人身识别方法。由于指纹比对法较之人体测量法更为科学先进，所以与人体测量法所不同的是指纹比对法的形成过程更加曲折和漫长，而且指纹比对法是凝聚了世界各国众多研究者智慧的结晶。

1. 初识指纹特性

早在距今 3000 多年前古代中国的西周时期，人们就将手指的纹印叫做“质剂”；在秦代的《封诊式·穴盗篇》中就明确地记载，在盗贼穿凿穴洞的房间内外地面播撒的土上有六处“手印”；到唐代民间表示契约关系的信用方法被称为“画纸券”，运用于贸易和司法活动中的“捺手印”极其流行。在漫长的封建社会的历史时期，虽然中国人早就认识到人的手印或指印代表不同个体，但是中国人却没有对指纹的特征进行科学深入研究；所以也就没有得出有关指纹特性的科学结论，更没有把指纹作为揭露和证实犯罪的科学方法，运用到刑事犯罪的案件侦查与调查之中。

在世界范围内，最早是美国的显微学家托马斯·泰勒，提出用指纹鉴别犯罪人的身份。托马斯·泰勒于 1877 年在给美国农业部的一次授课中，用幻灯显示手掌和手指的纹线印迹，并向社会倡议通过指纹比对可以用于鉴别犯罪人；特别是通过犯罪人在现场物体上留下的手印，与捺印提取的犯罪嫌疑对象的手印相比，可以确定犯罪嫌疑对象是否为犯罪嫌疑人。托马斯·泰勒在指纹比对的人身识别方法上，提出了一个具有开创性的建议，但对于指纹人身识别的具体方法却未作深入的科学研究。

世界上第一个得出人的手指皮肤乳突线花纹具有稳定性结论的人，是英国人威廉·赫舍尔（1833—1913 年)。赫舍尔是一位天文学家，他发现了天王星[①]。作为派往英属印度孟加拉的殖民地官员，受到在孟加拉经商的中国商人用契约上按指印以示信誉的启示，从1858年开始，赫舍尔对指纹进行了长达近20年的观察和分析，最终得出了手指纹线终生不变的结论；而且根据人的手指纹线终生不变这一特征，任何时候和地方都可以准确地辨认出留有指纹的人。据此，赫舍尔把捺取手印的方法运用到辖区监狱的管理中，取得了出人意料的极好效果。但是，赫舍尔运用指纹鉴别身份的方法并没有得到当局的重视，甚至他的有关指纹研究的建议也被视为异想天开而遭到冷落。

后来，荷兰籍医生亨利·福尔兹（1843—1930年）在研究中不仅得出与威廉·赫舍尔相同的结论，而且将此项发现的结论公诸于世。最初福尔兹在一家围巾和服装厂工作，后学医学并拿到医生执照[②]。1879年福尔兹在日本东京筑地医院讲授生理学课程期间，对遗留在瓦器碎片上的手印发生了浓厚的兴趣。最初福尔兹关注的是瓦器上指纹与人种的关系，以及人的指纹的遗传学变异方面的问题。一次偶然的机会，福尔兹利用犯罪人遗留在现场酒杯上的指印，成功地帮助日本警方破获了一起盗窃案件。自此，福尔兹确信他已经发现了一种使世界警察的侦查工作得到改进的方法，即利用犯罪现场指印破案的可行性方法。与此同时，他根据早年从事头巾分类工作的经验，经过研究后提出对指纹进行分类和建立指纹档案的设想。1880年，福尔兹将全部研究成果整理邮寄给伦敦的《自然》杂志社，他在论文中指出：人的手指皮肤上的纹理是终生不变的，所以利用指纹肯定是比照片更准确的一种人身鉴定依据。1880年10月，英国《自然》杂志发表了福尔兹的关于指纹研究的论文，在当时引起了世界性的轰动。

2. 创立指纹鉴定

对指纹特性的科学认识是指纹鉴定方法创立的前提和基础，但是如何将已有对指纹特性认识的知识，科学有效地运用于揭露和证实犯罪的实践中，成为指纹鉴定方法创立艰难而漫长的探索过程。在指纹鉴定方法创立的探索过程中，英国的弗朗西斯·高尔顿，阿根廷的胡安·符采蒂奇，英国的爱德华·亨利三个人，为侦查学科的形成作出了划时代的贡献。

弗朗西斯·高尔顿从小就有“天才”之称，5岁读荷马的《伊利亚特》，

---

① 〔美〕科林·比万：《指纹断案：现代刑侦科学的兴起》，素朴译，上海译文出版社2003年版，第36页。

② 〔美〕科林·比万：《指纹断案：现代刑侦科学的兴起》，素朴译，上海译文出版社2003年版，第58页。

大学期间发明一种蒸汽机[①]，后来，曾被誉为英国历史上最杰出的人体测量专家。他于1885年开始转手潜心研究指纹鉴定方法，在研究中首先收集了相当数量的各类指纹图片；在对各类指纹长达数年的研究分析后得出：只有建立一套对指纹登记和分类编目的方法，才能以指纹鉴定法取代贝蒂荣的人体测量法进行人身鉴定。高尔顿经过无数次的观察研究和分析比对后，将指纹分为四类：即左三角指纹、右三角指纹、无三角指纹和多三角指纹。在得出指纹分类方法的基础上进一步研究，终于得出对指纹学创立和发展具有重要意义的三条结论：即指纹终生不变、指纹不会重复、指纹互不相同的结论。1892年高尔顿完成了《指纹》这部经典性指纹学著作，书中详细地阐述了指纹分类理论和指纹鉴定方法。1895年以后，高尔顿的指纹鉴定法在英国得到短期采用，当时贝蒂荣的人体测量法尚未废止。

胡安·符采蒂奇是阿根廷首都布宜诺斯艾利斯警察局的警官，1891年开始潜心研究指纹鉴定法，当时人体测量法在阿根廷仍占据统治地位。1892年9月，符采蒂奇在研究中对指纹分类原则和分类方法提出独到见解的基础上，依靠自己的摸索又得出了与高尔顿相近的四种指纹类型：即弓型纹、内箕型纹、外箕型纹、螺环型纹。在此研究基础上对自己多年的研究成果进行整理后，于1893年撰写并自费出版了第一部著作《人体测量法与指纹法概论》，书中对指纹鉴定法比人体测量法的准确性和优越性，进行了详细分析和充分论证。1893年胡安·符采蒂奇写出了第二部著作《同一认定方法》。大致是到1894年，由于指纹鉴定法在鉴定中的优越性日益显著，阿根廷成为世界上第一个警方单用指纹鉴定法鉴定的国家。1904年符采蒂奇又撰写出版了第三部专著《比较指纹学》，书中对指纹分类的依据和方法进行全面深刻地阐述，他所阐述的理论和方法在拉丁美洲及使用西班牙语的国家与地区享有盛誉。

爱德华·亨利是英国人，1891年担任英属印度孟加拉警察总监后，他在警察系统推行贝蒂荣人体测量法的同时，对指纹的分类和查找方法进行了系统的研究[②]。在弗朗西斯·高尔顿的帮助下，对指纹分类和查找方法的研究获得重大突破，并于1896年在印属孟加拉省创立十指指纹档案。他将人的指纹先分成五种基本类型，即弧型、帐型、正箕型、反箕型、螺环型，

① 〔美〕科林·比万：《指纹断案：现代刑侦科学的兴起》，素朴译，上海译文出版社2003年版，第85—86页。

② 〔美〕科林·比万：《指纹断案：现代刑侦科学的兴起》，素朴译，上海译文出版社2003年版，第109页。

再将这五种指纹类型分成若干亚种，划分亚种是以高尔顿称为“三角”的指纹纹理为依据，但使高尔顿的“三角”纹理更加细致和精确化，并用数字和字母编制构成各种指纹的代号，根据代号将各类指纹编成卡片加以分类和储存。1897 年亨利的指纹鉴定法获得了社会的广泛认可，并在英属印度全境迅速推行普及。自 1900 年以后在全英各地区推行和应用，同时又在大不列颠帝国的各自治领地迅速传播推行。1905 年 3 月 27 日凌晨时分，伦敦东部泰晤士河南岸偏僻的德特恒区，发生了一起斯特拉顿凶杀案，在这个案件审理中指纹鉴定法的结论作为证据，第一次在刑事诉讼中得到了认可。1914 年在摩纳哥召开的国际刑事警察大会上，指纹鉴定法得到了国际刑事警察组织的确认。

3. 指纹鉴定作用

从指纹鉴定方法的创立过程可见，人们首先对指纹特性的认识经历了一个漫长的探索过程，对指纹特性的掌握和运用又充满了艰辛与曲折；其次，指纹鉴定法的创立和确认是与人体测量法进行激烈斗争的结果，指纹鉴定法确认历经的重重困难，反映了侦查科学前进的艰难与险阻。但是，指纹鉴定法的创立与发展对人身鉴别方法的科学意义，以及对于侦查学科的形成都具有不同寻常的影响，因为，认识指纹和确认指纹鉴定结论作为刑事诉讼的证据，使以“物证为王”的资本主义诉讼证据制度有了科学依据，也使以追求口供的纠问式诉讼制度下的侦查方式得以根本性改观。从指纹鉴定法的创立与发展的另一个侧面可见，人们认识人身鉴别方法的基本路径是由粗到细和由表及里，随着社会的进步和科学技术的发展，更为精确的人身识别方法将逐步取代传统的方法，人身识别由中观世界到微观世界，由表面现象的发现到肌体内部的探索，由指纹特征的比对到基因图谱的识别，必将成为人身鉴别科学发展的必由之路。

（三）笔迹鉴定法

笔迹鉴定在世界范围内有着上千年的历史，但是笔迹鉴定作为一门科学进行研究则是在近代。中国是世界上使用文字最早的国家之一，对笔迹鉴定的运用可以追溯到公元 210 年的三国时期，当时已经采用笔迹鉴定的方法来确认书信字迹的真伪，但却尚未形成笔迹鉴定的系统研究方法；与侦查学科中的其他科学方法的创立相同，科学系统的笔迹鉴定方法也是产生在西方国家。早在 1609 年，法国人弗朗科尼·迪麦尔在公开发表的一篇关于笔迹鉴定的论文中，对笔迹鉴定的基本原理和方法进行了全面介绍。在当时欧洲一些国家的法院，尽管承认笔迹鉴定具有的证据价值，但是，笔迹鉴定方法从诞生之日起，就伴随着科学可靠性的质疑。在笔迹鉴定方法是否科学可靠的争论中，催生笔迹科学领域出现了一些影响较大的流派，主要有笔相学派、书法鉴定派、特征描述派和书法测量派。

1. 笔相学派

笔相学派是笔迹鉴定中最古老的一个流派。早在1622年，意大利学者卡米洛·巴尔迪出版了《依据书法认识人的生活方式、性格和个人品质的方法》一书，这是世界上第一部有关笔迹鉴定的专著。巴尔迪也以此专著的面世成为笔相学派的倡导者。笔相学派又分为两派：一派是以法国神父米尚为代表的心理笔相学派。米尚（1806—1881年）于1872年公开出版了《笔迹学的体系》和《笔相学的方法》两本专著，书中对卡米洛·巴尔迪的观点进行了详细的论述，并在论证的基础上对原有观点进行了补充和发展，因此，一般欧洲各国侦查学家都将米尚作为心理笔相学派的鼻祖。笔相学派的另一流派是以意大利犯罪学家龙勃罗梭为代表的生理笔相学派。龙勃罗梭（1836—1906年）于1895年完成出版了《笔相学指南》专著，书中详细阐述了生理笔相学的体系和方法，力图运用生物学的原理解释笔相的特点，认为笔迹是人的天生品质的具体反映，天生犯罪人的特点可以从笔迹中反映出来。

2. 书法鉴定派

书法鉴定派是由具备书法技能的书法家进行鉴定的一个流派。书法鉴定派流行于18世纪末到19世纪初的欧洲各国，由于当时还没有专门从事笔迹鉴定的专业人员，欧洲许多国家的法律规定由掌握书法技能的教师、文书和书记员等，具有“书法”水平的人员在笔迹鉴定中担任鉴定工作。这些人员一般都不掌握笔迹鉴定的基本知识，而是根据个人书法技能积累的经验和鉴别能力进行鉴定。这种笔迹鉴定关注的是笔迹中字母与笔画的形状，以及字母笔画的连接形式等笔迹表面的特征，最终依据笔迹的表现特征对书写人进行同一认定。

3. 特征描述派

特征描述派是19世纪末法国的阿尔方斯·贝蒂荣创立的一个流派。特征描述派强调鉴定人员在比对检材和样本时，首先应将被检笔迹中多次重复出现的特征提取出来，其次再按统一标准的专门术语对提取的特征进行描述；描述主要是针对书写字母和笔画的间隔距离、倾斜程度、字体大小，以及书写位置和形状特征等多个方面。特征描述派代表人贝蒂荣认为，特征描述的笔迹鉴定一般只能作出否定同一或相似的结论，而不能作出肯定同一的结论，因为一个人的笔迹可以由他人伪造。此外，特征描述派在鉴定中还采用照相底片重叠法进行特征的比较，以加强笔迹鉴定的客观性和准确性。

4. 书法测量派

书法测量派是由书法特征描述派发展产生的一个流派。书法测量派是19世纪末法国的埃德蒙斯·洛卡尔首先提出这一理论，他认为笔迹鉴定的基础是字母各部分之间的大小比例。洛卡尔创立书法测量的目的在于笔迹鉴定中，试图采用数字测量的方法来消除鉴定人员的主观因素对笔迹鉴定的影响。这一流派的观点显然受到19世纪末20世纪初自然科学飞速发展的影响，其方法更加注重定量分析而非定性分析，无疑提高了笔迹鉴定的准确性和规范性；但却忽视了笔迹特征数量与质量的辩证关系，其鉴定的方法带有机械对比的缺陷。

二、侦查学科的诞生

侦查与犯罪在发生与发展上是同生共存的关系，两者之间的互动互促的运行持续了几千年，奴隶社会和封建社会诉讼制度的简单化与诉讼原则的专断化，始终未能产生和形成现代意义上的侦查学科。可以说，现代侦查学科的诞生既是资产阶级革命的副产品，又可以说是资产阶级工业革命的主产品；既是资产阶级技术领域革新的结晶，又是侦查学相关先驱学科融合的结果。

（一）侦查学科产生的背景

1. 资产阶级诉讼制度的变革

1808年法国《拿破仑刑事诉讼法典》的颁布实施，以成文法的形式确立了控辩平等原则、无罪推定原则、自由心证原则、废除刑讯逼供原则等制度，资产阶级诉讼制度的彻底变革，无疑对刑事诉讼提出更高的要求，相应对侦查的理论和实践也提出更高的要求与新的课题。

2. 工业革命引发犯罪的剧增

在欧洲资产阶级工业革命时期犯罪成为突出的社会问题，特别是犯罪利用当时先进的科学技术成果，使犯罪的花样和手段不断翻新，犯罪的技巧和方法达到了高超的水平与专门化的程度；资产阶级工业革命的日益进步和飞速发展，在客观上刺激和引发犯罪数量的剧增。

3. 技术发展带来方法的更新

资产阶级民主革命促进了资本主义生产力的发展，特别是文艺复兴运动的兴起和传播，欧洲一大批自然科学家和技术科学家的先驱性研究，以及自然科学和技术科学的理论，科学方法论和实验手段被广泛运用于各领域中，其研究成果吸收并转化为侦查技术和方法的更新。

4. 学科分合促进理论的成熟

在侦查学科产生前的几十年中，侦查学的一些重要的分支学科先后创立和发展，众多学科在创立与发展中相互借鉴、互相促进，形成和奠定侦查学诞生深厚的理论基础；特别是现代科学在不断分化中又不断融合，侦查学的形成正是分支学科大量出现又相互融合的结果。

（二）侦查学科产生的过程

1. 侦查学科的创立之人

国际公认的侦查学科的创立之人是奥地利的司法检验官汉斯·格罗斯（Hans Gross，1847—1915 年）。他于 1893 年出版的《司法检验官手册》一书，标志着现代侦查学的诞生。1898 年，汉斯·格罗斯对该书印刷发行第三版时，在书名后面加了一个副标题“侦查学体系”（Kriminalistiks）。从此以后，“侦查学”或“物证技术学”便成为世界各国语言中一个新的词汇。1898 年，汉斯·格罗斯还创办了侦查学领域的第一本专业刊物《犯罪学与侦查学档案》。1912 年，在汉斯·格罗斯的不懈努力下，奥地利的格拉茨大学成立了世界上第一个侦查学研究所。鉴于汉斯·格罗斯在侦查学科领域的上述开拓性贡献，后人将他称为“现代侦查学之父”。

2. 侦查学科的创立标志

汉斯·格罗斯于 1847 年出生在奥地利的格拉茨，1869 年在格拉茨大学法律专业毕业后，开始在上施泰尔工作区从事侦查工作。在汉斯·格罗斯接触侦查实践最初的两年多的时间里，他深深地感受到侦查工作必须建立新的道德规范和科学基础，特别是侦查业务亟待建立科学技术基础。汉斯·格罗斯在侦查实践中体会到，任何科学成果和技术方法都有助于侦查工作，同时也深感自己知识的不足和技术的短缺；他经过长达 20 年的刻苦钻研和自学，对化学、物理学、植物学、动物学、摄影技术和显微镜检验技术等方面，进行了系统地学习和全面的掌握，终于在 1892 年完成出版了《一个侦查员的经验》一书，这部著作是侦查学科的第一部著作。

在1893年，汉斯·格罗斯又出版了内容更为丰富和体系更为完善的《司法检验官手册》一书。这部作为侦查学科诞生的标志性著作的出现，一方面是汉斯·格罗斯丰富的侦查理论与侦查实践相结合的结晶；另一方面也是当时侦查科学先驱人物在侦查领域中已经取得丰硕成果的汇集。汉斯·格罗斯写成《司法检验官手册》著作，是以本人博览群书孜孜以求的钻研精神和身体力行勇于探究的实践态度为前提，以其他先驱者在指纹鉴定、摄影技术、文书检验、枪弹检验、毒物检验、血痕检验、司法化学等的丰硕成果为基础，将当时所有有关侦查科学技术方法的内容融合为一体，按自己所构想的侦查学的学科体系，把所有的内容分门别类和系统完整地编排成体系。《司法检验官手册》在结构体系上分为两大部分，第一部分是犯罪现象，主要论述各种犯罪及其规律特点；第二部分是侦查方法，主要论述侦查策略方法和物证技术方法。汉斯·格罗斯实际上是集当时侦查领域的科学研究成果为一体，在深入研究侦查理论科学成果和全面总结侦查实践经验的基础上，将侦查对策方法与法医学、毒物学、显微学、笔迹学、人体测量法、枪弹检验法、司法化学等技术方法融合为一体，并将书名增设副标题为"侦查学体系"；因此，《司法检验官手册》后来也更名为《侦查学手册》。

3. 侦查学科的贡献之处

汉斯·格罗斯在《司法检验官手册》中主要论述的是侦查的技术方法，也涉及到现场勘察和侦查讯问等侦查策略措施等方面。他在关于现场搜集物证的规则中写到："在官方没有详细记录物体的特征及对物体进行拍照之前，千万不要改变物体的位置，不要提取物体，甚至不要触及任何物体。"汉斯·格罗斯确定的这一现场勘察的规则，一直被侦查学界视为不可或缺的"黄金规则"。汉斯·格罗斯也十分重视审讯中证人证言的作用，他在书中论及运用证人证言时认为："被审讯的人是个骨头架子，而证人的证词则是审讯时的血和肉"。《司法检验官手册》中既吸收了侦查学领域众多先驱者的技术方法，同时汉斯·格罗斯本人也创立了司法弹道学，他在书中对发火武器的构造、使用和鉴别方法等方面，列专篇进行了详细地论述，为侦查枪杀案件和枪弹检验奠定了基础。汉斯·格罗斯还十分重视化学方法在侦查中的运用，在书中他列举了大量案例说明尘土对破案的重要作用，并特别提醒司法检验人员在侦查中，要注意搜集和提取被害人衣物与现场遗留物上的附着物。

《司法检验官手册》与任何一部著作一样，在内容上和结构上尚存在许多片面性与不完整性；与任何一门学科产生与发展的脉络相同，侦查学在产生之初亦有体系上不完善和内容上不科学之处，这既是学科发展的局限性所在，也是学科发展的生命力所在。尽管如此，《司法检验官手册》依然毫无疑义地成为现代侦查学的雏形。汉斯·格罗斯虽不是将科学分析方法运用于侦查工作的第一人，但他能把现场勘察、侦查讯问、笔迹鉴定、司法弹道、刑事化学、指纹鉴定、人体测量、刑事摄影等，诸多学科的内容汇集起来构成现代侦查学的体系，首先提出了侦查方法体系和物证技术体系，并创制了“侦查学”这一学科术语，因此，汉斯·格罗斯对侦查学科的建立和发展的贡献卓越，值得后世在侦查学科研究中永远铭记。

第三节　当代侦查学科发展概述

侦查学自诞生距今仅有100年的历史，但其创始前和发展中的经历却是相当艰难曲折的过程。侦查学作为一门年轻的应用性学科，发端于西方经济发达的资本主义国家，是有效指导同犯罪作斗争的方法论，因此迅速在欧洲及全世界得到传播。然而，由于世界各国特定历史时期具有不同的犯罪形态，又由于各国政治制度和经济文化的差别，侦查学科在各国的传播和发展中，不可避免地会出现一定的差异，形成各自不同的侦查学发展模式。

一、侦查学科在欧美的发展

欧美侦查学是指以美国为代表的资本主义国家的侦查学。现代侦查学的发源地是欧洲的法、英、德、奥等国，特别是毒物学、指纹学、法医学都是欧洲人所创立，但是在整个侦查学领域的推进和发展中，由于欧洲国家受到两次世界大战的重创，其在侦查学领先的地位进入20世纪后便逐渐削弱。而美国却由于工业革命和科技发展的强劲势头，促使侦查学科得到了突飞猛进的发展，美国在资本主义国家中异军突起，成为侦查学科前进与发展的领路人。以美国为代表的欧美侦查学的发展主要表现在三个方面：

（一）侦查实验室广泛建立

19世纪末，瑞士的鲁道夫·阿奇巴德·赖斯是提出侦查机构应当建立自然实验室，将自然科学家变成侦查学家想法的第一人。20世纪初期，他与瑞士瓦特州警察署和州政府密切合作，个人自费在洛桑建立了一个“警察科学研究所”，并设法使研究所附属于洛桑大学。这一研究机构后被国际学者公认为侦查学的首批研究机构。与此同时，法国的埃德蒙斯·洛卡尔在里昂创建了欧洲第一个警察侦查实验室。洛卡尔不仅在指纹学、笔迹学领域颇有建树，而且还是一位刑事化学专家。他既是欧洲也是全世界侦查实验室的创始人，当时很多新的实验方法都是由他采用和推广，他在里昂创建的这个侦查实验室，实际上是当时侦查鉴定和教学的国际中心。1935年，英国伦敦苏格兰场建立了英国第一个警察实验室，即国家警察实验室。1938年，德国也在柏林建立了当时世界上规模最大和技术装备最好的中央警察技术研究所。

正当欧洲各国的侦查学专家奋力开拓鉴定新领域和新方法时，第一次世界大战和第二次世界大战接踵而来，欧洲笼罩在战火中，警察实验室变成了战争的废墟。而大洋彼岸的美国远离战争中心影响较小，所以在20世纪的四五十年代，其侦查实验室得以迅速发展，其中，1932年成立的美国联邦调查局科学实验室，在联邦调查局局长丁·爱德家·胡佛的领导下，侦查技术鉴定和技术研究的领域不断拓展，科学仪器不断更新，规模不断扩大。当时美国工业革命和科学发展提供充足的资金来源，促进侦查学的学术空气异常浓厚，使得联邦调查局科学技术实验室的法庭科学家们，不仅在国内的法庭科学领域内起着主导作用，而且在世界法庭科学界也产生着决定性的影响。进入20世纪90年代后，美国联邦调查局科学实验室已拥有静电检测仪、中子活化分析仪、原子吸收分光光度仪、X射线感应荧光分析仪，配有X射线分析仪的扫描电子显微镜、富利叶变换红外光光度仪、X射线衍射仪、高效液相色谱分析仪、离子色谱分析仪、显微分光镜、质谱分析仪等，一大批世界一流的顶级精良设备投入使用。联邦调查局科学技术实验室的三个检验处，即文件处、科学处和特别项目处的对外服务项目已达到60多项。

目前，西方各资本主义国家均已建立了具有国际先进水平和相当规模的，已拥有世界一流高、精、尖设备的侦查实验室或物证技术实验室。

（二）物证领域的不断拓宽

在欧美国家学者的观念中，侦查学就是一门物证技术学。欧美学者给侦查学所下的定义就是“运用于侦查领域的各门科学知识的总称”，“其主要作用于物证方面”。因此，欧美的侦查学几乎涉足了物证技术的各个领域，不仅包括了我国传统侦查学中所涵盖的同一认定技术，也包括了法医学、法毒物学、法动物学、法植物学、法人类学、法工程学等众多的法庭科学领域。据法国《拉鲁斯大百科全书》第六卷第3476页侦查学词条载明，法国的侦查学就包括了法医学、警察科学和警察技术三个部分①。1950年美国加利福尼亚刑事工作者协会也认为：“侦查学是把自然科学运用到法律科学上来指导物证的辨认、鉴定、区别和解释的专门学科和科学训练方法”②。

进入20世纪以来，由于欧美资本主义国家经济和科学技术的突飞猛进，物证技术学随着警察实验室和现代科技的迅猛发展而迅速繁荣起来，促进了物证技术科学领域的研究与发明不断深入，许多领域不仅分化出很多细目进行研究，而且许多分化的细目研究的触角向纵深延伸。例如，人体识别同一认定领域，在汉斯·格罗斯时代仅局限于人体测量、指纹鉴定、笔迹鉴定等几个领域；而进入20世纪以后，这一领域的新兴学科已有足迹鉴定、牙齿鉴定、唇纹鉴定、声纹鉴定、眼纹鉴定、耳纹鉴定、DNA鉴定等多个领域。在其他物证技术领域的发展也是相当迅速，工具痕迹、油漆化验、玻璃检验、毒物分析、毒物化验、文书检验等物质检验技术更是日新月异，在侦查领域的应用中表现出广阔的前景。

（三）技术对策的有效融合

在侦查学界人们一般认为，欧美的侦查学家或物证技术学家比较注重科学技术在侦查中的应用，而一般对侦查的理论、对策、原则等方面涉及较少；但对此作进一步考察后发现，欧美学者对侦查的理论和对策、原则也有许多有益的探索。美国物证技术学的先驱保罗·柯克，在1953年编著的《刑事侦查》一书中，用一章的篇幅专门介绍同一认定的理论，在阐述了“同一”的概念及同一认定与种类认定的区别后，柯克指出在同一认定中引入数学原理的重要性，认为要保证同一认定的科学性和准确性，应该将对客体特征的定性分析转化为定量分析，并提出要为各种同一认定客体建立特征基础数据库。

欧美的物证技术学内容主要集中于技术领域，但是侦查著作中仍有侦查对策原则和侦破方法的论述。美国的侦查学家卡尔斯·奥哈里和格列高

① 蔡晋：《刑事侦查与司法鉴定》，知识出版社1982年版，第33页。
② 蔡晋：《刑事侦查与司法鉴定》，知识出版社1982年版，第21页。

里·奥哈里，在合著的《刑事侦查学基础》一书中，虽然他们认为侦查只是一门艺术，但在具体阐述这门“艺术”时，却认为包含了“侦查情报”、“侦查讯问与询问”和“仪器操作分析”三部分，即所谓的“三 I”内容；其中既有侦查措施，也有各类犯罪侦查方法，还有侦查人员出庭作证等方面的内容，从全书内容来看社会科学属性占据主要地位。由此可见，欧美侦查学中已出现技术对策化和对策技术化的双重趋势，在侦查学未来发展中技术和对策的有效融合势在必行。

二、侦查学科在苏联的发展

在 20 世纪中叶，由于特定的历史背景原因，苏联在政治、经济、文化等各个方面，对东欧国家和朝鲜、中国、越南等社会主义国家产生了深远的影响。与此同时，前苏联的侦查学科在国际上也具有重要的地位，而且与欧美侧重技术科学型的侦查学科相比，前苏联侦查学的发展却表现出另外一番景象。这主要表现在以下几个方面：

（一）侦查学科内容的拓展

前苏联的侦查学是在 19 世纪末开始萌芽。这一时期侦查学的研究和进展也是举步维艰，主要成果集中表现在技术领域，这与侦查学科形成的规律相一致。1917 年十月革命后，苏联早期的一些侦查学家对侦查学科中的刑事照相、指纹学、刑事登记等方面的问题，撰写和发表了侦查学研究领域的第一批著作，奠定了侦查学的基础并确定了侦查学科发展的地位。

到 20 世纪 30 年代中晚期，前苏联出版了第一部高等院校通用的侦查学教材。在这部教材中，沙维尔和温别尔格教授提出了侦查学科结构的“二要素说”；即认为侦查学科的内容包括“技术上的手段”和“措施上的手段”两个方面，侦查的对策方法成为侦查学体系的独立内容；从此以后，对侦查对策的研究引起了越来越多学者的重视。在当时蓬勃发展的心理科学、逻辑科学、管理科学、军事科学等理论和方法的影响下，侦查对策方法的研究不断得以规范化和科学化，并在侦查学科研究中占据着越来越重要的地位，为侦查学科性质的转化树起了第一座丰碑。

20 世纪 50 年代以后，随着侦查对策内容研究的广泛开展，侦查技术和侦查措施在具体侦查情势下的组合，即具体犯罪的侦查方法引起了学者们的密切关注，并很快在侦查学研究中找到了自己独立的位置。苏联的侦查学科已经成为了一门“关于如何通过利用在专门科学和总结实践基础上研究制定的手段、措施和方法，对犯罪有组织有计划地侦查，按照诉讼法规有效地收集、检验物证以及预防犯罪的科学”①。至此，苏联侦查学科的“三块结构体系”，即手段、措施、方法，也就是侦查技术、侦查措施、侦查方法三块说正式形成。

随着侦查学科研究的不断拓展和深化，一些社会学科的新方法和新内容不断被吸收和注入，侦查学科的社会科学属性显得越来越突出，侦查学的学科性质也逐渐发生了变化。侦查学研究中以心理学、逻辑学、法学、管理学、军事学等学科为理论依据的侦查方法，逐渐地成为侦查学科研究的核心；侦查技术则更多地处于为侦查措施与侦查方法服务的地位，侦查学的社会科学属性已经超越了原有的技术科学属性。在侦查实践中由于侦查活动与法律规定的日益密切结合，侦查主体、侦查客体、侦查程序和侦查方法等侦查的范畴，被越来越多地纳入侦查相关的法律规范中；尤其是侦查学与刑法学、刑事诉讼法学之间密不可分的关系，使得对侦查方法的研究更多地具有了法律的属性；侦查学科终于由一门单纯的为侦查服务的技术性应用学科，逐步过渡成为一门刑事法律学科，并成为刑事法律科学体系中的重要支柱。

（二）侦查学科理论的研究

关于学科性质。1938 年，前苏联早期侦查学家沙维尔教授最先论证了侦查学的研究对象和方法，他认为侦查学科不是一门狭窄的技术性学科，而是一门法律学科，其学科内容具有政治性，并积极采用自然科学和技术科学的成就来达到侦查犯罪的目的。他研究侦查学运用的是辩证的方法，研究的手段科学、客观，符合法制和民主的原则。

关于同一认定。早在 1925 年，前苏联专家亚基莫夫就在发表的《方法学上的一致性》一文中，对同一认定的概念、特征和分类，以及同一认定的科学方法、同一认定的标准和划分条件等，同一认定理论中的一些基本问题，进行了比较详细地论述。20 世纪 30 年代，波塔波夫首次对同一认定理论的科学基础和基本方法，进行了系统研究和深刻阐述。

关于司法弹道。1937 年，契尔瓦科夫教授的第一部《司法弹道学》问世，开创了前苏联司法弹道学的先河；1953 年他又出版了《司法弹道学概

① 司法科学鉴定研究所：《犯罪对策学专题报告》，1958 年版，第 18 页。

述》一书，系统论述了枪弹痕迹鉴定的原理。

关于笔迹鉴定。1938年，波塔波夫第一次将“笔迹学”列为专章写进通用的侦查学教材；1940年，他发表的《科学的笔迹学》一文从原则上奠定了笔迹学的新原理。同年，温比尔格出版了《笔迹的司法鉴定》一书，又提出了新的笔迹特征分类和检验的方法。此后，许多专家和学者对笔迹形成的生理学基础、笔迹与高级神经之间的关系等相关问题，诸如左手笔迹的鉴定、数字笔迹的检验、书面语言特征检验、签名笔迹的检验、铅字图拼文字的检验及变化笔迹的检验等方面陆续进行了论证。

关于痕迹鉴定。1947年，雪甫琴科撰写的《现代痕迹学的科学基础》一书面世，专门论述了痕迹鉴定的基本原理。在痕迹检验理论方面，巴里塔扎尔提出了从质量和数量上判断分析特征符合点的差异点的理论。在人身认定理论方面，科勒马阔夫发表的《人身同一认定的实质和任务》一文，阐明了人身同一认定理论的原理。

进入20世纪60年代以后，前苏联侦查学界又更多地吸收最新的理论和方法于侦查学的研究中；与此同时，在侦查措施和侦查方法的研究中，更加广泛和深入地引入了心理学、逻辑学、法学和管理学等科学的最新研究成果和研究方法。

（三）侦查学科教材的建设

前苏联的第一部高等院校通用侦查学教材出版于1925年。后于1935年至1938年又出版了高等院校通用的侦查学教材两册，上册为《侦查技术和措施》，下册为《各类犯罪侦查方法》；该教材由当时的前苏联总检察长维辛斯基担任主编，著名学者戈隆斯基、波塔波夫、亚基莫夫等参加了教材的编写工作。这部教材的出版是前苏联侦查学发展史上的一座里程碑，它为“培养从事实际工作和科学研究工作干部之用的理论水平更高的苏维埃侦查学教科书的不断出版奠定了基础”①。此后，前苏联的侦查学教科书和专著源源不断地出现，较为有影响的有1951年捷尔基耶夫主编的《侦查学》，1963年别尔金、朱依可夫主编的《侦查学》，1980年瓦西里耶夫编写的《侦查学》，1985年潘捷列耶夫、谢里马诺夫编著的《侦查学》。这些教材中的绝大部分以《犯罪对策学》或《犯罪侦查学》为名称，翻译和传播到中国。

---

① 〔苏〕瓦西利耶：《犯罪侦查学》，原因译，群众出版社1985年版，第18页。

（四）侦查学科人才的培养

在1938年之前，前苏联尚无一位侦查学方面的法学博士或副博士。到20世纪30年代末，苏联产生了第一批侦查学方面的法学博士，其中有波塔波夫、亚基莫夫、温比尔格、米特切列夫、戈隆斯基、捷尔基耶夫等，这些法学博士后来都成为侦查学方面的教授，并在各自的教学和研究领域中成为开拓型的著名人物。此后，苏联每年都会有许多人通过侦查学方面的法学博士和副博士的论文答辩，成为苏联侦查学科教学和科研方面的生力军，为苏联乃至世界侦查学科的人才培养作出了贡献。

三、侦查学科在中国的发展

中国是世界侦查制度和侦查方法的发源地之一，古代人在侦查领域中原创性的成就举世瞩目，成为中华民族古代灿烂文化的重要组成部分，我国侦查学界应当研究和传承古代侦查的精华。但是，由于近代半封建半殖民地社会的专制与腐朽，科学技术革命和司法革新未能在中国占据主导地位，致使现代意义的侦查科学未能从中华沃土中滋生出来。新中国成立后，侦查学科逐渐得到确立并在新时期得以迅速发展。

（一）侦查学科的萌芽期（1948—1953年）

这一时期，我国召开了数次公安工作会议和侦查工作会议，研究部署和制定安排了一系列侦查工作，为建立具有中国特色的侦查工作奠定了基础，也为侦查专业教学和科研提供了必要的政策和理论依据。为了全面掌握侦查工作和尽快培养侦查专业人才，开始着手收集和编写侦查工作教材，教材的编写一方面系统地总结了解放区侦查工作的经验，另一方面在批判的前提下借鉴了国外和国民党的侦查手段与方法。1948年8月华北军区政治部保卫处编印的《侦查工作技术参考资料》，其内容就大量参考了日本的《犯罪搜查学》和国民党的《侦探学》两本书，主要是介绍有关盯梢、坐探、抓捕、摄影、信检、犯罪隐语等方面的内容。

在当时特定的历史条件的限制下，侦查尚无独立的机构和独立的体系，是与治安管理、政治保卫等工作合为一体，因此，侦查学教材的内容也带有一定的依附性，既无自己独立成型的理论基础，也无自己完整独立的学科体系，基本内容和体系是近代资产阶级侦查学的延续，形成的是一个“大侦查学”体系。

（二）侦查学科的创建期（1954—1965年）

这一时期，我国侦查学科的创立和建设表现出两个基本特征。第一个基本特征是系统总结了新民主主义革命时期和建国初期侦查工作的经验，初步形成了具有独立内容和体系的侦查学科专业教材。1953年至1954年期间，中央人民公安学院和各地中央人民公安学院分院相继建立，并组建了侦查教研机构，开设了侦查专业课程，编写了多种侦查学科专业教材和参考资料。在这些教材和参考资料中，较为系统地总结了新民主主义革命时期和建国初期侦查工作的基本经验，阐述了包括专案侦查、秘密侦查力量建设、犯罪活动调查研究、特种行业控制和侦查技术建设等侦查专业知识。随着全国各公安院校具有独立内容和体系的侦查学科专业教材的不断出现，侦查学的专业教学和学术研究也开始兴起。1953年12月，中央人民公安学院编写了一部《刑事侦查工作讲义》，内容涉及现场勘察、调查、逮捕等方面的内容，虽然这部讲义的内容体系不够充实和完整，但该教材成为此后编写侦查教材的基础。1963年3月，西南政法学院刑侦教研室集体编写的《刑事侦查学教学提纲》，是该校法律专业本科教学正式采用的教材，也是国内最早采用“刑事侦查学”这一术语的教材；该教材共分为5篇27章，约20万字，在一定程度上讲该教材的面世，标志着我国侦查学的学科建设进入了一个新时期。

创建时期我国侦查学科的第二个基本特征是学习前苏联侦查工作的基本经验，借鉴前苏联的《犯罪对策学》。20世纪50年代初期，苏联作为法学分支学科之一的犯罪对策学被我国全面引进和采用。当时公安部、中央人民公安学院、司法部司法科学鉴定研究所和一些政法院系，先后聘请了前苏联的犯罪对策学专家讲学和指导工作，在此期间翻译了一些苏联的侦查学教材和苏联专家的讲稿；1956年，由公安部办公厅编译处翻译的苏联侦查业务教材《秘密调查》，提供了秘密侦查手段和侦查控制工作方面的宝贵经验。1957年8月，由中国人民大学法律系翻译的柯尔金的讲稿《犯罪对策学》，应该说这是一本比较成熟的犯罪对策学教材。大量地学习和借鉴前苏联的侦查工作经验，大量地引进和采用前苏联的侦查学科教材内容与体系，对我国侦查工作的发展和侦查学科的创建，无疑是起到了极大的促进作用。

总之，这一时期的侦查学科在总结我国侦查工作的历史经验，为我国侦查工作的方针和原则的确立，以及为侦查基础工作和专业工作的建设奠定了理论基础。同时，在学习和借鉴苏联侦查工作经验，引进和采用苏联犯罪对策学的内容体系，丰富和提高了我国侦查学的学科内容体系，使我国侦查学科在创建时期就处在一个较高的起点上。

（三）侦查学科的停滞期（1966—1976年）

这一时期，史无前例的无产阶级文化大革命开始于1966年，结束于1976年10月，在长达十年的时间里，我国的侦查工作遭到了前所未有的严重破坏，侦查的一些基础工作和专业工作被取消，侦查的专门工作被群众工作所代替；侦查作为国家专政的机器被群众所“专政”，侦查机构被群众“砸烂”而处于瘫痪状态；各级各类公安、民警、政法院校陆续停办和撤销，侦查学教学和科研工作完全处于停止状态。与此相适应，侦查学科的研究既无内容又无形式，侦查学科的发展呈现停滞和空白状态。

（四）侦查学科的发展期（1976— ）

中国侦查学科在总结新时期犯罪活动的规律特点，研究新时期侦查对策和方法的过程中，对侦查学科的指导思想、理论基础、学科体系、实践活动等方面进行研究和概括，使之逐步走向成熟和完善。发展时期的侦查学有以下基本特点：

第一，确立了具有中国特色的侦查学发展方向。新时期，我国侦查学科研究确立了以马克思列宁主义、毛泽东思想、邓小平理论，作为指导思想和以唯物辩证法为原则的理论基础，建立和阐明了指导我国侦查实践的基础理论；全面、客观地反映了我国侦查理论和侦查实践发展演变的历史；运用历史的、科学的、法制的观点研究我国古代与现代的侦查策略，建立和完善了社会主义市场经济条件下的侦查策略理论体系；针对新时期和新阶段犯罪的规律特点，建立了适合我国国情的案件侦查理论和侦查方法；根据我国侦查管理体制和世界侦查管理模式改革的特点，研究我国和借鉴外国侦查管理模式的理论和方法等等；在侦查学科研究中古为今用、洋为中用，理论与实践相结合，坚持具有自己特色的侦查学科发展方向。

第二，建立了具有科学原理的侦查学科理论基础。新时期，我国侦查学科理论基础的研究在学界经历了较长时间的讨论，虽然仍存在一些分歧最终未能达成认识上的一致，但在我国侦查学的理论基础是认识论、同一认定理论等关键性的问题上观点还是较为统一。其中，唯物主义的认识论不仅是人类认识世界的理论基础，也是侦查学认识犯罪的最基本的理论基础；认识论是侦查主体思维指导、存在和贯穿于侦查活动始终，包括犯罪案件的可知性理论、案件侦查认识活动的特殊性理论、侦查决策的类型和步骤理论等。同一认定理论是唯物主义认识论在侦查中的具体化，是对犯罪案件认识过程的一个方法体系。从认识过程而言，侦查过程就是一个同一认定的具体过程。倘若没有同一认定论这个具体的案件侦查方法，认识论对案件侦查破案来说也只是“空中楼阁”。诸如信息论、控制论、系统论的“老三论”，协同论、突变论、耗散结构论的“新三论”，都属于认识的方法论体系。

第三，形成了具有严密完善的侦查学学科体系。新时期，我国侦查学科的内容经历了由简单到充实的过程，侦查学的体系经历了由繁乱到整理的过程。20 世纪 50 年代的侦查学科内容只是一些侦查的基本知识，随着侦查学科中诸多问题研究深度的推进，侦查学科内容的深化和理论体系的充实，使侦查学科的发展速度与相邻学科齐头并进。20 世纪 50 年代，侦查学科体系由侦查技术和侦查措施构成，称为“两块论”体系；60 年代发展为侦查技术、侦查措施、侦查方法三部分，称为“三块论”体系。进入 80 年代以后，许多学者认为侦查学科中新学科的集聚和分离是学科发展的必由之路，侦查技术再不宜作为侦查学的构成体系；鉴于侦查原理和侦查策略在侦查学中居于核心地位，应成为侦查学体系的重要组成部分。因此，认为应当以侦查原理、侦查措施和策略、侦查方法构成当代侦查学科体系，故有“新三块论”之称。

第四，取得了具有指导意义的侦查学研究成果。新时期，我国侦查理论工作者和实务工作者都极为重视研究工作，面对社会新问题和犯罪的新特点展开学术研究；针对侦查实践中亟待解决的突出问题，研究在法律规范中如何更为有效地开展侦查活动，研究在侦查活动中如何更为科学地执行法律规范。20 世纪 80 年代以来，我国侦查理论研究密切结合侦查实际需要，以侦查研究成果指导侦查实践取得实效，无论在侦查原理的研究，侦查措施和策略的研究，还是侦查方法的研究方面都取得了非常重要的成果，这些侦查理论研究成果不仅充实和发展了侦查学科，也促进了我国法律制度的完善和法制建设的进步。

本章思考与练习题：

1. 从夏代奴隶社会到清代封建社会侦查机构更替的特点是什么？
2. 古代侦查活动的基本形式有哪些？这些基本形式有什么特点？
3. 近代侦查职能演变的主要原因是什么？

4. 中国工农组织侦查的萌芽、产生、发展、变化的过程如何？
5. 人体测量法的创立人是谁？其测量的原理是什么？
6. 指纹比对法经过哪些人的研究和怎样的过程得到认可？
7. 笔迹鉴定法的科学原理和形成的过程如何？
8. 侦查学科在西方产生的原因是什么？当时具备哪些产生的条件？
9. 《Kriminalistiks》是一本什么书？其内容和体系如何？
10. 侦查学科的创立人是谁？其创立的标志是什么？
11. 简述侦查学科在欧美和苏联的发展及两条不同发展路径的差别。
12. 简述侦查学科在中国的发展并展望侦查学发展的前景。

第四章　侦 查 概 述

“侦查”作为一项重要的刑事诉讼制度，最早见之于我国的《大清刑事诉讼律（草案）》中；虽然这部成文法律未经颁布实施便被废除，但它所确立刑事诉讼的侦查程序，在中国刑事诉讼的大厦中具有“地基”[①] 的作用。

第一节　侦查的概念与特征

概念被认为是研究客观事物的“基石范畴”。“范畴是人的思维对客观事物的普遍本质的概括和反映”[②]。各门科学都有自己的一些基本范畴，它是认识事物的起点或开端，对一个事物认识的基石不准确或不牢固，在基石上建立认识事物的知识大厦就会没有高度，甚至可能发生将大厦建造在沙堆上的危险境地。

一、侦查的概念

侦查在不同法系国家，由于司法体制与诉讼结构不同，对概念的界定也有很大差异。在英美法系国家，由于传统上实行严格的审判中心主义，因而侦查被认为是审判的准备活动，而未被纳入刑事诉讼的研究范围。英国的《牛津法律大辞典》中就没有“侦查”这一词条。第二次世界大战后，随着国际人权运动的发展，出于强化侦查程序中人权保障机能的需要，英美法系国家的立法、判例和刑事诉讼理论，逐渐将侦查纳入其规范和研究的范围。但由于英美法系国家实行当事人主义诉讼模式，所以其立法及其理论认为在侦查程序中，侦查机关与犯罪嫌疑人是地位平等、利益相对的当事人，双方为了保护本方的利益，各自有权调查和收集证据，因而英美国家侦查主体不仅限于侦查机关。侦查被解释为一种“调查或通过调查进

---

① 李心鉴：《刑事诉讼构造论》，中国政法大学出版社 1992 年版，第 179 页。

② 《现代汉语词典》，商务印书馆 2002 年版，第 352 页。

行的跟踪程序”，在侦查的主体上没有特殊要求①。

大陆法系国家奉行职权主义诉讼模式，只有国家法律授权的职能机关才能行使侦查权。同时，大陆法系国家通常都实行侦诉合一体制，因而都强调侦查的目的是为了提起公诉，将侦查视为审查起诉和开庭审判前的重要环节。我国台湾地区学者陈朴生认为：“侦查，乃检察官为提起或实行公诉，而调查犯罪人及证据之程序。”“侦查，指侦查机关就刑事案件为提起公诉之准备，而为发现犯罪人、收集证据之活动，简言之，实不外侦查机关单独实行之准备活动。”

（一）侦查概念的内容

侦查是指公安机关、人民检察院在办理案件过程中，依照法律进行的专门调查工作和有关的强制性措施。

这是《中华人民共和国刑事诉讼法》第82条第1款对侦查界定的概念。在我国众多《刑事诉讼法学》教材中，绝大多数教材是以这条法律概念作为侦查的概念，也有一些教材中侦查的概念有别于这条法律概念，代表性的侦查概念主要有：

“侦查是指公安机关在办理刑事案件过程中，依照法律进行的专门调查工作和有关的强制性措施。”②

“侦查是公安机关（包括国家安全机关）、人民检察院和军队保卫部门等依法进行的专门调查和采取有关强制性措施的活动。”③

“侦查是国家专门机关在办理刑事案件的过程中，依照法律进行的专门调查工作和有关强制性措施。”④

“侦查是特定的国家机关为证实犯罪和查获犯罪行为人而依法采取的专门调查工作和有关强制性措施。”⑤

“侦查是指法定的侦查机关为了收集证据，查明刑事案件事实和查获犯罪嫌疑人，而依法进行的专门调查工作和有关的强制性措施。”⑥

上述代表性的概念中均采用“特定”、“法定”、“专门”一词限定侦查的机关，采用“刑事案件”词组限定侦查的范围，采用“收集证据、查明

---

① 陈永生：《侦查程序原理论》，中国人民公安大学出版社2003年版，第17页。
② 陈光中、徐静村：《刑事诉讼法学》，中国政法大学出版社2002年版，第225页。
③ 王国枢：《刑事诉讼法学》，北京大学出版社2004年版，第231页。
④ 谢佑平：《刑事诉讼法学》，复旦大学出版社2003年版，第389页。
⑤ 王新清、李蓉：《刑事诉讼法学》，中国人民大学出版社2003年版，第166页。
⑥ 张旭、李永红：《刑事诉讼法学》，中国人民大学出版社2003年版，第277页。

刑事案件事实、查获犯罪嫌疑人”的内容明确侦查的目的。对“侦查”概念的界定在不同的版本中有所异同，基本上呈现出大同小异的异彩纷呈局面。事实上，在科学研究中对于同一类事物，人们是可以形成几种不同的概念形式的。这些不同概念分别反映同一类事物不同方面的属性，同一类事物的概念可以相异甚至不同。从根本上说，正是因为任何科学都只有用本学科所特有的观点来研究相应的自然或社会客体，所以，也才有利于更好地完成本学科所承担的理论和实践任务。在侦查学科中，最有希望的生长点之一就是同行之间产生的意见分歧；对学科中相关问题产生的意见分歧愈多，证明学科的开放性愈强和学科的生命力愈强。

（二）侦查概念的内涵

1. 侦查是特定的权力

侦查是由国家的宪法和刑事诉讼法授权的行为，非经法律授权的任何机关、团体或个人均不得行使侦查权。我国授予侦查权的法律是《刑事诉讼法》。在《刑事诉讼法》第 82 条第 1 款、第 4 条和附则第 225 条规定：公安机关、人民检察院、国家安全机关、军队保卫部门和监狱拥有侦查权。公安机关和人民检察院由本法第 82 条第 1 款授权，国家安全机关由本法第 4 条授权，军队保卫部门和监狱由本法第 225 条授权。第 82 条第 1 款：侦查是指公安机关、人民检察院在办理案件过程中，依照法律进行的专门调查工作和有关的强制性措施。第 4 条：国家安全机关依照法律规定，办理危害国家安全的刑事案件，行使与公安机关相同的职权。第 225 条：军队保卫部门对军队内部发生的刑事案件行使侦查权。对罪犯在监狱内犯罪的案件由监狱进行侦查。军队保卫部门、监狱办理刑事案件，适用本法的有关规定。我国法律对五个侦查机关授予相同的职权，各侦查机关对管辖受理的“公诉”案件依法进行侦查。

2. 侦查是强制的行为

侦查是一个相对抽象的集合概念，它不是具体或单一地指明涉及某种侦查行为；而是由一系列法定的侦查行为或侦查措施构成，包括法律法规明文规定的专门调查和有关的强制性措施。这些专门调查和有关强制性措施以国家的强制力为后盾，使侦查行为本身具有特殊的强制性与支配性；侦查的强制性含有强迫性和制服性，侦查的支配性具有严厉性和服从性，侦查行为总体效果上体现的是国家法律的强大威慑力。所以，侦查在实现侦查目的需要的行为中，无须征得侦查行为承受对象的意愿和要求，对侦查对象的人身自由、财产权利或其他方面，具有强制限制、剥夺或扣押实施处分的权力。为使侦查行为顺利实施和有效保全人证与物证，在必要情况下，侦查行为可以使用警用工具或警械；在特殊情况下，侦查行为可以使用武器杀伤或剥夺侦查对象的生命。因此，侦查行为在本质上具有强制性和暴力性。侦查行为的这种特性是由侦查活动的内容和性质所决定的，侦查的展开在客观上或多或少、或轻或重地给涉及侦查的单位与人员，都会在精神和财产方面造成或带来一定的影响。

3. 侦查是法定的程序

侦查权力的特定性和侦查行为的强制性，决定了侦查权力的运作和侦查行为的行使必须受到法律严格的限制；侦查主体是代表国家执行和行使侦查权力，侦查主体必须在法定程序规定的范围内行使侦查权。《中华人民共和国刑事诉讼法》对侦查机关的管辖分工、权利义务关系进行明确划分，对侦查的程序、步骤、方法、活动范围和活动要求都有明确而具体的规定；侦查的法定程序是侦查活动中，侦查人员行使侦查权力的法律依据和行为规范。侦查的目的必须在严格遵守侦查法定程序的规定中得以实现，任何违反侦查法定程序的侦查行为都无法实现侦查目的；而且违反侦查法定程序的侦查行为触犯刑法规定，当事人要被追究刑事责任和受到法律的惩罚。所以，世界各法治国家对侦查权力的授予相当谨慎，对侦查的行为和程序法律规定的相当严格细致。侦查的法定程序既是保证侦查活动合法、公正运行的基础，也是保证侦查权在法定程序中正确行使的基础；侦查的法定程序既是刑事诉讼活动顺利完成的前提，更是实现国家刑罚权的基本保障。

二、侦查的特征

（一）侦查的主体

侦查主体是侦查活动的主持者和侦查行为的实施者，代表国家行使具有强制性的侦查权力。侦查主体按我国法律授权的具体规定，拥有侦查权的是公安机关、国家安全机关、人民检察机关、军队保卫部门和监狱。这五个具有侦查权的机关对各自管辖的案件负责侦查，在我国侦查行为只能由国家法律授权的机关或部门行使。在古代，所有社会违规行为都被认为是对被害人个人权利的侵害，因而对其被害进行的调查和追诉也由公民个人进行；随着人类治理社会经验的积累，国家认识到严重的社会违规行为不仅损害了公民个人的利益，而且也破坏了国家的统治秩序；因而自进入封建社会以来，各国就逐渐把对犯罪调查和追诉的权力收归国有。为了防止侦查权被滥用，在大陆法系各国又普遍规定只有警察、检察等法定机关才有权进行侦查，其他机关或团体无权进行侦查。在英美法系国家虽然按照法律的规定，作为公民个人的犯罪嫌疑人、辩护律师、保安公司、私人侦探等也有权进行侦查；但这种侦查只能行使没有强制力的广义的侦查行为，狭义的带有强制性的侦查行为只有国家授权机关才能行使。

（二）侦查的对象

侦查只能适用于对刑事案件真相的调查，侦查的具体对象是已立案的刑事案件；更进一步说，侦查的对象就是对刑事案件行为人的刑事责任的调查。这是侦查不同于检察、审判的一个特征，检察和审判的对象则不仅限于刑事案件。诉讼是国家通过审判解决纠纷的一种权威手段，现代国家根据解决纠纷性质的不同，将诉讼分为刑事诉讼、民事纠纷、行政诉讼等不同类型；侦查作为刑事诉讼的有机组成部分，专门解决“孤立的个人反对统治关系的斗争”的事件。在刑事诉讼中，一方面是社会秩序受到侵扰或危害，另一方面又涉及个人的自由被剥夺与限制。鉴于刑事诉讼涉及人身权益的重要性，现代国家设计了比民事和行政诉讼更为复杂的刑事诉讼程序来处理刑事案件；在刑事诉讼中，国家不仅要通过审判机关对认定的犯罪行为进行审理和裁判，而且要通过专门设立的侦诉机关对事实真相进行侦查。由此可见，侦查是现代国家专门针对最严重的社会违规行为——犯罪而设计和建构。侦查只能用以调查和确认犯罪事实是否存在，及行为人刑事责任的大小；而不能用来调查和处理民事纠纷、行政纠纷等，否则即会构成对国家权力的滥用和对公民合法权利的侵犯。

（三）侦查的功能

侦查主要的功能是查明案件事实、收集证据和查获犯罪嫌疑人，侦查更广泛的功能则是预防犯罪、制止犯罪和打击犯罪。收集证据和查获犯罪嫌疑人是侦查的一项基本功能，因为刑事诉讼的重要目的是实现国家的刑罚权；而要实现国家的刑罚权，就必须确定实施行为的人，确定行为是否构成犯罪，所构成的犯罪是否需要追究刑事责任等。而要查明案件事实必须收集确实充分的证据，要追究行为人的刑事责任必须查获犯罪嫌疑人。我国台湾著名刑事法学者黄东熊先生指出："侦查的功能有两项：一曰寻找，保全罪犯；二曰搜集，保全证据。"日本刑事诉讼法学家田口守一也指出："所谓侦查，就是保全犯罪证据，保全犯罪嫌疑人人身。"此外，收集证据的是侦查程序作为一个特定诉讼阶段，有区别于刑事诉讼其他阶段的特殊之处；因为，起诉和审判阶段也进行一定的证据收集活动，但其根本任务不完全是收集证据；其根本任务是对侦查阶段收集的证据进行审查判断，以确定案件是否符合起诉的条件；而审判阶段的根本任务是对证据进行质证和审查，以确定认定的事实和适用的法律，唯有侦查阶段的根本任务是调查和收集证据。查获犯罪嫌疑人在刑事诉讼中也具有非常重要的意义，因为刑事诉讼在实体方面的最终目的是对行为人进行处罚，以恢复被犯罪行为所破坏的社会秩序。侦查机关在侦查中如果不能有效查获犯罪嫌疑人，即使侦查终结查明行为人及其行为已构成犯罪，应当追究其刑事责任，也无法对其进行审判和惩罚。侦查功能之二是"公诉准备"。有学者曾给侦查下的定义是："侦查者，以搜集必要材料断定起诉与不起诉为目的之检察官与辅助官所为之准备程序也。"① 台湾学者陈朴生教授也认为："侦查，乃检察官为提起公诉或实行公诉而调查犯人及证据之程序。"② 在有关侦查功能的诸多学说中"公诉准备"说是其中之一，但从诉讼阶段的发展递进关系上，又揭示了侦查程序运作的另一种功能。

（四）侦查的形式

侦查是对所有侦查行为高度概括的一个相对抽象的概念，其内涵是通过多样性和强制性的侦查行为形式表现出来。在我国《刑事诉讼法》中规定的侦查行为，一是指专门调查工作，主要包括：讯问、询问、勘验、检查、搜查、扣押、鉴定、通缉。一是指有关的强制性措施，主要包括：我国刑事诉讼法规定的拘传、取保候审、监视居住、拘留、逮捕五种强制措施；以及除五种强制措施以外的旨在便于进行侦查和调查时，所采取的短暂、随机、临时的一种强制性限制人身和物品的侦查措施。从侦查的形式上依据具体案件的需要，可以采用公开的侦查方法或秘密的侦查方法。此外，在我国《人民警察法》和《国家安全法》中规定的"技术侦察"，主要包括电子侦听、电话窃听、邮件检验、秘密取

① 郑竞毅：《法律大辞书》（上），商务印书馆1936年版，第1177页。

② 陈朴生：《刑事诉讼法实务》，台湾海天印刷厂有限公司1980年版，第267页。

证、跟踪侦查等，作为法定侦查方法的特殊表现形式也具有法律效力。另外，除了这些法定的侦查方法以外，在侦查实践中还常常采取诸如辨认、协查、追缉、堵截、守候等有效的方法，这些侦查方法国家法律虽然未作明确规定，但是这类侦查方法在相关侦查的规定和规则中有所体现；所以，这类侦查方法的实施在侦查中仍具有法律效力，可以将其认定为侦查方法的特殊形式或辅助方法。

（五）侦查的程序

侦查程序是刑事诉讼的基础性程序，侦查活动依照法定程序进行的各项行为，将直接关系和影响到起诉和审判程序的顺利进行，所以侦查行为具有严格的法定性或程序性。因为，侦查的诸多方法和措施都具有严厉的强制性，不仅可能限制或剥夺公民的财产权利，而且可能限制或剥夺公民的人身、住宅、隐私等权利。理论上把侦查分为任意性侦查和强制性侦查，认为只有强制性侦查才涉及对公民权利和自由的限制与剥夺，任意性侦查则不涉及对公民权利和自由的限制与剥夺。其实，任何一种侦查行为的实施都会给相对人的权益造成一定的损害，只不过强制性侦查给相对人权益造成的损害较大，而任意性侦查则给相对人权益造成的损害较小而已。即使是强制力度最小的询问证人、被害人，也会给相对人的权益造成一定的损害，肯定会给相对人的心理、生活和工作、学习造成影响。此外，侦查阶段收集的证据是审查起诉和法庭审判的基础，侦查中出现疏漏和错误必将导致案件最终裁判的错误。因而，为保护诉讼参与人的权利并确保正确惩罚犯罪，现代各国都力图通过严密的立法，对各项侦查方法和措施的适用主体、对象、条件、程序，以及违法救济途径等都做出详细而具体的规定。

综上所述，侦查的概念应当具有完整的主体、明确的目标、确定的程序、独特的行为。因此，可以使用“法定”、“特定”、“专门”一词作为概括五个授权主体的词语，以“为查明案件事实真相而收集证据、查获犯罪嫌疑人”的内容为侦查的目标，以“刑事诉讼的侦查阶段”的内容为侦查的程序，以“专门调查和强制性措施的总称”的内容为侦查的行为。由此而来，对侦查概念的完整表述可以是：侦查是指国家法律授权的专门机关，为查明案件事实真相而收集证据和查获犯罪嫌疑人，在刑事诉讼的侦查阶段运用专门调查和强制性措施的行为总称。

三、侦查的名称

（一）对名称字义的辨析

“侦”《辞源》有两种含义[①]，第一种为问，先秦古籍通作“贞”。侦（贞）问也。第二种为探伺，《史记》中淮南王安传：“多予金钱，为中诇长安。”[②] 诇音 xiòng，刺探，侦察之意，西方人以反问为侦[③]。

“查”《辞源》有五种含义[④]，其中第二种含义是“考察、检点”，其余与侦查意思不直接相关。《现代汉语词典》解释为：查：检查、调查[⑤]。

“察”《辞源》有五种含义[⑥]，第一种为观察；第二种为考核、调查。其余与侦察意思不直接相关。《现代汉语词典》解释为：察：仔细看、调查[⑦]。

关于“侦查”与“侦察”一词的更为详细的解释，对“侦查”一词《辞海》称，公安机关、国家安全机关和检察机关在刑事案件中，为了确定犯罪事实和证实犯罪嫌疑人、被告人确实有罪，而进行调查及采取有关的强制措施[⑧]。对“侦察”一词《辞源》称：侦察，暗中察看[⑨]。在《后汉书九十·乌桓传》中有：“为汉侦察匈奴动静。”可见侦察一词在古代是作为军事术语。《辞海》称：侦察“为获取军事斗争所需敌方或有关战区的情况而采取的措施。按任务范围分为战略侦察、战役侦察和战术侦察；按活动空间分为地面侦察、海上（水中）侦察和空中侦察；按活动方式分为武装侦察、技术侦察和谍报侦察。采用的主要手段有：观察、窃听、搜索、捕俘、战斗侦察、照相侦察、雷达侦察、无线电侦听与测向、调查询问、搜集文件资料等。”[⑩] 显而易见，“侦察”一词的现代意义也是作为军事术语使用。

此外，《辞海》中有关“诇”的词条有：“诇察”、“诇伺”、“诇逻”等词组[⑪]。诇察，意指侦察。诇伺，意指谍探。诇逻，意指侦察巡逻。这些词

---

① 《辞源》，商务印书馆 1979 年版，第 242 页。
② 《辞海》，上海辞书出版社 1999 年版，第 1112 页。
③ 《辞海》（语词分册），上海辞书出版社 1999 年版，第 1531 页。
④ 《辞源》，商务印书馆 1979 年版，第 1549 页。
⑤ 《现代汉语词典》，商务印书馆 2002 年版，第 142 页。
⑥ 《辞源》，商务印书馆 1979 年版，第 860 页。
⑦ 《现代汉语词典》，商务印书馆 2002 年版，第 144 页。
⑧ 《辞海》，上海辞书出版社 1999 年版，第 1728 页。
⑨ 《辞源》，商务印书馆 1979 年版，第 243 页。
⑩ 《辞海》，上海辞书出版社 1999 年版，第 1729 页。
⑪ 《辞海》，上海辞书出版社 1999 年版，第 1112 页。

义都是有关军事的术语。

（二）对名称实质的辨析

在我国自古代至建立中华人民共和国之初，所有的法律文件中均使用“侦察”一词；历史上各朝代由军队转而执掌国家执法权的惯例，在潜移默化中造成了将军事术语运用到法律事务中，历史传承的惯性使这一军事术语沿用至今。综观古汉语中有关“侦”与“诇”的词条，主要是与军事斗争和政治斗争有关，而与法律术语的关联甚微；这与中国古代侦查体制融政治和军事于一体，未能独立面世有着重要的关系。建国之前国家以军队为建制的形式存在，在两军对抗的军事战争状态中，所有政策和法律都是以军事思想为指导；可以说“侦察”一词作为政治和军事术语沿用至今，完全是历史传承的惯性使然；而“侦查”一词则是近现代引进外国法律时，在“侦缉”和“调查”的字义基础上衍生的新词；其意是将具有现代法律意义的“侦查”这一术语，与具有政治和军事含义的“侦察”术语分开。

在近现代“侦查”一词的生成与使用，既体现着中国近现代法治的趋势，又蕴涵着近现代法治的精神。在立法与侦查实践中将刑事诉讼的启动程序规范为“侦查”，既有现代立法与司法区别于军事的“侦察”之意，又有与世界立法和司法相一致的目的。在今天的侦查实践与理论研究中，无论使用“侦察”或是“侦查”，其意思都是相同而只是使用习惯不同而已；两个词义都是指刑事诉讼的侦查程序或侦查阶段，其意思指示在本质上并无任何区别。正是由于历史传承的惯性，在今天仍将“侦察”作为法律术语使用，显然是一种观念和语言习惯成为自然。正如全国人大常委会法制工作委员会刑法室，对《国家安全法》第 4 条使用“侦察”一词的解释是：考虑到“技术侦察”是习惯用语，在以往的文件规定中也是用这一词，本条将这一概念沿用下来，并没有特殊的含义①。尽管有些学者撰文表述两者存在一定的区别，但从现行法律法规和有关司法解释中尚未得到证实。因此，为维护和保证法律术语使用的统一性、规范性与严肃性、严谨性；我国所有的法律和法规都应统一使用“侦查”一词，而不应在不同的法律和法规中出现“侦察”与“侦查”两个词，更不能在同一法律中出现“侦察”与“侦查”两个词的混用。在侦查实践中，各种法律文书中亦应作统一规范法律用语的要求，以免发生歧义和以防滥用职权。目前，《中华人民共和

---

① 刘向红：“对秘密侦查法治化的思考”，载《福建公安高等专科学校学报》2001 年第 6 期。

国刑事诉讼法》中统一使用“侦查”这一法律术语，而《中华人民共和国国家安全法》和《中华人民共和国人民警察法》中却存在着“侦查”与“侦察”的混用现象；导致在侦查机关的一些部门性规章和文件中，也常常可以见到“侦查”与“侦察”混用的现象；这可归结为我国法律术语使用不严谨和法律条款文字较为粗疏，也有我国立法和制定法律的技术尚待成熟等因素所致。

第二节　侦查的权力与性质

侦查权力是行使侦查行为的前提，侦查行为是侦查权力的具体体现。侦查权在广义上属于国家司法权的重要组成部分，与检察权和审判权共同承担国家追究犯罪的职责。但侦查权与检察权和审判权在性质上又存在不同，侦查权力还蕴涵着自身所具有的独特的性质。

一、侦查权力的概念

我国学界在侦查权性质上持不同观点由来已久，这是由侦查权本身所具有的特殊性和复杂性所决定；对侦查权力的性质存在不同观点是正常的学术争鸣，并不影响侦查权力的有效存在和侦查权力的正常运行。然而，科学地界定侦查权力的性质和合理地把握侦查权力的范围，却是正确行使侦查权力和合理运用侦查权力的前提。

（一）关于权力的概念

“权力”一词源于拉丁语的“autoritas”，它的基本含义有两种：其一，权力就是意志、就是法令；其二，权力就是权威、就是权势。目前关于权力的定义有以下四种：

一是“能力说”。马克斯·韦伯将权力定义为“一个人或一些人在某一社会活动中，甚至是在不顾其他参与这种行动的人进行抵抗的情况下实现自己意志的可能性”。① 丹尼斯·朗认为“权力是某些人对他人产生预期效

① 〔英〕汉斯·格斯、赖特·米尔斯：《马克斯·韦伯文选》，牛津大学出版社 1964 年版，第 170 页。

果的能力”。[①]

二是“手段说”。托马斯·霍布斯认为权力是“获得未来任何明显利益的当前手段”。[②] 而伯特兰·罗素认为权力是“预期效果的产生”,[③] 实质也是一种手段或途径。

三是“控制说”。美国社会心理学家克特.W巴克认为权力是“在个人或集团的双方或多方之间发生利益冲突或价值冲突的形势下执行强制性的拌制”。[④]

四是“关系说”。《不列颠百科全书》将权力定义为“一个人或许多人的行为使另一个人或其他许多人的行为发生改变的一种关系”。

五是“力量说”。李景鹏教授认为“权力是一种力量，依靠这种力量可以造成某种特定的局面和结果，使他人的行为符合于自己的目的”。[⑤]

以上几种对权力的解释虽着眼点不同，但都从不同角度揭示了“权力”的特性，即：权力是一种力量，借助这种力量可以或可能产生某种特定的预期局面和结果，以达到自己支配他人的目的。由此可见，对权力的理解可以概括为：一曰权力是一种强制力，是对权力以服从的前提；二曰权力是一种社会关系，是对权力主体作用客体的关系；三曰权力是一种社会资源，是对权力价值和资源的分配过程。在一切社会交往中，人们对彼此的行为相互施加影响和控制的现象，是人类社会生活中常见的现象。权力最普通的用法是作为影响、控制、统治和支配的意义，作为产生社会效果的能力。可以概括地认为，权力是主体利用某种资源，对客体实行控制，使其服从主体的意志和利益可求的强制力量或特殊的影响力[⑥]。这表明权力的特点在于：其一，权力存在于主体与客体相互的关系之中，表现为二者之间的“命令—服从”的关系，或“意志—服从”的关系。其二，权力是一种控制，与主体享有的权力资源密切相关。其三，权力是主体意志和利益要求的工具，是一种控制能力。权力就是有意和有效的影响，权力关系中的权力主体对权力对象的行为实施较大的控制。因此，权力特点表现为

---

① 〔美〕丹尼斯·朗:《权力论》，中国社会科学出版社2001年版，第3页。

② Thomas Hobbes, Leviathan, Parts I and II (Indianapolis: Bobbs-Merrill, 1958), p. 78.

③ Bertrand Russell, Power: A New Social Analysis (London: George Allen and Unwin, 1938), p. 25.

④ 〔美〕克特·W巴克:《社会心理学》，南开大学出版社1984年版，第420页。

⑤ 李景鹏:《权力政治学》，黑龙江教育出版社1995年版，第32页。

⑥ 王楷模:《现代政治论》，陕西人民教育出版社1998年版，第126页。

"有意性、有效性、潜在性、单向性或非对抗性。"①

（二）侦查权力的概念

对于侦查权力概念的界定在我国学界的分歧并不大，基本上都是从权力行使的主体、权力行使的目的、权力行使的方式、权力行使的内容等方面进行概括，观点基本上趋向一致而在具体内容的表述上略有差异：

"侦查权是国家侦查机关和侦查人员，为实现侦查目的，依法定的侦查程序，运用特定的侦查手段开展侦查活动的权力。"②

"侦查权是侦查机关依法进行的专门调查工作和采取有关强制措施的权力。"③

"侦查权是侦查机关的调查取证权、采取强制措施权、预审权、依法移送起诉权，以及为了查获犯罪分子而必须采取的紧急措施、特殊措施权。"④

"侦查权是国家司法权的一部分，指依照法律进行的专门调查工作和采用的有关强制措施的权力。"⑤

"侦查权是依照法律对刑事案件进行专门调查工作，以收集证据，查明犯罪事实和查获犯罪人，以及采取强制措施的权力。"⑥

"侦查权是国家侦查机关和侦查人员为实现侦查目的，依法定的侦查程序，运用特定的侦查手段开展侦查活动的权力。"⑦

综上所述，侦查权是指国家法律授予特定机关和特定人员，为实现刑事诉讼法赋予侦查的目的，依照侦查的法定程序行使侦查行为的权力。

侦查权力作为一种特殊的权力，其权力性质可以从多个角度和不同层次加以分析，以便对侦查权力特殊的性质有较为客观全面的认识。由于侦查机关是整个侦查程序的支配和主导力量，因而对侦查权力性质的正确界定，对于侦查程序的合理建构至关重要。侦查权力是司法权还是行政权直接涉及控、辩、裁三种权力（权利）在侦查阶段，以及侦查、起诉、审判三个机关在整个刑事诉讼程序中的关系建构；侦查权如果被定位为行政权，按照现代法治司法制衡行政的基本理念，法院就应当有权对侦查机关的侦

---

① 〔美〕丹尼斯·朗：《权力论》，中国社会科学出版社 2001 年版，第 6 页。
② 郭晓彬：《刑事侦查学》，群众出版社 2002 年版，第 52 页。
③ 《新编实用法律辞典》，中国检察出版社 1998 年版，第 445 页。
④ 公安部政治部：《刑事侦察导论》，警官教育出版社 1997 年版，第 207 页。
⑤ 曾龙跃：《中国检察百科辞典》，黑龙江人民出版社 1993 年版，第 60 页。
⑥ 杨春洗：《刑事法学大辞书》，南京大学出版社 1999 年版，第 645 页。
⑦ 任惠华：《侦查学原理》，群众出版社 2003 年版，第 121 页。

查行为进行审查和控制；因而侦查程序就应当是一种类似于审判的程序，法官有权踞中进行司法审查的三角构造；相反，侦查权如果被认定为是一种司法权，法院就无权对侦查活动进行介入和审查，侦查程序就应当是一种侦查机关对犯罪嫌疑人进行单向调查的程序①。从某种程度上说，有关侦查程序的运行的规定就是在行政权力和司法权力之间进行平衡的结果②。

二、侦查权力的性质

在我国理论界以及立法和司法实践中，侦查权究竟应当归属司法性，还是应当归属行政性，一直是个混淆不清困扰理论界多时的问题。由于侦查权与司法权和行政权有许多相类似之处，因而给侦查权性质的界定带来较大的难度。对于侦查权的司法性与行政性的两种理论都有其充足的理由，也都存在其难以解释的疑问，因此，对侦查权的性质争执不休并仍将继续争执，这是不以人的主观意志为转移的客观现实。但是，以另一种思路和眼光去思考与审视这一问题，侦查权为什么必须要非此即彼呢?③ 同理，侦查权的性质为什么不能既是行政性，又同时具备司法性呢？实际上，权力的行使和运行是个非常复杂且难以说清的问题。在一种制度中出现不同性质权力的交叉和重叠，这是极其正常的现象。倘若强行地将侦查权力的性质简单划一，只能引导人们进入理论研究和实践操作的误区。实质上，侦查权既可以是司法权的一个组成部分，也可以是行政权的一个组成部分，还可以是国家法律监督权的一部分。就侦查权的性质而言，其权力的行政性与司法性是其最本质的特性；除此之外，侦查权力的法定性与强制性、独立性与主动性等也是其所蕴涵的显著特性。

（一）侦查权的国家性与阶级性

侦查权的国家性表现为侦查权力是国家权力的象征，其权力是由国家法律授予和国家掌控；授权的专门机关和人员代表国家行使侦查权力，在职权国家非经授权的任何组织和个人均不得行使侦查的权力。侦查权力的国家意志体现为任何形式的犯罪均由国家追究，其权力借助于国家的强制

---

① 陈永生:《侦查程序原理论》，中国人民公安大学出版社 2003 年版，第 27 页。

② 卞建林、李兰英、韩阳:《刑事诉讼法专题研究》，科学出版社 2007 年版，第 40 页。

③ 注：爱因斯坦在对光的波粒二性之争做的表态时说：“光为什么不是波就是粒呢？为什么不能既是波又是粒呢?”

力为后盾，由国家代表被害人解决犯罪的争端；侦查权力的国家性还体现为侦查权是国家主权的重要组成部分，任何一个主权国家都不允许别国在本国境内开展侦查活动。这既是一种国际惯例，也是国际法公认的侦查原则。当任何一国遇到涉外刑事案件侦查事宜，只能请求涉案国予以国际侦查协助。这可以作为请求国侦查权的一种境外延伸，又是对被请求侦查协助国的国家主权的尊重。

侦查权的阶级性表现为侦查权力作为国家机器的重要组成部分，是为统治阶级所设置并为统治阶级的利益服务。由于犯罪问题已然无法在市民社会内部自行解决，犯罪所造成的侵害已非个人或团体所能够企及；并且犯罪不只是一种对市民社会关系的严重破坏，而且是一种"孤立的个人反对统治关系的斗争"，所以，表征犯罪追诉性质的侦查权力体现了国家实现社会秩序控制的目的。社会秩序作为人类生存、社会发展和阶级统治的基础，应当是侦查权力行使和追求的基本目标。社会秩序是构成人类理想的重要因素，也是人类社会活动的基础目标。一般在政治理论上来说，侦查权力是统治阶级进行社会秩序控制的工具。所以，任何一个国家的侦查权力都具有鲜明的阶级性特征。

（二）侦查权的行政性与司法性

侦查权的行政性表现为侦查活动主动持续地执行法律规范，缺乏司法的被动适用法律的特点，侦查权管理的内容与行使的手段具有行政性。行政权的本质不在于"判断"而在于"执行"，即将国家法律规定的职能目标在社会生活中加以实现。"行政是通过对社会的公共管理来实现国家意志，是一种执行行为，因而通常都由执行机关来承担这一职责，行使行政权。"①侦查权的"执行"通过"主动地"发现犯罪线索，收集充分的证据和查缉犯罪嫌疑人，尽可能将所有的犯罪嫌疑人交付法院审判，从而实现宪法和法律维护社会安宁与秩序的职能目标。在行政过程中虽然也要进行判断，但这种判断最终是服务于执行，即如何使判断更好地实现法律所规定的执行目标；所以，侦查权的行政性特点是由其管理的内容和行使的方式所决定。

司法的狭义意义即法的适用过程亦即是诉讼的过程，侦查作为刑事诉讼程序的重要阶段，是司法活动的重要组成部分。司法权本质上是一种

---

① 徐晓林：《行政学原理》，华中理工大学出版社2000年版，第72页。

“被动的”判断权，奉行“不告不理”的原则，即对纠纷的事实以及法律的适用进行审查判断的权力。在侦查过程中，侦查人员也要从事特定的判断活动，侦查程序正式启动前判断是否有犯罪事实发生，以及所发生的犯罪事实是否需要追究刑事责任；在侦查活动中判断证据收集的方向、途径和方法，判断事实是否清楚和证据是否确实充分，判断是否达到案件终结的条件和移送审查起诉的标准等；这种判断活动与国家的刑罚权的司法活动密切联系，因为，“司法部门既无强力又无意志，而只有判断；而且为了实现其判断亦需要借助于行政部门的力量。”① 所以，侦查权的司法性特点又是其属于刑事诉讼前提基础的重要地位所决定。

（三）侦查权的强制性与法定性

侦查权的强制性表现为侦查主体代表国家行使权力，并以国家的强制力为其强大后盾，使侦查活动国家权力化成为非均势对抗性。侦查主体行使侦查权法律赋予权力行使者特定的强制性，而且侦查的专门调查和有关的强制性措施本身均具有强制性；侦查主体不仅在侦查的必要时可以使用警械，而且侦查在必要时可以使用武器，这是国家授权给具有行政性质的侦查机关特定的强制权，也是侦查行为有别于其他行政行为的显著特点。侦查权力行使并非体现的是侦查主体个人的能力，而是体现和凭借国家的巨大强制力为后盾；作为单个作案人或作案团伙与国家侦查的强制力无法抗衡，就是作案集团或恐怖组织与国家侦查的强制力也无法对抗；所以，侦查权力能够集一地一区之警力于一体，有效恢复被犯罪所破坏的社会秩序；甚至侦查权力可以举全省或全国之警力于一役，有效消除和平息犯罪所造成的危害。

侦查权的法定性表现为侦查权力的授予与运作由国家法律明确规范，经法律授权的主体须在法定的范围内行使侦查权。侦查权力以法律的形式授予侦查主体，表明侦查主体是代表国家行使侦查权力唯一合法的主体；侦查主体行使侦查权程序法律有明确而具体的规范，法律规范是侦查主体在侦查中必须遵循的行为准则。侦查的对象也必须是法定的刑事案件，因为刑事案件在尚未立案之前只是一个社会事件，客观存在的社会事件要经过法定的审查和立案程序，才能转变确定为法律意义上的刑事案件。侦查的法定性表明侦查主体在查明案件事实中的行为具有合法性，对证明案件

① 〔美〕汉密尔顿：《联邦党人文集》，程逢如译，商务印书馆1980年版，第391页。

事实收集的证据具有法律的效力；对案件侦查终结移送起诉具有继续追究犯罪嫌疑人刑事责任的法律效力，对案件侦查终结撤销案件具有放弃追究犯罪嫌疑人刑事责任的法律效力。所以，侦查权的法定性是实现侦查目的和国家刑罚权的保障。

（四）侦查权的专门性与独立性

侦查权的专门性表现为侦查权力作为国家的追诉权，由国家法律授予专门机关具有专职资格的侦查人员，针对案件的具体情势行使专门调查方法和措施的侦查行为。其他任何机关、团体和个人，或侦查机关中的非侦查职能部门，以及不具备侦查主体资格的其他工作人员，均不得行使侦查权；否则属于逾越权限范围违法侦查，必定要受到法律的追究。侦查权行使调查的特定性和有关措施的强制性，决定了侦查权必须由专门授权的人员行使，这既体现了侦查权行使的法定性与专门性，又避免了因侦查权的广泛性而带来的不良后果。与西方国家广泛授予侦查权的方式相比，我国侦查权的授予是相当谨慎和严格的。因为，侦查权的措施、方法集专门性与强制性于一体，它既是一种专门调查的职业技巧，又是一种与犯罪专门化斗争的艺术，形成了侦查的专业化策略、方法和技巧。而且侦查权是一把锋利的双刃剑，在行使中稍有不慎就会造成对侦查人员自身的伤害；因此，由国家专门机关的专门人员行使侦查权合法、安全、有效。

侦查权的独立性表现为侦查权力作为司法权的组成部分，其权能的独立性是国家司法制度进步的重要标志。侦查权作为一种司法权只有保证其独立性，才能保证其专门性和体现其法定性。我国刑事诉讼法明确规定检察权和审判权的独立，而未能规定侦查权独立的相应条文。所谓侦查权的独立性就是指侦查主体依法独立地行使侦查权，不受任何其他机关、团体和个人的干涉，更好地行使法律赋予侦查机关的权力。“侦查本身是侦查机关的职权，它属于刑事诉讼法所调整的范围，外部力量不得非法干涉；其具体表现就是侦查机关在执行具体侦查职权时，不受来自上级尤其是政党或政府的直接干预。”① 因此，对侦查权的独立性定位是针对政治力量，以及其他不正常或非法的对侦查的干涉。所以，对侦查权独立性的定位并不一定会导致侦查权力的膨胀，只要对侦查权力从权力与权利两方面进行有效的监督和制约，便应当从理论上说可以避免这一膨胀的发生。侦查权独

① 卞建林、李兰英、韩阳：《刑事诉讼法专题研究》，科学出版社2007年版，第40页。

立的直观意义在于保证侦查主体公平、公正地司法，保障侦查主体不枉不纵和高效快捷地执法。通过侦查权的独立性杜绝侦查中人为干扰的因素，使“人治”干扰“法治”的现象从根本上得到消除。所以，侦查权能否独立不仅决定侦查机关依法独立自主地侦查，也体现出一国法制进步的水准。

（五）侦查权的主动性与职权性

侦查权的主动性表现为侦查作为发现、打击、控制、预防犯罪的目标指向，其权力的行使和侦查方法与措施的运用都具有主动性。侦查权力体现在具体的侦查行为上的主动性特征明显，“行政权的运行总是积极主动地干预人们的社会生活和个人生活”。[①] 侦查权力的行使即侦查活动的展开和侦查程序的启动，除依据被害人、证人的检举、揭发和报案外，还依据法律和形势对作案人的敦促与震慑，使作案人主动投案自首；更依据侦查机关的巡逻、盘查、突击检查等方式发现犯罪行为，以实现主动、快速、及时地介入案件的侦查与调查之中。在具体的侦查形式上不仅有同步侦查密切注视犯罪发展的动向，在适当时机捣毁犯罪窝点和缉捕犯罪团伙成员；而且还有诱惑侦查控制犯罪贻害的范围，在恰当时机将犯罪嫌疑人引入“圈套”人毒俱获。所以，侦查权力的主动性是侦查的性质和侦查的目标所决定的，没有侦查权力行使的主动性就无法完成侦查的目标。

侦查权的职权性表现为侦查权力主体行使职权就要承担职责，侦查权不可放弃、不可转移、不可委托、不可滥用。“职权”一词兼取“职责”和“权力”双义，职责意指职务和责任。职务是一种资格，是适格主体的一种法律地位。责任是“因没有做好分内之事而应承担的不利后果或强制性义务”。侦查主体实施侦查行为是代表国家行使侦查权力，侦查主体只是侦查权力行使和侦查行为执行的主体；国家赋予侦查主体行使侦查权力和实施行为的职责，侦查主体一经接受法律赋予侦查的职权，同时也就意味着承诺应当和必须担负的责任。即只要符合启动侦查程序的条件，侦查主体就必须依法立即展开侦查活动，维护国家利益和人民生命财产的安全，尽职尽责地忠实履行自己的职责和依法行使自己的职权，在任何情况下具有绝对不可放弃的义务。侦查权是国家法律授予特定主体的“公”权力，与社会普通主体所具有的“私”权利不同，具有不可转移、不可委托性。侦查主体行使侦查职权执行侦查处分权，但侦查主体并非完全意义上的侦查处

---

① 孙笑侠：《司法权的本质是判断权——司法权与行政权的十大区别》，载《法学》1998 年第 8 期。

分主体，侦查处分权属于国家或国家的法律，而侦查主体只是侦查处分权的执行者，侦查权的行使和处分不可滥用职权。

第三节 侦查的任务与价值

侦查任务是侦查机关行使侦查权力的基本目标，也是实现侦查目标所担负的职权责任。侦查价值是侦查在整个刑事诉讼或社会乃至国家中，所体现出的一种自身具有的和无法替代的内在品质。

一、侦查的任务

侦查任务是指侦查机关必须履行的法定职责，是通过实施侦查行为达到侦查目的和实现侦查价值而担负的事项。侦查任务是刑事诉讼总任务的一个组成部分，是完成刑事诉讼总目标体系规定中的阶段性目标。我国法律对侦查任务没有进行明确而专门的规定，所以对侦查任务的确定既要结合立法对刑事诉讼任务规定的精神，又要严格对照刑事诉讼法和相关法规文件规定的内容，还应联系法治国家建设和程序正义的发展趋向。以此为根据，结合我国侦查实践运行状况，将侦查任务确定为以下几方面：

（一）证明案件事实

侦查程序阶段的首要任务是证明案件事实，这是侦查机关和侦查人员履行法定职权的第一任务。首先，侦查证明案件事实是追诉犯罪的要求。侦查要达到追究犯罪嫌疑人的刑事责任和惩罚犯罪的目的，前提是建立在查明案件事实并查获犯罪嫌疑人的基础上；而收集证据是侦查证明案件事实的关键，查获犯罪嫌疑人是实现追诉犯罪的保证。其次，侦查证明案件事实是刑事案件的特殊要求。刑事案件的社会危害性强、性质严重，有些案件危及社会安定和国家稳定的大局，因此世界各国普遍奉行国家追诉原则，追诉犯罪首先要证明案件事实。再次，侦查证明案件事实是侦查程序的要求。侦查程序的任务不仅是要查明案件事实真相，根本性的任务是要证明案件事实真相。因为侦查终结移送的案件不仅是查明案件事实的主观证据，更多和更主要的应当是证明案件事实的客观依据。

侦查证明案件事实任务的完成主要从以下几方面进行：第一，调查案件事实。调查案件事实主要围绕对案件线索的追查和探明而进行，重点要查明作案人、作案时间、作案地点、作案手段、作案过程、作案对象、作案结果等，研究和分析作为构成刑事案件要素相互之间的联系。第二，收集案件证据。侦查除对案件中公认的事实不需要证据证明以外，原则上对构成案件事实的要素均要求有相应的证据予以印证。对于涉及案件定性和定罪的证据材料，不仅要求在质上来源可靠确实，还要求在量上要充分地达到满足；而且，证明案件事实的证据应形成科学合理的证据体系，使各种证据形成相互印证和互相补充的“链条”。第三，查获犯罪嫌疑人。侦查中尽快查获犯罪嫌疑人有利于查明案件事实，也有利于制止犯罪嫌疑人继续作案或其他情况的发生；侦查中尽快查获犯罪嫌疑人，可以使其行使诉讼权利并形成侦控对抗的结构，能够有机会听取犯罪嫌疑人无罪或罪轻的辩解。

（二）保障诉讼权利

侦查作为一种国家权力直接作用于刑事案件及其犯罪嫌疑人，侦查程序中侦查行为的行使与诉讼权利的行使是相对应的。侦查程序中应确保无辜者不受刑事追究，使被害人的权益尽可能得到保护，同时还应保障犯罪嫌疑人、辩护人、证人、被害人，以及其他诉讼参与人的诉讼权利。由于侦查程序本身具有一种否定性的评价功能，因此它实际上已经成为一种符号系统，任何个人或事件一旦被纳入这一符号系统，人们就会自然地倾向于对其作出否定性的评价。侦查程序的这一符号功能往往会产生一定的负效应，不可避免地会给涉及被侦查人员的名誉和人格尊严造成损害。侦查行为的行使不仅涉及人格尊严和名誉，还涉及犯罪嫌疑人的其他实体性权利，对实体性权利的保障是侦查中权利保障的重点。

侦查中将犯罪嫌疑人诉讼权利的保障作为一项任务的理由主要在于：第一，侦查行为的强制性。侦查行为的强制性是国家意志的体现，是不以任何人的主观意志为转移，无论是对人的公开与秘密侦查行为，还是对物的公开与秘密侦查行为，一经实施就会形成一种客观结果或成为一种现实状态。所以，侦查中对已经确定身份的犯罪嫌疑人，可以相应地采取任何形式的强制措施；而对于尚未确定犯罪嫌疑人身份的被调查对象或嫌疑对象，则不能采取任何形式的强制措施；因为，侦查行为所具有强制性的本质特征，是针对已确定身份的犯罪嫌疑人或被告人而设计。第二，侦查行为的对抗性。侦查行为的对抗性是作案行为的侵害性和隐蔽性所决定，作案人作案的侵害性包含着对被害人实施的报复或加害，作案的隐蔽性实质上也就隐含着与侦查的对抗性质。所以，侦查的对抗性也是不以任何人的意志为转移的客观规律，这是一条千古不易的法则和定律。问题是在于这场攻防对抗或正义与邪恶的较量中，如何尽可能把握好对抗性的强度和尺度，以不使用武力和其他不当侦查方式为适宜。第三，侦查行为的保障性。侦查行为在理论上不仅承担惩罚犯罪的任务，在客观上也担负着保障无罪的人不受追究和有罪的人权利保障的义务。因为，侦查行为的行使是以国家的强制力为依托，在国家权力面前任何形式的犯罪或行为人，都是显得极其渺小和微不足道；尽管国家通过法律的形式赋予侦查对象以诉讼的权利，期望借此权利的行使与国家侦查的权力相抗衡；但现实法律对权利的规定和行使权利的程序保障机制，以及侦查人员的观念和侦查的环境，都还存在侦查行为无法保障或不能顾及诉讼权利的问题。

（三）追究刑事责任

侦查是刑事诉讼程序的重要组成部分，是国家对犯罪行为人追究刑事责任行使的职权行为。从理论上讲犯罪是一种社会风险，而犯罪控制就是一种“风险管理”的行为；侦查机关是承担“风险管理”职责的机关，追究犯罪的刑事责任是侦查的又一项任务。首先，国家以法律的形式授予侦查机关行使侦查的权力，使侦查主体追究犯罪嫌疑人的刑事责任成为国家意志。与解决民事纠纷具有本质区别的是，刑事纠纷的解决是以国家作为诉讼的主体，体现的是国家对犯罪刑事责任追究的意志和态度。其次，国家以法律形式规定侦查的措施与方法，使侦查主体追究犯罪嫌疑人的刑事责任具有强制权力。犯罪行为的隐蔽性、残暴性和复杂性，侦查行为的揭露性、证明性和滞后性，在客观上必须赋予侦查主体特定的权力，以保证侦查任务的完成和侦查目标的实现。再次，国家以法律形式规范侦查的过程和步骤，使侦查主体追究犯罪嫌疑人的刑事责任成为法律程序。侦查作为刑事诉讼的阶段性程序，对犯罪嫌疑人犯罪行为的确认与证明，为提起公诉和审判处罚提供依据；侦查程序合法和准确地认定犯罪事实，成为审查起诉和审判定罪的前提和基础。

侦查追究刑事责任任务的内容主要体现在以下几方面：第一，侦查机关有责任阻止犯罪。侦查机关在侦查程序中，在担负证明犯罪事实和权利保障任务的同时，要通过有关侦查方法和措施的实施，及时查获犯罪嫌疑人及其同伙，有效阻止和防范其继续实施危害社会的犯罪行为，尽量避免和减轻因犯罪行为给国家、社会和个人造成的危害性后果。第二，侦查机关有能力威慑犯罪。侦查机关要通过侦查程序的高效、有序和公正的运行，及时准确地达到查明犯罪事实和查获犯罪嫌疑人的目标，进而为提起公诉和审判创造条件；实现侦查程序的外在价值即结果价值，以实现侦查的威慑犯罪和控制犯罪的社会心理效应。第三，侦查机关有条件预防犯罪。侦查机关在发挥侦查职能作用的同时，还承担着对社会治安管理的职责，侦查机关充分利用和发挥职能作用的有利条件，研究犯罪规律和分析犯罪原因；发现犯罪苗头和注视犯罪动态，对各类犯罪采取及时有效的防范措施，预防犯罪行为的发生并将犯罪消灭在萌芽状态。

（四）构建防控体系

侦查机关主要承担对刑事案件证明案件事实的任务，对犯罪嫌疑人追究刑事责任和保障诉讼权利的任务；同时，综合治理、预防犯罪既是全社会的共同任务，也是侦查机关构建防控体系的重要任务。侦查机关主要是从打击犯罪方面出发，发挥侦查职权管辖范围的优势开展对犯罪的预防。

侦查中防范控制犯罪的任务和作用主要表现在以下几方面：一是通过侦查破案，消除犯罪行为继续实施犯罪的可能性，并以此激发社会各界防范犯罪行为的积极性，震慑潜在犯罪行为的滋长和发生。二是通过侦查机关加强自身的基础业务建设，提高发现和控制犯罪活动的能力；特别是对公共场所、复杂地区和特种行业的阵地控制，以及坚持专门工作与群众工作相结合；公共管理与秘密控制相结合的方法等，通过各种渠道及时发现和预防犯罪。三是通过侦查破案和调查访问的有利条件，既可以利用犯罪资料分析研究特定时期和特定地区刑事犯罪的成因，为全面和科学的侦查决策与部署提供客观依据；又可以通过发案单位犯罪防范的漏洞与个人的疏忽，向全社会提供对犯罪防范的意见和建议，增强社会与个人防范犯罪的意识。

二、侦查的价值

（一）侦查价值的概念

“价值”一词源于经济学中的术语，具有商品的价值和社会的属性，体现的是生产者互相交换劳动的社会关系。在19世纪一些思想家和哲学流派的影响与推动下，价值一词以其丰富的内涵和广博的外延，逐步渗透于哲学和法学等社会科学的各个领域。价值不是一个简单的问题，它是一种依凭人的认识很难达至的领域，表达的是人的理想和观念。正如庞德在《通过法律的社会控制》中指出：价值是一个困难的问题，但它是法律科学所不能回避的问题。价值在法哲学上通常包含两方面的含义：一方面是指法律制度的伦理目标或道德思想，即法律制度赖以存在的道德根据及其运作中要实现的理想结果，如正义、自由、平等、秩序、安全、公共福利等；另一方面是指人们据以确定或判断一项法律制度和法律程序是否正当合理的标准。如外在价值、内在价值、经济效益价值。价值是对法律制度和法律程序进行评价过程中作为具体的准则而存在，又是人们在构建一项法律制度和法律程序时，也将其作为衡量的具体尺度而使用。概言之，法律价值是符合人们需要的和意义的并能作为人们精神导向的一种法律存在。

侦查价值是指通过人为设置一定的侦查程序规范，使侦查行为达到预期的目标和提供评价侦查行为的客观尺度。对侦查价值的研究，一方面可以树立正确的侦查价值观，使侦查程序规范的设置有正确的价值导向；另一方面可以避免负面的侦查价值观影响，尽可能提高侦查行为的社会效益。

（二）侦查的外在价值

侦查的外在价值（目的）是指侦查程序为实现刑事诉讼的目的，以及实现直接社会目的所体现的价值。侦查的外在价值的衡量和评价是以侦查程序对刑事诉讼目的的实现，以及对直接社会目的的实现状况为尺度和标准。一般而言，侦查机关在侦查程序中通过实施侦查行为，能够及时有效地查明案件事实真相，为起诉和审判提供确实充分的证据。国家法律赋予侦查机关侦查权的目的，在于侦查机关查明案件事实、收集证据和查获犯罪嫌疑人的过程中，以及防止犯罪嫌疑人继续危害社会和保护社会广大公民的利益，保证侦查行为结果的有效性。

1. 诉讼程序价值

侦查本质上是国家追究犯罪和惩罚犯罪的一项职权活动，由于国家权力的行使直接指向公民权利，必然导致国家与公民间权益激烈的冲突，使刑事诉讼的结果呈现出“一边倒”的局面，从而使刑事诉讼的结果丧失基本的公正性。因此，基于现代民主与自由的政治理念，为了保障公民个人的自由和体现诉讼程序价值，必须通过公正的刑事程序的设置来制约国家权力的恣意行使。在侦查中国家权力与公民权利的冲突尤为剧烈，为了查明案件真相、收集证据和揭露犯罪的需要，侦查机关与犯罪嫌疑人展开背靠背的周旋和面对面的接触，往往需要动用强制性侦查措施对侦查对象加以限制，侦查权的行使总是伴随着对个人权利的强制性侵犯；因此，必须通过设置合理的侦查程序谋求对国家侦查权力的制约，使侦查体现出具有诉讼程序的“程序制约权力”的自由价值思想。

2. 权利保障价值

侦查程序是实现权利保障的关键性阶段，从广义上来看，侦查程序的权利保障既包括对犯罪嫌疑人的权利保障，也包括对被害人和广大社会成员权利的保障，但是，由于在侦查程序过程中，追诉犯罪与保护被害人和广大社会成员的权利，在本质上是完全一致的；因而在侦查程序中需要特别关注的是对犯罪嫌疑人、被告人权利的保护①。在侦查阶段大量的证据散落在外尚待收集，有些案件的犯罪嫌疑人尚未得到控制或查获，控辩双方攻防的对抗性表现尤为激烈。特别是与审判阶段的活动都基本公开进行，以及对案件当事人都已有效控制不同的是，侦查阶段的绝大多数活动都是单向和秘密的状态下进行，而且案件嫌疑人的身份还正处在尚待侦查的确认之中；因而，侦查程序已成为现代刑事诉讼中，犯罪嫌疑人的权利和自由最容易受到侵犯的阶段，也是权利最需要实现和权利切实保障的阶段。

3. 犯罪控制价值

侦查的犯罪控制价值体现在：一方面通过侦查的有效运行及时控制犯罪的蔓延，制止犯罪嫌疑人继续实施犯罪或逃避刑事追究，实现国家对犯罪行为人的刑罚惩罚权。另一方面通过侦查的高效率和高质量的运行震慑犯罪，以达到有效预防犯罪和降低犯罪发生的数量。由此可见，侦查程序犯罪控制的目的价值包括直接的犯罪控制和间接的犯罪控制；直接的犯罪控制体现在诉讼程序之中，即侦查程序的运行有效地防范和制止了犯罪嫌疑人继续实施犯罪，以及逃避国家追诉和实现刑罚权的可能性。间接的犯罪控制折射的是侦查程序的社会功能价值，即侦查程序在高质量和高效率发挥直接作用的同时，在一定程度上起到了一种震慑犯罪的社会效应，有效地遏制和预防潜在犯罪行为的发生。侦查程序犯罪控制的这一外在价值，是将侦查程序运行与社会秩序间的关系，进行关联考查的结果，即通过侦查程序对社会秩序维持功效的考查，从而认识和评价侦查程序的社会价值。

---

① 陈永生：《侦查程序原理论》，中国人民公安大学出版社2003年版，第7页。

（三）侦查的内在价值

侦查的内在价值（过程）是指人们据以评价侦查是否具有善的品格的标准，即侦查程序作为一种法律程序其本身所蕴涵的道德品质。侦查程序不论其是否具备好的结果的能力，只要其本身具备了一定独立的价值标准，则可以认定其已具备了一种内在的善。侦查的这些价值标准通过具体的价值目标体现。

1. 平等价值

侦查的平等价值在于控辩双方在侦查程序中，应当“平等武装”① 地对抗体现平等价值。在法律的体系之内，个人与国家具有平等的法律主体资格；现代控辩式诉讼模式的构造特征之一，便是赋予犯罪嫌疑人广泛的诉讼权利，体现其诉讼的主体地位。侦查程序无异于一场控辩双方的攻防竞技，只有控辩双方拥有均等的攻击与防御手段，才有平等参与诉讼并最终赢得胜诉的机会和能力。因此，侦查程序要真正实现控辩双方的平等对抗，首先需要在立法层面赋予双方平等的诉讼权利，在攻防中以“平等武装”的方式进行对抗。平等武装并不仅仅满足于追求形式上的平等，更重要的是要寻求一种实质上的平等。由此可见，侦查程序控辩平等的真正实现既有赖于制度上的重新建构，更有赖于侦查机关和人员在观念上的全面更新。要确保侦查程序中的平等价值的实现就必须使侦查人员意识到：公民个人的利益并非绝对必须服从国家和社会的利益，公民个人的利益也有独立于公共利益存在的地位和价值。在侦查程序中，为了保护个人的自由、财产、隐私等合法权利，公民个人有权与代表国家的侦查机关展开理性的抗争。要实现我国侦查程序中控辩力量的大体平衡和对等，必须从以下几方面进行改革：

第一，赋予犯罪嫌疑人不自我归罪的权利。赋予犯罪嫌疑人此项权利实际上是承认被追诉人，有权为保护个人利益而与国家展开理性的抗争，承认被追诉人的个人利益有独立于国家和社会利益的内在价值；而否认此项权利实际上是承认侦查机关有权对被追诉方进行支配和控制，承认为保护国家和社会的利益个人利益必须作出无偿牺牲。在这种控辩双方抗争状态下无平等可言，只是控辩之间权力与权利的对比。

第二，赋予犯罪嫌疑人调查取证的权利。刑事诉讼在实体上的正确处理最终取决于对事实的发现，虽然各国法律规定对有罪与无罪的证据都要

① 陈瑞华：《刑事诉讼的前沿问题》，中国人民公安大学出版社 2000 年版，第 322 页。

注重收集，但实践中侦查机关往往更注重收集被追诉人有罪的证据；有鉴于此，现代西方国家普遍赋予被追诉方一定的调查取证权：一是由法律明文规定赋予被追诉方进行任意调查的权利，二是规定被追诉方有权申请法院或检察院调查收集有关证据，使发现的事实更加全面。

第三，赋予犯罪嫌疑人请律师辩护的权利。为确保辩护律师在侦查程序中能切实保护被追诉人的合法权利，其一，应将律师介入侦查的时间提前到第一次讯问之前，因为，通常第一次讯问是犯罪嫌疑人心理最脆弱和最需要法律帮助的阶段，同时第一次讯问又是侦查人员最容易滥用侦查权力的阶段；其二，侦查阶段既是侦查人员收集有罪控诉证据的最佳阶段，而且也是辩护律师收集无罪或罪轻辩护证据的最佳阶段。

第四，赋予犯罪嫌疑人有效救济的权利。在侦查阶段为防止侦查机关滥用追诉的权力，保护被追诉方的合法权益，现代各国在赋予侦查机关实施强制手段的同时，又赋予被追诉方以广泛的异议和救济的权利。我国法律对侦查阶段被追诉方的异议权规定极其缺乏，对绝大多数侦查行为被追诉人都无权提出异议，这直接导致被追诉人在权利受侵犯时极难获得有效的救济。因而我国在未来立法时应规定，侦查机关实施的所有涉及对被追诉人权利限制与自由剥夺的侦查措施，被追诉方应当随时有权向中立的第三方提出异议，对侦查机关实施行为的合法性进行严格审查和控制。

第五，严格规范和控制侦查机关的侦查权。具体而言，其一，将比例原则确立为侦查的一项基本原则，规定侦查机关在可采用非强制性侦查措施时，不得采用强制性诉讼措施；其二，严格规定强制性侦查措施的适用条件，由法律对强制性侦查措施依据强制力度的差异，规定按不同层次适用不同力度侦查措施的条件；其三，制定秘密侦查法以规范秘密侦查实践，对秘密侦查方法的适用范围、条件和程序，以及被追诉人权利保护等方面作出严格规定；其四，严格规定各种侦查措施的适用程序和有效监督方式。

2. 秩序价值

侦查程序追求的众多价值目标中，秩序价值虽不是其追求的核心价值目标，但秩序作为人类生存、社会发展和阶级统治的基础，应当是侦查程序追求的最为基础的价值目标。秩序是构成人类理想的重要因素，也是人类社会活动的基础目标。具体而言，秩序是指在一定社会机制作用下，人与人之间的社会活动得以协调，其冲突受到公开而普遍适用规则的调节或避免的社会稳定状态，即秩序是以一种减缓冲突和复原机制为手段的社会结构性平衡与心理性平衡的协调状态。秩序在侦查程序中的价值内涵主要体现在以下三个方面：

第一，以侦查程序恢复犯罪破坏的秩序。侦查的基本职能是代表国家追究犯罪及行为人的刑事责任，通过侦查具体而有效的法定程序，在收集证据和查明案情并查获犯罪嫌疑人基础上，将犯罪嫌疑人移送审查并提交审判和执行，以实现国家对犯罪惩罚的权力。侦查的基本职能不仅制止和惩罚了犯罪，在一定程度上也有效阻止了犯罪继续破坏社会的秩序，有利于尽快恢复被犯罪破坏的社会秩序。

第二，以侦查程序恢复国家统治的威严。侦查对犯罪进行一系列有效的权力行使过程，最终通过国家公诉和法院审判的方式追究行为人的刑事责任，以国家强制的特定行为对行为人进行惩罚目的，实际上是对法律尊严和统治秩序权威性的恢复与重塑。这一过程只有借助国家的强制力才能得以实现，侦查机关就是国家强制力的执行主体，所以，侦查机关的行为及其后果是具有国家意志的体现。

第三，以侦查规范约束权力运行的方式。侦查机关作为维护法律或统治秩序的权力机关，其本身的权力行使和行为也必须合乎秩序规范。因为，对国家权力的行使会产生两种潜在的后果：一是权力的正常行使有利于保护统治阶级的利益，维护国家的统治秩序；二是权力的滥用既会侵害公民和社会整体的利益，也会损害统治阶级的利益并危及统治秩序。权力行使的两种结果截然不同。因此，对以国家强制力为后盾的侦查权力的行使，理应规范和慎重。从遵守和维护秩序的角度看，侦查的秩序价值在于以法律规范约束权力运作的秩序和方式。

3. 效益价值

效益原为经济学上的名词，是指有效产出减去实际投入后的收益，即反映投入与产出的关系。侦查程序运行也毫不例外地反映成本投入的状况。侦查机关对案件的侦查调查和查获犯罪嫌疑人的过程中，势必要投入相应的人力、物力和财力；犯罪嫌疑人被追究刑事责任人身和财产受到限制，以及聘请律师和家人担忧等必然形成一定的成本投入和付出。被害人在侦查阶段物质和精神上的损害，也可以视为是一种诉讼的投入。因此，侦查程序的运行是一个成本投入的过程，这个成本投入的过程必然要追求一定的程序效益。国家投入侦查程序的司法资源十分有限，侦查程序如果不能提高侦查效益，侦查机关就不能完全履行其追诉的职能，刑事案件就会因不能及时侦破而造成积压。另外，侦查由于不能及时收集证据和查获犯罪嫌疑人，导致继续犯罪或毁证灭迹后无法破案，严重影响到侦查机关在人们心目中的地位和威信，直接关系到国家统治秩序和政权的稳定。此外，侦查程序期限的拖延会严重损害诉讼当事人及其参与人的利益，在人民法院作出生效判决之前，犯罪嫌疑人的自由和涉案财产乃至生命等实体权利均处于待定状态，被害人和证人及其他诉讼参与人的正常工作与生活也会受到影响。

侦查程序的效益价值包括经济效益价值和社会效益价值两方面。经济效益价值是指侦查程序取得的经济利益与投入的物质资源之差。侦查取得的经济利益通常为挽回的经济损失，经济损失主要为查获和追缴的赃款与赃物等，侦查投入的物质资源包括侦查所必需的人力、物力和财力等。侦查程序的经济效益一般为负数。侦查的社会效益价值即精神价值。犯罪嫌疑人实施犯罪不仅给被害人造成直接的损害，也给社会及其他成员的利益造成间接的损害；被害人及其社会其他成员迫切要求追究犯罪嫌疑人的刑事责任，以平抚被害人及其社会其他成员心理上的创伤，国家通过惩罚犯罪以实现国家的刑罚权。侦查程序通过对证据的收集和犯罪嫌疑人的查获，能够抚慰和满足被害人及其他社会成员对犯罪惩罚的精神需求，也能挽回和修复被犯罪破坏的社会影响，从而实现侦查程序的社会效益体现其价值。

（四）侦查价值的冲突

侦查程序的内在价值与外在价值之间，以及内在价值各目标之间在具体的实施过程中，由于价值取向和追求的具体目标不同，不可避免地会发生价值间的冲突。侦查价值冲突表现为自由与秩序的冲突，秩序与正义的冲突，自由与平等的冲突，公正与效率的冲突等。侦查程序在公正的价值目标导引下，确实有利于发现和收集证据，在此基础上查明案情促进公正结果的产生。这是侦查程序的内在价值与外在价值重要的一致之处。但公正的侦查程序和侦查结果之间仍存在矛盾和冲突。侦查的内在价值与外在价值之间之所以会产生冲突，不仅是存在一些偶然因素的作用，而且也有侦查程序设计本身的原因。首先，公正的侦查程序和公正的侦查结果各自有一套独特的价值标准体系，符合程序公正的侦查程序并不一定具备产生公正侦查结果的能力。程序的公正性只能是相对存在的事实，从来就不存在绝对公正的侦查程序；侦查程序的公正性标准是在特定的不公正性的程序基础上制定的，所以侦查程序的公正性是具有历史和现实的相对性。其次，公正的侦查程序更加可能产生公正的侦查结果，这是相对于不公正的侦查程序的一般而言。但在一定的情况下，公正的侦查程序本身在客观上就具有产生非正义侦查结果的可能性。由此可以看出，侦查价值学说主要是从两个或多个维度进行评述。侦查程序运行过程本身就表现为一种人类行为的正义性，而正义性的行为本身就是一种善的行为，善的行为本身就是价值。

本章思考与练习题：

1. 侦查的概念是什么？如何理解侦查概念的内涵？
2. 侦查概念中存在哪些缺陷？如何完善侦查概念？
3. 侦查的特征表现在哪几方面？
4. 侦查的权力是什么？如何理解侦查的权力的性质？
5. 结合教材内容谈谈你对侦查权力行政性的看法。
6. 结合教材内容谈谈你对侦查权力司法性的看法。
7. 侦查权力的强制性表现在哪些方面？
8. 侦查权力的专门性表现在哪些方面？
9. 侦查权力为何具有主动性的特点？
10. 侦查的任务主要包括哪几方面？
11. 侦查的外在价值包括哪几方面？
12. 侦查的内在价值包括哪几方面？
13. 如何理解侦查价值存在的冲突？

第五章 侦查主体

侦查主体是指承担侦查职权和行使侦查行为的侦查机构与侦查人员。一般来说，抽象的权力是空洞无物的意象，字面的法律是僵化死板的符号，唯有活生生的人和组织，才能把抽象的权力具体化，把纸面的法律灵活化。侦查权力和行为只有在侦查机关与侦查人员的具体侦查实践中，才能真正发挥出其应有的作用。对侦查主体这一要素进行研究的重要性，旨在提高侦查的效力和破案的能力。

第一节 侦查的体制与管理

“体制”，《现代汉语词典》解释为：国家机关、企业、事业单位等的组织制度[①]。《辞海》解释为：国家机关、企业事业单位在设置、领导隶属关系和管理权限划分等方面的体系、制度、方法、形式等的总称[②]。根据上述说明可以把体制理解为：国家机关、企事业单位的组织体系和管理关系的规则总和。“体制，不是体系与制度的总称，而是体系与机制的总称；行政体制，是指行政系统的权力划分、组织机构、职能配置、运行机制等的关系。”[③] 由此可见，体制包含两大基本要素：组织体系和运行机制。

“制度”，《辞海》解释有二：（1）要求成员共同遵守的，按程序办事的规程或行动计划，如工作制度。（2）在一定历史条件下形成的政治、经济、文化等方面的体系，如社会主义制度[④]。由此可见在具体的领域，制度和体制无本质区别，只是两者的着眼点不同；制度侧重于对事物的整体性理解，而体制则侧重于对事物的结构性理解。

“体制”一词在近代意义上运用于社会制度，原本与“制度”近乎同义，但随着社会变革和用词变化，体制逐渐成为一个比较确定的概念而存

---

① 《现代汉语词典》，商务印书馆1987年版，第1130页。

② 《辞海》（缩印本），上海辞书出版社1999年版，第274页。

③ 谢庆奎：《中国政府体制分析》，中国广播电视出版社1995年版，第15页。

④ 《辞海》（缩印本），上海辞书出版社1999年版，第223页。

在。在特定的领域“制度”和“体制”是内容和形式，制约和表现与目的和手段的关系；制度一般是体制所要表现的内容，制度制约着体制，它是体制运行的目的；而体制是制度的具体表现形式，体制表现制度的性质，是实现制度的手段和形式；制度规定了体制运行的方向，不同体制的运行决定制度的实现程度[①]。

一、我国侦查的体制

在我国侦查领域尚存在着“侦查制度”和“侦查体制”的两种概念，依据上述对制度和体制的简单理解可以明确，侦查制度和侦查体制是对同一事物在不同维度上的理解，只是在研究时注意两者理解角度上的差异即可；对制度的研究最终还是要通过对体制各要素及各要素之间关系的运行上来说明相关问题。

（一）侦查体制的概念

对侦查体制进行系统研究的在我国学界还是极其罕见。在20世纪末的几年中，伴随我国刑事诉讼法的修改和公安部“侦审一体化”侦查体制的改革实行，引起学术界和实务界对侦查体制改革的研究热潮。但从目前的教材、专著和论文来看，有关对侦查体制的研究也还是见仁见智众说纷纭；对侦查体制的代表性观点进行简单概括，按观点形成时间顺序排列来看主要有：

（1）侦查制度是指一个国家中犯罪侦查机构的设置、职权分工、内部结构等方面的规则体系[②]。

（2）刑事侦查工作体制是指刑事侦查部门的机构设置和侦查权限划分的管理制度[③]。

（3）刑事侦查工作体制就是刑事侦查部门内部的组织制度[④]。

对以上三种观点经过仔细斟酌，并结合原著观点前后文分析发现：第一种观点是对早期中外警察进行比较研究时，对侦查体制三方面进行创建性的概括和提炼，其对侦查体制提出的定义具有奠基的意义。第二种观点

---

① 刘小和：《侦查主体论》，中国人民公安大学出版社2008年版，第216页。

② 何家弘：《外国犯罪侦查制度》，中国人民公安大学出版社1995年版，第5页。

③ 张新枫：《刑事侦查学》，群众出版社1999年版，第58页。

④ 孟宪文：《刑事侦查学》，中国人民公安大学出版社2000年版，第25页。

和第三种观点对侦查体制的理解，明显过于狭窄，没有从宏观角度概括的定义范围。总体上来说，上述观点对侦查体制都是从组织角度进行的研究，包括机构设置、权力关系以及相互之间的法律关系，也都只是从静态的角度来理解和认识；从动态的角度来说，侦查体制还应包括运行机制。对此，有学者基于以上对体制和侦查体制定义的不同看法，将侦查体制界定为：侦查组织之间及其各部门之间组织关系、权力关系的制度化，以及这些被规范关系的运行机制。从现在我国法律对侦查组织的规定来看，侦查组织就是侦查机关，机关之间及其内部之间的管理关系的制度化表现就是组织体系（或组织制度），所以也可界定为：侦查体制，是指侦查机关的组织体系及其运行机制①。

体制是指行政系统的权力、组织形式、职能配置、运行机制的关系模式。侦查体制是指侦查部门的机构设置和侦查权限划分的管理制度。

侦查体制主要包括“机构设置”和“权限划分”两部分内容。侦查体制和机制是密切联系的整体，体制是机构设置与管理权限的划分模式，机制是机构自身运行的基本方式。侦查体制与管理机制是侦查主体权限划分和机构运行的方式。侦查体制与管理机制的科学合理规划，对侦查的效率具有至关重要的作用。而侦查机构与队伍的科学合理设置，对侦查职能作用的有效发挥以及侦查质量的提高具有重要的意义。

（二）我国的侦查体制

根据我国《刑事诉讼法》的规定，将侦查权力授予公安机关、国家安全机关、人民检察院、军队保卫部门和监狱，这五个机关和部门是国家法定的侦查机关与部门，根据不同的管辖权限行使国家法律授予的侦查权。

1. 公安机关的体制

公安机关的体制是：在国务院设立公安部，作为全国公安系统的领导机关；在省、自治区人民政府设立公安厅，在直辖市人民政府设立公安局；在省辖市人民政府设立公安局；在县级市人民政府设立公安局，在城市区人民政府设立公安分局。在铁道部、交通部、林业部、民航总局设立公安局，并在各部所属设立相应的公安机关。此外，其他经人民政府批准设立的公安机关。

（1）公安机关的职权。国家法律赋予公安机关治安管理、刑事侦查、

① 刘小和：《侦查主体论》，中国人民公安大学出版社2008年版，第219页。

军事保卫等三个方面的基本权力。公安机关在治安管理方面的权力，主要体现为行政管理权、行政干预权、治安处罚权、传唤审查权等。公安机关在刑事侦查方面的权力，主要表现为侦查调查权、强制措施权、预审审查权、刑事惩罚权等。公安机关在军事保卫方面的权力，主要为有权对守护目标采取武装警卫、守卫的措施，有权对犯罪嫌疑人实施武装逮捕和押解的行为，有权对城市或边防进行武装巡逻、检查和守卫的任务，有权对危害国家安全的暴乱、恐怖活动的持枪抵抗人员，依法实施武装镇压的权力。

公安机关根据自身的权力和任务的范围，主要有以下五方面的专业分工：一是侦查工作，包括对危害国家安全案件和其他刑事案件的侦查和调查。二是治安工作，包括户籍、公共秩序、特种行业、危险物品、城市道路交通、公安外事、出入境、消防监督管理等。三是保卫工作，主要是保卫企事业单位、机关、团体内部的安全。四是警卫工作，主要是警卫国家规定的列名保卫对象、警卫目标的安全。五是监管工作，主要是羁押依法逮捕、拘留的正处于侦查、起诉、审判阶段的犯罪嫌疑人，以及被判处1年以下有期徒刑或拘役的服刑罪犯。

(2) 公安机关的机构。公安机关不同级别的机关有一定的差别，但任何一级公安机关都有以下三种机构：

一是职能机构。职能机构是具有依法行使国家特定权力和行为的资格，直接执行公安机关保卫国家安全和维护社会治安秩序的机构。职能机构由公安机关首长和专业机构组成。公安机关首长有权领导和指挥各专业部门执行任务、审理案件、处理事件，有权依照法律规定和规章制度对本机关职能范围的事务执行审核、批准、决定。专业机构是公安机关的实战单位，依照国家法律和法规行使职权及执行任务。公安机关的专业机构主要有：政治保卫部门、刑事侦查部门、刑事技术部门、企事业单位保卫部门、治安管理部门、监管部门、警卫部门、边防管理部门、交通管理部门、消防部门、经济犯罪侦查部门、缉毒部门。

二是政治机构。政治机构全国各级公安机关均设有政治工作部门，配有政委、教导员等专职政工人员。政治机构的任务是贯彻落实党的路线、方针和政策，负责公安队伍的组织建设、思想建设和干部管理工作，保证公安机关各项业务的顺利完成。

三是保障机构。保障机构主要有秘书、咨询、后勤、技术、装备、教育、科研等部门，保障机构的任务是为公安机关完成各项业务提供保障的条件。

2. 检察机关的体制

最高人民检察院是我国最高检察机关，由全国人民代表大会选举产生，依法实行法律监督职能，对全国人大及其常务委员会负责并报告工作。地方各级人民检察院包括：省、自治区、直辖市人民检察院；省、自治区、直辖市人民检察分院，自治区、省辖市人民检察院；县、市、自治县和市辖区人民检察院。省一级和县一级人民检察院，根据人民检察院组织法和工作需要，可在特殊区域和场所设置派出机构，如在监狱、劳教场所、林区、矿区设置人民检察院派出机构。检察院派出机构均由人民检察院提请本级人大常委会批准。地方各级人民检察院对同级人大及其常委会负责并报告工作。地方各级人民检察院接受最高人民检察院的领导，下级人民检察院接受上级人民检察院的领导。铁路运输检察院是国家设置在铁路运输系统的法律监督机构，由铁路运输检察分院和基层铁路运输检察院组成，是我国人民检察机关的组成部分，直接由所在省、自治区、直辖市的检察院领导。专门人民检察院是在特定的组织系统内设置的检察机关。我国的专门人民检察机关是军事检察院，军事检察院是国家设置在人民解放军系统的法律监督机构，属于军队建制是我国人民检察机关的组成部分，在最高人民检察院和解放军总政治部领导下工作。军事检察院的职权是对军职人员的刑事案件行使检察权。

（1）检察机关的职权。根据我国法律规定检察机关的职权主要有：刑事案件侦查权、批准逮捕权、提起公诉权、侦查监督权、刑事审判监督权、监管改造监督权、民事审判监督权、行政诉讼监督权、司法解释权。

最高人民检察院的职权是：有权指导、部署和检查各级人民检察院的工作；有权制定检察工作条例和细则；由全国人大常委会授权对检察工作中具体应用法律进行司法解释；依法行使各项检察权；依照权限管理各级检察机关干部，对有关检察人员提请任免；确定全国检察机关的人员编制。

地方各级人民检察院按照法律规定的管辖范围和权限行使各项检察权，直接受理侦查的刑事案件，对侦查机关的侦查实行监督；对侦查机关提请的逮捕负责审批，对受理的刑事案件向同级人民法院提起公诉，对人民法院的审判实行监督，对同级人民法院第一审判决或裁定有错误提出抗诉，上级人民检察院对下级人民法院已发生法律效力的判决或裁定有错误提出抗诉，对监狱、看守所和劳教所的监督检查。

（2）检察机关的机构。我国检察机关的机构设置由人民检察院组织法规定，机构设置与检察、侦查的职权和业务范围相一致。检察院的机构主要由检察长、检察委员会、检察业务机构三方面组成。检察长属于人民检察院的领导机构，检察委员会是人民检察院业务的指导和决策机构，检察业务机构是按照各项职权开展业务工作的职能机构。各级人民检察院的主要业务机构有：一是刑事检察机构，主要是审查公安机关呈请批准逮捕和移送起诉的案件，提起公诉和提出抗诉的案件，出庭支持公诉或支持抗诉，对侦查机关的侦查和人民法院的审判进行监督。二是经济检察机构，即反贪污、贿赂局，主要是开展对贪污、贿赂等犯罪案件的侦查业务工作。三是法纪检察机构，主要是开展人民检察院直接受理的侵权、渎职犯罪案件的侦查工作。四是监所检察机构，主要是对刑事判决、裁定的执行和监狱、看守所、劳教所的常规监督。五是民事、行政检察机构，主要是依法对民事审判和行政诉讼实行监督。六是控告、申诉检察机构，主要是受理控告、申诉案件、来信、来访的处理事务。七是技术检验机构，主要是对案件中的证据进行鉴定和复验。八是政策研究机构，主要是调查研究社会治安状况和犯罪规律，以及检察工作中执行政策法律情况的调研，并负责法制宣传教育工作。

最高人民检察院除设立上述机构外，还设立铁路运输检察厅。

3. 其他侦查机关的体制

（1）军队保卫部门。军队保卫部门的全称是：中国人民解放军政治保卫部，其侦查体制是在军队编制基础上，现行分为五级：即解放军总政治部设置保卫部，总参谋部、总后勤部、总装备部、空军部队、海军部队、第二炮兵部队、武警部队及各大军区设置保卫部；军级单位设置保卫处；师级单位设置保卫科；团级单位设置保卫股。除大军区以上单位的保卫部门设置侦查（技术）处或局，专门负责侦查工作外，多数军级单位的保卫部门不设置专门的侦查机构，但一般指定专人负责侦查业务。军以下单位由于刑事案件较少，一般不设置专门的侦查干部。军队保卫部门的设置是按照系统划分，本系统内下级保卫部门接受上级保卫部门的领导。军队保卫部门在本系统上下级之间具有隶属关系，在不同系统的保卫部门之间没有隶属关系。

（2）监狱。监狱的侦查体制是在行政体制的基础上，现行分为三级：即司法部监狱管理局设置狱政处，狱政处负责对全国监狱系统内侦查业务的指导工作；各省、自治区、直辖市监狱管理局设置狱政处或狱政科，负责对全省监狱内侦查业务的指导、监督和检查，以及对监狱内重大案件的侦查破案工作；各监狱设置狱政科或股，监区和分监区设专职或兼职狱政干事负责狱内侦查工作。

4. 我国侦查体制的特点

(1) 条块结合制。条块结合制具体表现为：一方面，侦查部门上下级之间是隶属关系，上级侦查部门有权指挥下级侦查部门，全国侦查部门作为一个整体执行侦查职能；另一方面，侦查部门作为同级人民政府的一个职能部门，接受同级人民政府的领导；各级公安机关及侦查部门的人事和财政，都由各级地方政府掌握。因此，从总体上讲，我国的侦查体制是条块结合。

(2) 相对专业制。相对专业制以1997年刑侦体制改革为界线，改革前派出所承担着大量的破案任务：一方面，派出所既行使行政管理权，又行使刑事侦查权，极易造成权力的混淆和滥用；另一方面，派出所主要以防范和行政管理为职责，无法满足侦查破案的专业化的要求，办案质量和效率得不到应有的保障。改革后派出所不再承担侦查破案任务，从而强化了侦查部门的侦查破案职能，强调侦查部门是打击犯罪的主力军，而公安派出所则相对成为防范的主力军。

(3) 队建制。队建制是目前我国侦查机构统一实行的侦查体制。在县（市）公安局和城市公安分局设刑警大队，地（市）公安局设刑警支队，省（自治区、直辖市）公安局设刑警总队，公安部设刑侦局。实行上级刑侦部门与分局、县公安局的双重领导，刑警总队对下级刑侦部门由指导变为领导。队建制最大的特点是强调了刑侦部门的“行动性”。队建制使刑警队伍从机关性转变为实战性，有更强的系统性和专业性，以利于打破条块分割和减少中间环节的作用，便于侦查部门快速、协调、主动反应，增强了侦查部门的实战功能。

(4) 分级管理制。分级管理制是对刑事案件管理的制度。侦查部门的责任区刑警队驻扎在责任区内，开展对刑事案件的侦查业务；重大案件由县公安局和城市公安分局刑侦部门负责侦查；地（市）公安机关刑侦部门负责指导，并直接参与部分重大案件的侦查。特别重大案件由地（市）公安机关刑侦部门组织侦查，省、自治区公安机关刑侦部门督促指导，并直接参与部分特别重大案件的侦查。

(5) 责任制。责任制是刑侦改革管理的制度。责任制的目的就是最大限度地调动刑警工作的积极性，通过制定科学合理的目标管理考核标准，把破案责任落实到每个刑警队和侦查员的身上，使各刑警队层层有责任，全体人员个个有压力，体现出干与不干不一样和干好干坏不一样的管理机制。目前，侦查部门已普遍建立任务到人、奖优罚劣、能上能下、能进能出，人人有责任、人人有压力的侦查破案管理体制和机制。

(6) 侦审一体制。侦审一体制是1997年公安部推行的侦查体制改革制度。我国在侦查体制改革前实行侦审分开的制度，即将刑事诉讼的侦查程序分为侦查和预审两个环节，分别由公安机关的侦查部门和预审部门负责。侦查部门负责从发现犯罪线索到收集各种证据，查获犯罪嫌疑人到查明案件基本事实即为破案。预审部门则负责审查核实证据并补充强化证据体系，查清案件全部事实真相和深挖余罪扩大战果即为结案，侦查终结对案件提出起诉或撤销的处理意见。侦审一体制改革是将原有的侦查、预审分离又合而为一的侦查制度，即取消原有的两个环节形成一步到位或一体化，整个案件的侦查过程不再有两个阶段的划分。

(7) 充实基层制。充实基层制对于任何一个部门或单位都是一条重要原则。侦查的基层机构主要是指县（市）区侦查部门，及其所属的作战实体责任区刑警队。因为侦查基层单位要与犯罪嫌疑人进行直接较量，侦查的质量和效率集中体现在侦查人员的行为上，特别是侦查基层单位的侦查业务量大面广，涉及方方面面的工作和具体事务，充实基层制是“警力下沉”和“加强一线警力”的具体化。侦查基层单位是侦查的基础，侦查基层单位的侦查水平决定和体现着整个侦查的质量和效率。

二、我国侦查的管理

（一）侦查管理的概念

侦查管理是指通过侦查组织、指挥、协调和控制等职能，使各种侦查资源能够发挥最大的作用，以期高质量和高效率地实现既定侦查目标的综合活动。

侦查管理的内容主要是通过对人员队伍、组织结构、规章制度等一系列侦查资源的综合设计与管理，使各种侦查资源在侦查中最大限度地发挥功效，以产生出各种侦查资源相互作用的强大合力，达到侦查的高质量和高效率。

（二）侦查管理的原理

1. 系统原理

系统原理是侦查管理的重要理论。系统是指“由两个或两个以上要素组成的具有整体功能和综合行为的统一集合体”，即由多个要素构成的具有一定层次结构并与客观环境发生联系的整体。侦查体制本身就是个无限大的整体系统，侦查管理的对象存在于一定层次的系统中，系统中的每个基本要素都不是孤立地存在。各基本要素既处于自身的系统中，又与其他基本要素在系统中相互依存和互相作用，同时此系统中的要素又与彼系统中的要素以各种形式相互联系。因此，侦查管理为了达到管理目标的优化，必须借助于系统原理从系统的整体出发，对侦查管理的各个方面进行系统分析和系统管理。

2. 反馈原理

反馈原理是指控制系统对信息的输出又将作用结果反馈，并对信息的再输出发生影响，直至达到预定的目标的过程。反馈原理是指在因果性和目的性之间建立一种紧密联系，以保证系统始终围绕既定的目标运转的理论。反馈原理对侦查中的每个环节的作用都是明显和有效的，由于侦查活动涉及诸多不确定因素，因此侦查方案的制定、选择和实施，都必须以前一个侦查行为的结果为基础，也就是建立在前信息反馈结果的基础之上。假如侦查中没有准确的反馈信息，就不能对下一步侦查的进程进行准确部署，反馈的最终目的在于对客观变化的情势做出正确的反应。

3. 能级原理

能级原理是指任何稳定的管理系统，必须由具有不同层次和不同能级组成的复杂系统，系统中每一个单元都根据本身所具有能量的大小，以及各单元之间能够产生的相互作用而处于不同的地位，从而发挥各自应有的作用。侦查管理是需要建立一个合理的能级，使不同岗位的人员都能最大限度地发挥作用。能级原理在侦查管理中具体表现为：一是应确定各个系统管理能级的划分，二是能级应与权益相对称，三是能级应与人才动态相对应。

4. 弹性原理

弹性原理是指管理系统必须保持足够的弹性，能够及时适应系统外部各种可能的条件变化，使管理工作得以连续有效地进行。侦查管理运用弹性原理指导管理系统，能够增强侦查管理系统的应变能力，提高侦查管理的有效性和灵活性，避免和消除突发因素对侦查管理造成的消极影响。

5. 动力原理

动力原理是指在管理中积极有效地使管理的诸要素发生作用，产生强大的合力作用，使管理活动持续、高速地进行。管理中的基本动力有三类，即物质动力、精神动力和信息动力。物质动力主要是对人的物质鼓励和经济效益，精神鼓励主要是以人生信仰、精神奖励和常规的思想工作，信息动力是在管理中以及时、准确、适量的信息内容推动管理系统的运转。

（三）侦查管理的内容

1. 刑事案件管理

刑事案件是侦查活动的对象，对刑事案件的管理是根据法律规定确定刑事案件的立案标准和管理范围。侦查机关为了及时有效地侦破各类刑事案件，必须加强对职权范围内的刑事案件进行管理；这对于各侦查机关在侦破刑事案件工作中充分发挥主动性和积极性，明确侦查责任和强化对侦查工作的领导与监督，协调各侦查部门之间和上下级部门之间的协同作战，都具有特别重要的意义。

刑事案件管理主要是对案件的管辖。因此，正确划分刑事案件的管辖范围，是保证刑事诉讼的侦查程序顺利进行的重要环节。

（1）刑事案件的职能管辖。刑事案件的职能管辖是根据公、检、法三个机关的不同职能和刑事案件的不同种类，划分各自对刑事案件管辖的范围，是三个机关对直接受理的刑事案件的管辖范围的分工。职能管辖是司法机关依法行使职权原则的具体化。

（2）刑事案件的级别管辖。刑事案件的级别管辖是根据侦查机关的级别和刑事案件性质、种类和程度划分的侦查管辖。不同性质和危害后果的刑事案件，分别由不同级别的侦查机关负责立案侦查。

（3）刑事案件的专门管辖。刑事案件的专门管辖是根据刑事案件的地域性和行业性特征，划分由不同的专业侦查机关负责立案侦查特定地域或特定行业的刑事案件。我国的监狱、军队、铁路、民航、交通、林业等专门的公安机关，分别负责各自系统内的刑事案件的立案侦查。

（4）刑事案件的指定管辖。刑事案件的指定管辖是根据遇到管辖不明或管辖争议的刑事案件时，同一系统和同一级别的侦查机关应由共同的上级侦查机关，依据有利于开展侦查的原则进行指定管辖。

2. 刑事技术管理

刑事技术管理是根据刑事技术工作的规律和特点，运用现代管理科学的理论和方法，通过发挥组织、计划、指挥和服务等管理职能作用，对刑事技术系统中的人、财、物进行有效的管理，使刑事技术的整体能力得到充分的利用和发挥，以满足和支撑侦查工作的需要。

刑事技术要发挥人员特长和提高仪器设备的使用率，就必须通过科学有效的管理来实现。管理的内容包括：

（1）刑事技术人员管理。刑事技术加强对人员的管理是获取最大效益的前提。在刑事技术管理中做好对技术人员的管理，就能够有效地提高人员在工作中的积极性和创造性，能够更好地为侦查破案服务。对刑事技术人员管理主要是技术人员的选配与培训，技术人员的考核与奖励。

（2）刑事技术基础管理。刑事技术基础是刑事技术管理的核心与基础。刑事技术管理的计划与决策、组织与训练、指挥与协调、监督与控制等职能作用，只有建立在良好的基础之上才能产生最佳的管理效益。刑事技术基础管理主要包括各项规章制度的制定，侦查、科研所需或用于计划、决策、考核等的信息资料，用于侦查破案的各种档案建设等。

（3）刑事技术器材管理。刑事技术器材是侦查破案方法先进与落后的重要标志。刑事技术器材管理主要是通过建立一整套计划周到、安排合理，对器材设备的购置、使用、维护、检查和修理等的管理措施，充分发挥和提高仪器设备的利用率，避免盲目购置和不当使用仪器设备造成的后果。

（4）刑事技术科研管理。刑事技术科研是刑事技术创新和发展的主要渠道。刑事案件的隐蔽性、智能性、虚拟性给刑事技术提出新的挑战，探索各种侦破案件的新技术和新方法，成为提高刑事技术手段现代化水平的重要途径。刑事技术科研管理主要包括：刑事技术科研内容与课题的申报管理，刑事技术科研成果的鉴定与推广应用管理。

3. 侦查情报管理

侦查情报是指侦查机关通过各种合法、有效的方法和途径，及时获取的具有侦查价值的各种信息。侦查情报是为适应侦查的需要产生的侦查业务，是侦查的一项重要的基础业务建设。侦查实践证明，侦查情报的建立与发展，不仅可以多方面地收集犯罪情报信息，提供侦查破案的线索和证据，提高刑事案件的破案效率；而且能够及时发现和控制重大预谋犯罪案件、团伙犯罪案件，达到主动出击先发制人的目的。

侦查情报管理是指对与侦查有关的信息按照侦查的需要，进行搜集、整理、储存、检索和传递的一系列专门业务。在现代科学技术高速发展的今天，侦查情报涉及的种类和范围更加广泛，侦查情报的表现形式和传递方式愈来愈多样化、自动化，侦查情报在侦查中的作用越来越重要。侦查情报对侦查不可或缺的重要作用，在客观上要求必须对侦查情报进行系统和科学地管理，使侦查情报更好地为侦查破案服务。

侦查情报是侦查机关开展侦查的重要依据和基础，侦查情报管理对侦查的意义主要在于：一是系统和科学管理侦查情报，可以为侦查争取主动出击刑事犯罪提供可靠信息。二是系统和科学管理侦查情报，可以为揭露流窜犯罪和系列犯罪案件提供充分证据。三是系统和科学管理侦查情报，可以有利于加强地区之间和部门之间的协作与配合。四是系统和科学管理侦查情报，可以有利于预测犯罪趋势，为制定侦查部署提供依据和预防犯罪提供方向。

侦查情报管理的内容主要有：

(1) 侦查情报的收集。侦查情报的收集是指侦查部门与人员运用各种侦查措施和方法，有效获取各种与犯罪有关的情报资料的过程。侦查情报的搜集是侦查部门获取和积累情报资料的有效方法，也是侦查部门做好情报管理的前提和基础。

侦查情报搜集的内容和范围相当广泛，凡是与侦查破案和预防犯罪有关的信息，以及与刑事犯罪有关的一切事实和现象等各种信息，都属于侦查情报搜集的范围。具体包括：人员情报资料、案件情报资料、物品情报资料、线索情报资料。

侦查情报的搜集方法根据情报的种类和特性有所不同。侦查情报搜集可采用情报部门的专门搜集与侦查人员的搜集相结合，侦查部门的搜集与其他部门的搜集相结合，集中搜集与平时积累相结合的方法进行。具体搜集的方法：通过各种侦查措施和侦查方法进行搜集，通过运用刑事技术手段进行搜集，通过其他方法进行搜集。

(2) 侦查情报的储存。侦查情报的储存是指将搜集的侦查情报，按照一定的方法进行分类和整理，形成有序和有用的档案资料以备应用的一项专门工作。

侦查情报储存的内容包括：作案人基本情况储存、指纹足迹储存、外貌特征储存、作案方法手段储存、痕迹物品储存、有关线索储存、样品和样本储存。

侦查情报储存的方式有：文字储存、图像储存、音像储存、实物储存、复制品储存。侦查情报资料储存的方法主要有手工储存和计算机储存，其中以计算机储存为主。

(3) 侦查情报的检索。侦查情报的检索是指根据侦查破案的需要，通过检索语言和检索指令，在大量的储存情报中查找出符合要求查找特征情报资料的过程。侦查情报检索是一项专业性极强的工作，不同种类和特性的情报检索方法差别极大，一般检索要由专业检索人员进行。

侦查情报检索的方法可以分为两大类：一是人工检索，另一类是计算机检索。侦查情报的人工检索是指运用手工的方法检索侦查情报资料。侦查情报的计算机检索是指运用计算机技术于侦查情报资料检索的方法。

(4) 侦查情报的利用。侦查情报的利用是指在侦查破案和预防犯罪过程中，以侦查情报为线索和依据，实施侦查行为和处置案件的过程。

侦查情报的利用根据对象和范围的不同，可以分为个案侦查情报的利用，类案侦查情报的利用，有组织案件侦查情报的利用，预防犯罪情报的利用。

4. 侦查队伍管理

侦查队伍管理是指通过对侦查人员的发现、选拔、培训等一系列过程，发挥侦查人员的个人特长和积极作用，更好地为侦查破案服务。侦查队伍的建设关键在于侦查队伍的管理。侦查队伍管理的意义表现在：

一是侦查队伍的管理是侦查人员各项管理的核心。侦查人员既是侦查活动的执行者，又是侦查活动的主体和承载者，是侦查管理系统基本的活的要素。因此，无论是政治思想的管理，还是行政和业务管理，都直接或间接地涉及对侦查人员的管理。

二是侦查队伍的管理是发挥侦查人员作用的关键。侦查队伍管理的水平高低，直接反映侦查工作的质量和成效。侦查队伍管理的水平主要体现在，侦查中合理地安排侦查力量，积极创造条件和恰当协调各方面关系，充分调动侦查人员的工作积极性和创造性，最大限度地发挥每个侦查人员的作用。

三是侦查队伍的管理是推动侦查工作进程的动力。侦查队伍的管理包括侦查队伍的组织和规划，侦查人员的选拔、使用和培养等，都离不开侦查队伍的建设，侦查队伍的建设是推动侦查事业发展的内在动力，是提高侦查破案的能力，实现揭露和打击犯罪目标的保障。

第二节 侦查的机构与队伍

侦查主体是指承担侦查职权和行使侦查行为的侦查机构和侦查人员。对侦查主体的演化规律与社会发展的规律结合起来考察，可以发现侦查发展的过程也是侦查主体性质转化的过程，即侦查发展的历史是由侦查主体的个人化向国家化转化，侦查主体的国家化向社会化转化的历史[①]。

一、我国的侦查机构

侦查机构是指行使侦查权的侦查职能部门。侦查机构是侦查的主体和侦查主体的载体，侦查机构具有极强的专业性和特殊性，故而侦查机构的设置有其专业性与特殊性特点。

（一）我国侦查机构的管辖

侦查机构的管辖是指侦查机关根据种类和级别以及刑事案件的性质，依法确定的各自侦查权限管辖的范围。侦查管辖是侦查主体职能分工的重要依据，是有效和顺利进行刑事诉讼活动的前提。我国侦查管辖有：职能管辖，即根据侦查机关及其内部各部门职能划分的管辖；级别管辖，即根据侦查机关的级别和案件性质、种类与后果划分的管辖；地域管辖，即根据同级侦查机关之间地域划分的管辖；专门管辖，即根据有突出地域特征和行业特征划分的管辖。

1. 公安机关的侦查机构

（1）公安部的侦查机构。公安部的侦查机构主要有：国内安全保卫局，负责管理和指导全国的危害国家安全等案件的侦查，并直接侦办少数自己管辖的案件。经济犯罪侦查局，负责管理和指导全国的经济犯罪案件的侦查，并直接侦办少数自己管辖的案件。刑事侦查局，负责管理和指导全国普通刑事案件的侦查，并直接侦办少数自己管辖的案件，设有案件管理与指导、信息情报、技术鉴定、行政管理、科学研究等业务机构和国际刑警中心局。禁毒局，负责管理和指导全国的走私、贩卖、运输、制造毒品犯罪案件的侦查。

另外，双重领导的局有铁道部公安局、交通部公安局、国家林业公安局、民航总局公安局和海关缉私局等。

（2）省、自治区、直辖市的侦查机构。各省、自治区、直辖市的公安厅（局）的侦查机构主要有：国内安全保卫处、经济犯罪侦查处、刑警总队（刑侦处）、禁毒处。部分公安厅（局）设有刑侦局。省级侦查机构主要管理和指导辖区范围内的侦审工作，并直接侦办少数案件，在业务上接受

① 刘小和：《侦查主体论》，中国人民公安大学出版社2008年版，第92页。

公安部相关部门的指导。

(3) 市、县的侦查机构。市、县的侦查机构一般分为国内安全保卫、经济犯罪侦查、刑侦等部门，负责本辖区内案件的侦查。

2. 检察机关的侦查机构

人民检察院的侦查主要是对国家工作人员利用职权的职务犯罪案件的侦查。人民检察院设立反贪污贿赂部门、渎职侵权检察部门、监所检察部门进行案件的侦查。

3. 国家安全机关的侦查机构

国家安全机关是从公安机关中分离出来组建而成。国家安全机关的各级侦查机构的规模和职能，与各级公安机关的政治侦查机构相类似，但国家安全机关的技术侦查力量更强，秘密侦查的措施应用的范围更广泛。

4. 解放军政治部的侦查机构

军队保卫部门在军以上的政治保卫部设有侦查处或科，依法负责发生在军队内部刑事犯罪案件的侦查和调查。

5. 监狱部门的侦查机构

监狱部门的侦查机构是侦查罪犯在服刑中重新犯罪案件的职能机构。司法部监狱局设立狱政处负责狱内侦查，各省、自治区、直辖市的监狱局设立狱政科负责狱内侦查，各监狱设立狱政科（股）、监区和分监区设立兼职狱政干事负责狱内侦查。

（二）我国侦查机构的职责

侦查机构的职责是侦查机构任务的具体化和制度化。侦查机构各部门明确合理的职责分工，有利于各部门在所属范围内有效地履行职责和行使权力，有利于调动各部门积极性和个人创造性的发挥。

1. 不同层次侦查机构的职责划分

从侦查体制管理的角度看，侦查机关可以分为决策层、管理层、执行层和操作层。从全国侦查机关的设置看，侦查系统中公安部刑事侦查局是决策层，省、自治区、直辖市公安厅（局）刑事侦查处或局、刑警总队，地区公安处刑事侦查科或刑警支队属于管理层，县、市、区公安机关的刑警队或大队是执行层，省辖市公安机关的刑警大队或支队，在市、县的行政体制下具有管理层和执行层的双重功能。我国侦查系统中没有独立的操作层，操作层的职能依据操作项目的内容，分布在不同的层次之中。各层次具体的职责如下：

（1）决策层。公安部刑事侦查局的职责：依照国家法律、法规，起草侦查工作方面的章程、规定、条例、实施细则等，经公安部领导审核发布实施；调查、汇集、研究、分析全国刑事犯罪的情况、动向和规律，制定全国性的犯罪对策、工作方针、措施和规则、组织经验交流；掌握全国特大刑事案件的发生、破获情况，以及其他严重、突出的刑事案件的侦破情况，检查、指导、督促侦查破案工作，必要时派人直接参与和指导特大刑事案件的侦破；直接承办上级交办的案件；制定刑事科学技术、器材、装备等方面的规划，根据需要向科学技术部门提出研究课题和要求，组织新技术的引进和推广，指导和装备各级技术中心、技术点；组织跨省较大的刑事案件的并案侦查和其他重大刑事侦查活动，发挥调度指挥功能发布全国性的通缉通报，发挥全国刑事犯罪情报资料中心的作用，向基层提供信息支援和咨询服务。

（2）管理层。省、自治区、直辖市公安厅（局）刑事侦查处或局、刑警总队，地区公安处刑事侦查科或刑警支队的职责：调查、汇集、研究、分析辖区刑事犯罪的情况、动向和规律，制定刑事侦查工作计划、规划及总结工作，针对辖区刑事犯罪活动的具体情况，制定侦查工作对策和措施；通过深入实际、调查研究、召开会议、下发文件等形式，对辖区刑事侦查工作进行业务指导和交流工作经验，传达贯彻公安部或刑事侦查局在业务方面的指示和通报等；掌握辖区重大、特大刑事案件的发生和破获情况，以及其他重大刑事犯罪的情况，检查、指导和参与侦破工作，根据有关规定及时向公安部刑侦局和当地党委、政府报告特大刑事案件的发生和破获情况；及时组织所属基层单位对发生的严重暴力犯罪、恐怖犯罪，以及其他危害严重的特大案件，做出快速反应和果断采取应急措施，防止危害扩大并力争将犯罪制止或破获在预谋之中，尽快缉捕犯罪嫌疑人；派人参与、指导侦破情节和影响很大的特大、恶性重大案件，或在一地连续发生严重破坏社会治安秩序的刑事案件，其中跨省、市发生的案件要指定专人组织并案侦查；承办公安部、省政府依法交办的刑事案件；向下发出刑事犯罪情报通报，加强信息交流和开展协同作战，发布全省或地、市的通缉通报；组织开展以加强隐蔽力量建设为中心的基础业务建设，总结经验和指导基层；进行刑事统计及有关数字和报表的汇总，及时向上级部门提出刑事统计报告。

（3）执行层。县、市、区公安机关的刑警队或大队的职责：制定基层侦查的计划和总结工作，深入调查及时上报刑事犯罪活动情况，结合辖区刑事犯罪活动情况，认真贯彻落实上级业务部门的部署和指示；总结工作经验和教训，撰写专题报告或典型案例，及时向上级报告刑事犯罪活动出现的新情况、新特点和新趋势；负责侦破侦查部门管辖的全部案件，承办上级业务部门交办的案件，认真落实破案工作的岗位责任制；广泛开展和加强隐蔽力量、刑嫌调查控制、堵卡网点设置，以及控制流窜犯和阵地控制等方面的基础业务建设；全面、细致地做好刑事犯罪情报资料的收集、整理、登记工作，加强刑事档案建设，结合现实认真分析、检索刑事犯罪档案资料，为侦查破案提供情报服务；搞好三级技术点建设，不断提高勘查率、痕迹物证的采获率和痕迹物证利用率；指导基层派出所对一般刑事案件的侦破，并负责向派出所民警进行侦查业务知识等方面的教育；及时准确地完成刑事统计、调查、整理工作，按时提出各项刑事统计报表和报告。

2. 同一层次侦查机构的职责分工

（1）秘书部门。在刑警大队机构设置中秘书部门是个综合部门，具有协助领导发挥刑警机构的控制、指导和服务的功能，是刑侦机构内部的一个中心枢纽，也具有一定的实战功能。具体职责是：制订综合性工作计划，负责侦查队伍装备的购置规划；管理和建设刑事档案，完成各项刑事统计和分析工作，为有关部门提供各种刑事数据；负责有关会议的筹备组织工作，以及与有关部门的联系和接待群众来信来访；对辖区刑事犯罪的情况、动向、规律进行调查研究和分析预测，为侦查指挥员的决策提供服务；结合实际组织学术研究活动和基层刑警的业务培训。

（2）技术中队。刑事科学技术是侦查工作的重要组成部分，具有为侦查破案提供方向、线索和证据的功能，是刑侦机构内部的一个关键部门，具有实战的功能。具体职责是：通过对现场勘查和痕迹、物证等发现、提取和检验，为分析研究案情和采取侦查措施提供技术指导与意见；检验和鉴定与犯罪有关的痕迹、物证，为侦查破案提供线索与证据；搜集、分析、管理刑事科学技术情报工作，向有关部门提供和输送刑事科学技术情报资料；组织经验总结和交流活动，为辖区刑警队培训技术骨干；开展刑事科学技术研究活动，大力引进先进科学技术，推广应用先进刑事技术方法，促进刑事科学技术的现代化。

（3）情报中队。犯罪情报资料建设是刑事侦查的基础工作，情报资料部门是侦查系统的信息机构，是侦查工作的重要和关键的业务部门。具体职责是：搜集、分析、储存管理刑事犯罪情报资料，通过处理情报资料侦破现行案件和积压案件；向上级输送经过整理和复核的原始资料，为丰富更高一级情报资料中心的储存提供服务；向实战单位和基层部门提供利用情报资料的指导性意见，向有关部门提供犯罪情报咨询服务；研究刑事犯罪情报资料系统的开发应用，发挥情报资料的最大效益。

（4）刑警中队。责任区刑警中队是侦查系统的基层实战部门，主要任务是侦查破案和侦查基础工作。具体职责是：对本责任区负责侦查破案，对其他责任区提供线索和协助抓捕犯罪嫌疑人；建设责任区的基础工作和刑嫌调查工作，建立基层情报网络系统；通过破案掌握和分析辖区的犯罪情况与特点规律，发现防范漏洞与问题并提出建议与措施；在刑警支队和大队的统一领导指挥下，参加重大和特大案件的侦破。

二、我国侦查的队伍

侦查队伍是指构成行使侦查权的人员组成。侦查队伍是侦查权的具体执行者，侦查队伍的结构和素质直接关系到侦查的质量，侦查队伍的结构和人员的素质是侦查队伍建设的关键。

（一）我国侦查队伍的结构

1. 侦查队伍的职类结构

侦查队伍的职类结构是指从事不同性质侦查业务的侦查人员，在侦查队伍中的比例构成与相互关系。职类是按侦查业务的不同性质和特点进行的基本分类。主要包括：

（1）侦查人员。侦查人员是指专职从事案件侦查的人员，侦查人员是侦查业务的主导力量。侦查部门的侦查队伍质量的高低，取决于拥有优秀侦查员的数量多少，而优秀侦查人员的数量在于使用和培养教育。

（2）技术人员。技术人员是指专门从事刑事技术引进、开发、研究的人员，从事犯罪痕迹物证的发现、提取、检验和鉴定的人员。侦查队伍侦查破案质量的高低，取决于拥有高级技术人员和良好设备的数量。

（3）情报人员。情报人员是指专门从事犯罪情报搜集、储存、分析和检索，为侦查破案提供犯罪信息和信息的人员。其中包括各类案件相关资料的统计人员，情报资料计算机系统管理人员和阵地控制及特情管理人员。

（4）调研人员。调研人员是指专门从事侦查业务情况的调查、分析和研究的人员。管理人员主要是将侦查中的新经验和新问题，以及犯罪活动的各种情况进行总结归纳，提供给侦查部门领导作为决策的依据。

(5) 管理人员。管理人员是指专门从事组织指挥、政治思想和后勤保障的人员。管理人员主要是从思想上、组织上和物质上，为侦查破案的顺利完成提供精神和物质方面的保障。

在侦查队伍中以上职类人员的结构应各占适当的比例，其中侦查人员应当不少于五分之二，侦查技术人员和情报人员应当各占五分之一。

2. 侦查队伍的年龄结构

侦查队伍的年龄结构是指在一个侦查队伍内，各类年龄侦查人员的比例构成及侦查队伍的社会年龄构成。侦查队伍的年龄结构关系到侦查队伍的创造力和生命力。侦查人员的年龄与其创造力有密切关系。因为侦查活动是一种复杂的创造性思维活动，侦查人员所具备的知识和经验的丰富程度，记忆力和理解力的强弱程度，以及分析判断能力和精力旺盛程度等都与年龄因素有关。对一个侦查员来说，年龄与其创造力的最佳结合时期，是创造力最强和效能最高的时期，堪称为最佳年龄期。根据人的自然年龄与实践证明，侦查人员的最佳年龄期为25～45岁之间。当然，侦查人员的最佳年龄期在不同国家、不同时代、不同岗位，也有不同的要求和一定的差别。一般来说，侦查队伍的年龄结构严重老化，侦查队伍青黄不接和文化程度偏低，具有丰富实践经验和分析判断能力的中、青年侦查人员数量太少，这种状况会严重影响侦查队伍的创造力和战斗力。

（二）我国侦查队伍的管理

1. 侦查队伍的人员管理

(1) 侦查队伍的人员管理是侦查各项管理的核心。侦查队伍的人员管理是通过对侦查人员的发现、选拔、培训等各项活动，发挥侦查人员在侦查破案中的主力军作用；侦查人员既是侦查活动的主体，也是侦查管理的基本构成要素；因此，思想管理、行政管理和业务管理等方面，都直接或间接地涉及到对侦查人员的管理，侦查队伍的管理是以人的管理为中心。

(2) 侦查队伍的人员管理是侦查目标实现的关键。侦查队伍的人员管理是直接体现在侦查工作成效上的标志，管理方法科学和管理经验丰富的侦查队伍，在侦查中能够合理安排侦查力量，积极创造条件和主动协调各方关系，能够充分调动侦查人员的工作积极性和主动性，以最大限度地发挥每个侦查人员的能力和作用，为实现侦查目标和提高侦查破案的能力服务。

(3) 侦查队伍的人员管理是侦查事业发展的动力。侦查队伍的人员管理是侦查业务建设和侦查事业发展的动力，侦查队伍管理的内容包含侦查队伍的组织和规划，侦查人员的选拔、使用和培养的基础性内容；为保证侦查队伍具有饱满的精力和充足的战斗力，对侦查队伍的组织和规划是关键。

2. 侦查队伍的奖惩管理

（1）侦查队伍的奖惩管理是侦查管理的重要方式。侦查队伍的奖惩管理是依据有功必赏和有过必罚的原则，只有赏罚分明、奖惩严明才能鼓励先进和教育后进。在奖惩制度的实施中要坚持精神鼓励与物质鼓励相结合，惩处与教育相结合，以此激励和调动侦查人员的积极性与创造性。

（2）侦查队伍的考核管理是侦查人员的综合评价。侦查队伍的考核管理是依据《人民警察法》等有关法律和法规，对侦查人员承担和完成的工作量的情况，以及在侦查中创造的社会效益进行公正合理的评价，并依据其各项工作表现予以奖励和惩罚的制度。考核的内容主要包括侦查人员的德、能、勤、绩等方面。

第三节　侦查的人员与素质

侦查主体作为承担复杂而专业任务的组织，其认识与实践能力即侦查破案的能力和效力，除受一定组织管理状况相关因素的制约外，在很大程度上还取决于这个组织成员个体素质的高低。侦查人员的素质是整个侦查队伍和组织素质的反映，侦查队伍和组织的素质集中体现在侦查破案的能力与效力上。

一、我国侦查人员的职权

（一）我国侦查人员的地位

侦查人员是国家法律授权行使侦查职权的专门力量，是侦查主体的主要力量和重要组成部分。侦查人员是国家警察的一种类型，其职责是通过对刑事案件的侦破和预防犯罪，收集证据查明案件事实真相证实犯罪，查获犯罪嫌疑人并提交审查和审判，从而维护国家安全和社会治安秩序。在现代市场经济社会中，刑事案件的侦查破获是打击和惩罚犯罪，维护社会治安秩序和经济秩序的重要手段。刑事警察是国家警察的重要组成部分，是警察中的一个主要警种。刑事警察因其工作对象的复杂性和工作性质的特殊性，对人员的素质和条件与其他警种相比有较高的要求；国外将刑事警察视为警察中的"佼佼者"，我国则将刑事警察视为警察中的"精英"；又因为刑事警察主要运用智力、心理和毅力与犯罪嫌疑人进行较量，具有创造性的智力劳动者的工作特点；所以受到社会的普遍尊重，社会地位也较其他警种高一些。在中国近代有学者把刑警喻为"民众的神经末梢"，在现代有人把刑警喻为"维护国家治安的哨兵"。国外则把侦探视为"当代社会智慧最高的人"，把刑警称为"带枪的社会工作者"①。

（二）我国侦查人员的职权

侦查人员在侦查中依法行使以下职权：

（1）依法对刑事案件申请立案侦查、对现场勘验、对人身检查的权力；

（2）依法对犯罪嫌疑人执行逮捕、拘留、搜查及采取其他强制措施的权力；

（3）依法对犯罪嫌疑人讯问、对被害人和证人询问及其他人员调查的权力；

（4）依法对犯罪嫌疑人的存款或赃物实施查询、扣押、冻结的权力；

（5）依法对犯罪嫌疑人的通信进行检查和实施技术侦查措施的权力；

（6）依法对案件的物证和书证以及涉案人员的精神或伤情进行鉴定的权力；

（7）依法对不吐露真实姓名、住址和来历有犯罪嫌疑的人员传唤的权力；

（8）依法对犯罪嫌疑人进行辨认、对现场进行指认和通缉堵截的权力；

（9）依法对拒捕、袭击、抢夺枪支及暴乱、骚乱的紧急时使用武器的权力；

（10）依法在追捕人犯、抢救公民生命的紧急情况下可调用单位或个人交通工具或通讯工具的权力。

二、我国侦查人员的素质

侦查人员的素质既是招募合格侦查人员的条件，也是培养和训练合格

① 任惠华：《侦查学原理》，法律出版社2002年版，第245页。

侦查人员的方向。有学者认为："由于现代科学的犯罪侦查乃属于一项具有高度专业性、复杂性，以及强调团体组织分工合作之活动，且须依照刑事诉讼法规定的程序进行。因此，犯罪侦查活动之指挥主导者与实施执行者，不仅应具有相当程度的法律素养，同时更应具有专业的刑事科学侦查与刑事科学鉴识的知识与能力，此外，尚须拥有丰富的侦查实务经验以及完善充足的仪器设备与人力，否则难以胜任。"①

（一）素质的概念

素质一般被认为：（1）人或事物在某个方面的本来特点和原有基础②；（2）人在实践中增长的修养，如政治素质、文化素质；（3）在心理学上，指人的先天的解剖生理特点，主要是感受器官和神经系统方面的特点。是人的心理发展的生理条件，但不能决定人的心理内容和发展水平。人的某些素质上的缺陷可以通过实践和学习获得不同程度上的补偿。也有人认为："所谓素质，可以概括地表述为：个体得自遗传的智能和气质乃是素质得以形成的出发点，从外界输入的直接体验与间接经验是素质发展不可或缺的诱因和材料。在主体对外部材料进行加工的过程中逐渐确立自己的认知结构，情感结构和行为模式，最终内化为以能力与价值观为核心的个体素质，它与个体的人格特性融成一个统一体。人体对特定事物所持的态度和处理特定问题时对知识和技能的运用，便是素质的外化形式。"③

"素质"是一个多义词，依据不同的观察层面对素质一词的理解会有不同。在心理学上，素质是指"有机体以遗传为基础的解剖和生理特点，主要是人的感觉器官、运动器官、神经器官特别是脑的构造与生理机能方面的特点。"④ 在此，从人的实践能力角度来认识"素质"一词，它既包括心理上的素质含义，也指人的修养，是一个综合概念。它是以先天的生理和心理特点为基础，在后天的实践中得以进一步塑造而成。这种以先天的特点为基础在实践中塑造而成的心理特点，是在实践中逐步体现和表现出实践的能力和水平。然而，由于人们从事的行业各有不同，具体实践性的差异造成的功能性需求不同，从而表现出各行各业的职业素质要求不同；不

① 褚剑鸿：《侦查机关与侦查犯罪权限之比较研究》（下），载台湾《法令月刊》第48卷第9期，第19页。

② 《辞海》（缩印本），商务印书馆1989年版，第1378页。

③ 钟启泉：《"素质"与"素质教育"》，载《教育参考》2000年第3期。

④ 孟昭兰：《普通心理学》，北京大学出版社1994年版，第445页。

同的职业存在着对从业者不同的素质要求，相同行业中的从业者的素质也有差别。

（二）素质的特征

素质是人在先天生理遗传的物质基础上，受后天环境和教育的影响，通过个体自我的认识体验和社会实践，逐步养成的比较稳定的基本品质。这种受环境和教育双重影响的基本品质，不断以“知识积累内化”改变其存在状态和水平。有鉴于此，素质的特征应包含以下几个方面[①]：

1. 稳定性和可变性。素质的稳定性是相对的。素质是“以遗传为基础的解剖和生理特点”，以这种特点为基础受后天因素的影响而形成。这种先天遗传的物质基础自始至终都在起作用，所以，人的素质具有相对稳定性。也正是这个原因，一个行业在选择用人时，一般要进行心理素质的测定和评断，以决定人选是否符合行业用人的特点，这一举措在国外最为盛行。

素质的可变性是绝对的。素质是人在后天环境和教育影响下养成，表现为可塑性的特点；所以，不同的行业对从业人员都需要进行素质教育和培训，以达到或接近行业对从业人员的素质要求，以便使从业人员与行业发展的需要同步。

2. 潜在性和外化性。素质的潜在性是指一个人素质的高低与否，不是通过一眼就可以看清楚，而是必须通过观察该人的言行举止和实践活动，才能判定其素质的高低；即使具有明显外在形象和体格特征的人，也有可能与其表象不同存在外强中干的情形。在一般情况下，人类劳动效率的高低取决于其素质潜力的发展与发挥；而人的素质潜力是否得以充分发挥，又与劳动机制有很大的关系。

素质的外化性是指一个人的素质可以通过其外在的行为进行判断。人的潜在的素质和外化的表现，也有不一一对应的情形；所以，一般情况下对素质的判定，不能根据一两次观察来下结论。

3. 基元性和多元性。素质的基元性是指任何人的素质都是在遗传的基础上发展而来。这种“以遗传为基础的解剖和生理特点”是比较稳定的，它是一个人日后素质发展的基础，这也是行业职业选择进行心理测试的理

---

① 有人认为素质的特征有四：相对稳定性，可变性，潜在性和外化性。呼延振帮：《现代武警素质》，群众出版社 1996 年版，第 40—42 页。还有人认为素质具有三个特征：静态生存性，动态生存性和多元系统性。李忠信：《公安警察素质现状论文集》，中国人民公安大学出版社 2001 年版，第 53 页。

论基础。

素质的多元性是指素质是由多方面构成的一个复杂的系统。“人是社会的总和”，社会关系的和谐性是一个人能力发挥的基础；所以，一般来说，在人的多元素质中，以诚信为基础的道德处在多元素质中的基础地位。

（三）素质的形式

对侦查人员的素质在国内绝大多数教材中大致是从四个方面进行分类：政治素质，业务素质，生理素质，心理素质[①]。而相关专著和教材对刑警素质的分类更为多样：政治素质，业务素质，道德素质，法律素质，心理素质和知识素质等[②]。

在对侦查人员素质研究极少的国外教材中，美国学者在《刑事侦察基础知识》一书中，却对侦查人员的素质作了较为详细的研究；将其研究侦查人员素质的内容按顺序可以概括为：观察能力、写作能力、擒拿能力、社交能力、自信心、兴趣感、献身精神、独立操作能力、谦虚、有毅力和耐力、想象力和思维能力、记忆力和自学能力、应变能力、法律知识、一般体貌（包括男女警员的搭配）[③]。

根据目前的研究表明，侦查人员的素质结构应该表现为以下基本形式：

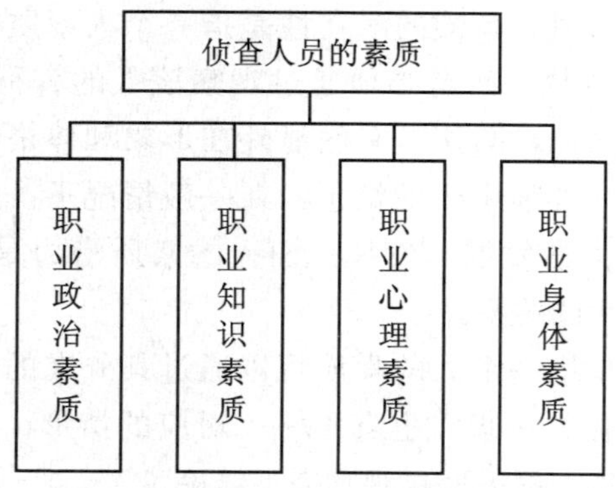

1. 职业政治素质

职业政治素质是以人的政治立场和政治观点为核心。其表现为：

① 徐立根：《侦查学》，中国人民大学出版社 1990 年版，第 19 页。王国民：《新编刑事侦察学》，中国人民公安大学出版社 1996 年版，第 48 页。

② 孟宪文、宋浩波：《刑事警察素质》，群众出版社 1995 年版。邹明理：《侦查理论与实践研究》，警官教育出版社 1999 年版，第 307 页。

③ 〔美〕唐纳德·舒尔茨：《刑事侦察基础知识》，孙罗嘉译，群众出版社 1986 年版，第 7 页。

一是理想。理想是人们在实践中形成的具有实现可能性的对未来的向往和追求，是人们政治立场和人生观、世界观在自我奋斗目标上的表现。社会理想分为共同理想和最高理想。个人理想要服从整个社会的共同理想，倘若要想成为一名优秀的侦查员，则首先要树立有坚定的政治立场，坚定的政治立场是侦查人员必须具备的政治素质；其次要有爱岗敬业的精神，愿意把自己的全部精力和才智乃至生命献给这项崇高的事业。

二是道德。道德是社会用以调整人们之间及个人和社会关系的总和（包括社会公德、职业道德、家庭美德）。在这里道德是指侦查人员应当树立的职业道德[①]，良好的职业道德是侦查人员必须具备的道德素质。在侦查中会比任何一项工作更多地触及到道德与人性的边界，时时处处依据法律规范和道德标准约束和衡量侦查行为，是侦查人员良好人性与职业道德的充分体现。

三是纪律。纪律是侦查队伍和侦查人员的生命线。侦查机关和人员是准武装性质的组织和成员，国家对侦查机关和人员的纪律上升到法律的高度，足见其纪律的严格性、严明性和严肃性；《中华人民共和国刑事诉讼法》、《人民警察职业道德规范》、《人民警察法》、《人民警察奖惩条例》、《公安机关督察条例》等法律法规的颁布，使侦查人员在思想上认识到组织纪律的重要性，从而形成一种约束力并养成普遍遵守纪律的良好习惯。

2. 职业知识素质

职业知识素质是从事一种职业的必备知识结构和知识储备。侦查人员应当具备的职业知识素质主要包括：

一是职业业务知识。侦查人员必须精通侦查理论和相应的法律知识，熟悉现有犯罪的一般规律和常规犯罪的基本特点；掌握侦查相关的诸如物证技术学、法医学、司法精神病学、司法会计学的基本知识，了解和关注侦查最新相关技术领域的发展动向。

二是职业文化知识。侦查人员除了必须具有扎实的职业业务知识外，还要有广博的人文科学知识和现代科学技术知识；现代侦查活动涉及科学文化知识的领域越来越广泛；一方面科学文化知识是侦查人员自身素质的重要体现，无论是在侦查的分析判断还是调查追捕中，全面的科学文化知识是侦查人员胜任侦查工作的前提；另一方面科学文化知识也是侦查人员

---

① 邹明理：《侦查理论与实践研究》中作者认为职业道德应包括：1. 忠于职守、热爱工作；2. 秉公办案、刚正不阿；3. 实事求是、光明磊落；4. 吃苦耐劳、勇于献身；5. 廉洁奉公、清正无私；6. 相互支持、协同作战。

提高自身素质的基础条件，无论是与现代社会保持同步发展还是提升自身业务水平，全面的科学文化知识无疑是更上一层楼的坚实基础。

三是职业业务技能。职业业务技能仍是侦查人员胜任侦查工作的前提，侦查是一项专业性和特殊性极强的工作，所以在客观上要求从事侦查工作的人员，必须具备熟练的侦查职业业务技能。同时，侦查又是一项复杂性和危险性极强的工作，完成侦查任务不能仅凭主观愿望和一腔热情；因此，侦查人员不仅要具备熟练的侦查职业业务技能，还要具备熟练的侦查职业丰富的实践经验。

3. 职业心理素质（主要从功能上说[①]）

侦查人员应当具备的职业心理素质从能力的功能上可以分为：

一是认知能力[②]。包括观察能力、记忆能力、想象能力、思考力和创造力等，其中以思维能力为核心。

二是操作能力[③]。包括操作能力、劳动能力、实验能力、写作能力、反应能力以及射击能力、查缉能力、擒敌能力等，是人们为了适应或改变环境、协调自己的动作、掌握和施展技能所必备的心理条件。

三是社交能力。社交能力是人们参加社会生活，与人们维持和发展关系所不可缺少的心理条件。

另外，人的活泼、热情、勤奋、谦虚以及自信心、好奇心、毅力和耐力等气质和性格特征，以及意志力对顺利完成某项活动有一定的关系[④]。

4. 职业身体素质

侦查人员应当具备的职业身体素质需要有：

（1）强健的体魄。侦查人员身体素质的最低水平应是四肢和五官无缺陷，身体素质的基本水平应是身体健康无生理和心理疾病；侦查人员身体素质的较高水平应是身强体健具有强健的体魄，以适应侦查第一线高强度的工作需要。

（2）充沛的精力。充沛的精力是敏锐的观察力、想象力、记忆力、思考力和创造力的前提，更是写作能力、反应能力以及社交能力的基础；侦

① 孟昭兰在《普通心理学》中认为："影响活动效果的因素还有思想水平、知识经验、熟练程度以及健康状况等，但能力的影响是最基本的"。但要注意心理素质不等于能力，它是能力的物质前提，在此不作严格区分。

② 李世棣：《普通心理学》，中国人民公安大学出版社 1996 年版，第 210 页。

③ 李世棣：《普通心理学》，中国人民公安大学出版社 1996 年版，第 211 页。

④ 李世棣：《普通心理学》，中国人民公安大学出版社 1996 年版，第 209 页。孟昭兰：《普通心理学》，北京大学出版社 1994 年版，第 442 页。

查人员只有保持充沛的精力，才能保证对紧张工作状态的战斗力和旺盛精力。

(3) 普通的体貌。侦查人员在五官和身体上不应有明显的特征，以适应侦查公密结合的特殊工作需要。

本章思考与练习题：

1. 我国公安机关有哪些权力？各项权力包括哪些具体内容？
2. 我国公安机关的体制如何划分？公安机关的机构由哪几部分组成？
3. 我国检察机关有哪些权力？检察机关的机构设置包括哪几部分？
4. 侦查主体组织形式主要分为哪几种？有何特点？
5. 我国侦查人员的地位如何正确理解？
6. 侦查主体内部合理的职类、专业、层次结构怎样划分？
7. 侦查主体在侦查活动中依法可以行使的侦查职权有哪些？
8. 侦查主体在职业政治素质方面有什么要求？
9. 侦查主体在职业知识素质方面有什么要求？
10. 侦查主体在职业心理素质方面有什么要求？

第六章 侦查对象

侦查的对象是刑事案件，刑事案件既是侦查研究的对象，也是侦查作用的对象；这与侦查学科的研究对象完全不同，侦查学科是以侦查制度、活动规律和对策为研究对象，而侦查或侦查活动则是以刑事案件为研究对象。前者是反映侦查学科研究领域的特殊矛盾现象，后者是反映侦查实践活动的本质特征。更进一步说，侦查学科着重以研究侦查的学科理论为己任，可以称为“学科理论”；而侦查理论则侧重以侦查的实践理论为目标，可以称为“对象理论”。

第一节 侦查对象的基本类型

对于侦查的逻辑对象，在侦查学界存在两个层次的分歧：有人认为“侦查学科的研究对象是刑事案件”，有人认为“侦查的研究对象是刑事侦查”。对于前者如果说侦查学的学科研究对象是刑事案件，那么，对侦查学科研究对象的界定抽象和概括的不够准确；严格地说，侦查学科应当是以刑事案件作为学科认识的起点，刑事案件并非是侦查学科的研究对象；因为，侦查学科只有以刑事案件作为学科认识的起点，才能抽象概括和归纳形成侦查活动及其规律。侦查学科的特殊矛盾即刑事案件与侦查活动，它们构成一对完整对立统一关系的矛盾。这就好比刑事案件是河，而侦查活动是过河的桥或船。简而言之，侦查学科研究对象的确立是以侦查学科的任务为标准。侦查学科的任务就是有效地侦破刑事案件，以侦破刑事案件为目标指向的侦查学科，必定以侦查的一切活动及其规律作为其研究对象。对于后者如果说侦查是研究刑事侦查，则是完全自相矛盾或逻辑对象不清的说法。因为，刑事侦查就是侦查，而侦查或刑事侦查就是侦查活动及其规律，侦查活动是以刑事案件为研究对象；简要地说，侦查或刑事侦查是侦查学科的研究对象，而非侦查或刑事侦查研究的对象。侦查或刑事侦查是以刑事案件为研究对象。所以，在此首先要厘清两个在概念上极易混淆且又至关重要的问题：一个是侦查学，另一个是侦查；侦查学科是关于学科自身的理论研究，主要研究侦查学科宏观理论层面的问题，要求学科研究的内容具有系统性、思想性和逻辑性。而侦查则是关于学科研究对象的具体理论，主要研究侦查对象具体实践理论层面的问题，要求对象研究的内容具有实践性、应用性和操作性。显然，刑事案件是侦查的前提，它决定侦查的产生、发展和终止①。刑事案件包含侦查的一切胚芽，是侦查的历史发展和侦查认识的起点②。

一、刑事案件的概念

刑事案件是指侦查机关依法立案的案件。侦查机关根据控告、举报、自首及其他途径的相关材料，在审查和明确案件管辖范围的基础上，认为有犯罪事件发生，需要追究事件行为人的刑事责任，经法定程度决定立案的案件是刑事案件。“刑事案件”是个法律概念，认定刑事案件必须依据法定的条件和必经的法定程序。因此，刑事案件的成立首先必须满足以下两个法定条件：

一是有犯罪事件发生。刑事案件在侦查机关受理后和立案前都只是一个犯罪事件，犯罪事件是否已经发生是一个事实条件；而已发生的犯罪事件的轻重是区分公诉与自诉的关键，也是刑事案件是否立案审查的一个首要条件。

二是要追究刑事责任。侦查机关对已经发生犯罪事件行为人刑事责任的审查，对行为人是否追究刑事责任是一个法律条件；而已发生的刑事事件的行为人是否追究刑事责任，也是刑事案件是否立案审查的又一个重要条件。

这两个条件是刑事案件成立必须具备的基本条件。一是有犯罪事实的行为发生，二是需要追究刑事责任，这两个条件是明确触犯刑律和认定刑事案件与否的基础性的条件。但是，作为侦查程序符合法律规范的刑事案件，只具备上述两个法定的基本条件显然还不行。因此，刑事案件的成立其次必须满足以下两个必备条件：

一是被侦查人员认识。侦查机关和侦查人员是认定刑事案件的法定主体，犯罪事件要转化为法定的刑事案件，侦查机关或侦查人员首先要能够认识或知晓这个犯罪事件；倘若侦查机关或侦查人员不能认识或无法知晓

---

① 程良猋：《犯罪侦查学基础理论新探》，载《中国人民公安大学学报》1991年第1期。

② 瞿丰：《侦查论》，中国人民公安大学出版社2002年版，第28页。

这个犯罪事件，尽管有犯罪事件发生和需要追究行为刑事责任；但事实上也是不可能将已发生的犯罪事件认定为刑事案件，对行为人也就无法追究刑事责任和予以惩罚。所以，犯罪事件是否被侦查人员认识和知晓，这是刑事案件成立的一个必备条件。

二是经法定程序立案。侦查机关和侦查人员对已受理的犯罪事件，经初查和审查符合立案的条件依法申请立案；侦查机关受理的犯罪事件经责任人审查后，是否决定立案是刑事案件成立的关键环节。侦查机关的立案决定是刑事案件成立的标志。所以，犯罪事件经法定程序审查并决定立案是一个法定条件。

犯罪事件被侦查人员认识和经法定程序决定立案，这两个条件是刑事案件成立的必备条件。犯罪事件一经审查批准立案，标志着犯罪事件被确认为法律上的刑事案件，也标志着刑事案件进入侦查程序；也就是说，一经立案就意味着刑事诉讼程序的启动；涉案的行为人作为犯罪嫌疑人被纳入刑事诉讼程序中，成为刑事诉讼被追究的对象和诉讼的当事人；刑事诉讼程序一经启动除法律规定应当撤销的案件外，凡符合侦查的案件必定要追究行为人的刑事责任。

二、刑事案件的规律

规律是指事物之间内在的、本质的联系，“规律就是关系……本质的关系或本质之间的关系。”[①] 刑事案件的规律是指刑事案件在形成与发展变化过程中，本身所具有的内在必然联系。刑事案件本身内在的必然联系以客观条件为依存，呈现出发展变化的规律性特点和被侦查实践所认识与利用的特点。

（一）刑事案件存在的必然性

刑事案件作为一种社会现象存在具有必然性。犯罪就像“民族血液中的毒素”一样，具有其发生和发展的必然性。刑事案件与社会生活的基本条件相联系，它产生并变化于社会生活的基本条件。人类社会的发达史就是犯罪的发达史，犯罪是随着人类社会的发展而发展，随着人类社会的消亡而消亡，犯罪是人类社会的必然产物；所以，试图发明一种“包治百病”的药剂消除犯罪，是完全不现实和不理智的想法。犯罪既是造成社会痛苦

---

① 《列宁全集》第30卷，人民出版社1979年版，第161页。

的一种事实，也是人类社会自身认定的一种结果[①]。当然，不同社会制度和不同历史时期对犯罪的定义，也有消除犯罪的功能和作用；但是，原有个别犯罪被消除的同时新的犯罪现象又产生。所以，刑事案件的存在具有必然性。

（二）刑事案件发生的时期性

刑事案件作为一种社会现象发生具有时期性。犯罪就像“海水的潮汐现象”一样，具有起伏变化规律的时期性。刑事案件的发生与社会政治、经济，以及自然环境的发展变化出现相应的起伏变化状态。从刑事案件起伏变化规律的时期性特点可以看出，影响和制约刑事案件发生的原因是相当复杂的系统因素；在这个系统因素中有两个主要因素起关键性的作用：一个是抑制刑事案件发生的积极因素，另一个是诱发刑事案件发生的消极因素；这两个因素运行的目标是达到动态平衡，这两个因素运行的结果是出现起伏规律。认识刑事案件起伏变化的规律性，有利于正确把握和准确估量刑事案件变化的总体态势。

（三）刑事案件分布的地域性

刑事案件作为一种社会现象分布具有地域性。犯罪就像“瘟疫般传染疾病”一样，具有传播辐射蔓延的规律性。刑事案件的发生与人类活动时空有必然的相关性，刑事案件的时空变化伴随人类活动的规律而变化。从刑事案件分布规律的地域性特点可以看出，不同时空条件下形成的自然环境和人的体格性格等特点，以及不同地域文化和风俗习惯等方面的因素差异，影响和形成不同时空条件下不同犯罪类型的规律特点；在我国出现刑事案件发生的“智能型案件南多北少”，“暴力型案件东多西少”的规律特点；在城乡出现刑事案件发生的城市向农村递减的规律特点，以及城市刑事案件的增长速度与发案高于农村，而农村的发案总体数量多于城市的规律特点。

三、刑事案件的特点

刑事案件的存在具有一定的特定性和差异性，不同类型的刑事案件具

① 张远煌：《犯罪学原理》，群众出版社2008年版，第149—150页。

有自身的特殊性和规律性；刑事案件既存在不同的个性，同时又具有相同的共性。刑事案件所具有的这种个性和共性，是侦查主体认识刑事案件及其性质，展开侦查活动和实施侦查行为的前提。刑事案件具有以下相同的特点：

（一）多有现场的存在

刑事案件是作案行为侵害的结果和侦查认识的对象。作案行为无论是针对人的侵害或针对物的侵害，都是一种客观存在的实际行为，必然会形成一定的行为结果；这种行为结果必然与一定的时空形成密切的联系，根据物质交换原理形成一定的作案现场。当然，作案现场存在的形态极其复杂多样；有的刑事案件形成的是显形现场，有的刑事案件形成的是隐形现场；有的刑事案件的现场是原始状态，有的刑事案件的现场是变动状态；有的刑事案件只有一个现场，有的刑事案件则有多个现场；有的刑事案件的现场存在于客观世界中，有的刑事案件的现场则存在于人脑记忆中。总之，刑事案件绝大多数具有现场可供勘查，能够为侦查破案提供线索和证据。

（二）多为隐蔽的行为

刑事案件是作案行为人罪恶心理和行为的载体。作案行为的不可告人性和罪恶性，促使作案人作案时都是采用极其秘密和短暂的行为手段；通过非常迅速和极其隐蔽的行为手段，以保证其作案目的在无人知晓和尽可能短的时间内完成；这既是所有作案人实施作案行为的共同心理追求，也是作案人降低作案风险和提高作案成功率的最佳途径。因此，作案人一般在作案前隐蔽地搜寻作案目标，一旦目标确定后就会隐蔽地寻找时机动手作案；在作案时采用最迅速和最隐蔽的方式接近目标，迅速完成事先设计好的一整套方案或动作后，迅速隐蔽地携物离开现场。所以，刑事案件的作案人绝大多数都是采用隐蔽的行为方式作案，以确保作案的安全性和作案的成功率。

（三）多用狡诈的手段

刑事案件是作案行为对法律保护对象的非法侵害。作案行为是侦查揭露与证实和侦查追究与惩罚的对象，是国家法律明确禁止和重点打击的对象。因此，刑事案件的作案人都是采用非常狡诈的行为手段作案，以掩盖作案的事实和逃避侦查的揭露与证实；在作案人故意实施的作案行为中，作案人绞尽脑汁对作案目标多次踩点和精心策划，对隐瞒作案行为和逃避惩罚周密部署；有的案件以制造假象掩盖真相，有的案件以毁尸灭迹掩盖事实，有的案件以合法的形式掩盖非法的实质等；随着高科技时代的发展，刑事案件的智能化与狡诈性相结合，使刑事案件的狡诈性具有质和量的变化；在智能化案件中作案人往往采用极其狡诈的手段，以逃避侦查的揭露和打击。

四、刑事案件的类型

我国刑事案件的分类依据《中华人民共和国刑法》的规定，分为危害国家安全的案件，危害公共安全的案件，破坏社会主义市场经济秩序的案件，侵犯公民人身权利、民主权利的案件，侵犯财产的案件，妨害社会管理秩序的案件，危害国防利益的案件，贪污贿赂的案件，渎职的案件，军人违反职责的案件等共十大类案件。依据我国刑事诉讼法的规定不同类型的案件，由具有管辖权的侦查机关分别管辖。

（一）危害国家安全案件

危害国家安全的案件是指故意危害中华人民共和国的国家政权，社会主义制度、国家主权、领土完整、国家统一、国家安全、荣誉和利益，依照我国《国家安全法》和《刑法》的规定，构成犯罪的案件。危害国家安全的案件分为以下几类：

（1）危害政权、分裂国家犯罪案件。具体包括背叛国家案件、分裂国家案件、煽动分裂国家案件、武装叛乱、策动叛乱、暴乱案件，颠覆国家政权案件、煽动颠覆国家政权案件、资助危害国家安全犯罪活动案件。

（2）叛变、叛逃犯罪案件。具体包括投敌叛变案件，叛逃案件。

（3）间谍、资敌犯罪案件。具体包括间谍案件，为境外窃取、刺探、收买、非法提供国家秘密、情报案件，资敌案件。

（二）危害公共安全案件

危害公共安全的案件是指犯罪人故意或过失地实施危害不特定多数人的生命、身体健康或大量公私财务安全的行为，由此而形成的犯罪案件。危害公共安全的案件分为以下几类：

(1) 以危险方式危害公共安全的案件。具体包括放火案件，决水案件，爆炸案件，投毒案件等。

(2) 破坏交通工具和设施的案件。具体包括破坏火车、汽车、电车、船只、航空器案件，破坏轨道、桥梁、隧道、公路、机场、航道、灯塔、标志等案件。

(3) 破坏电力设备、燃气设备、易燃易爆设备和广播电视、电信设备案件。

(4) 组织、领导和积极参加恐怖活动组织案件。

(5) 劫持船只、汽车、航空器案件。

(6) 非法制造、买卖、运输、邮寄、储存枪支、弹药和爆炸物案件。

(7) 盗窃、抢夺枪支、弹药和爆炸物案件。

(8) 交通肇事案件。

(9) 重大责任事故案件。

(三) 破坏社会主义市场经济秩序案件

破坏社会主义市场经济秩序的案件是指违反国家市场经济管理法规，破坏市场经济秩序，使社会主义市场经济遭受严重损害的行为构成犯罪的案件。

破坏社会主义市场经济秩序案件具体包括生产、销售伪劣商品案件，走私案件，妨害对公司、企业的管理秩序案件，破坏金融管理秩序案件，金融诈骗案件，危害税收征管案件，侵犯知识产权案件，扰乱市场秩序案件等。

(四) 侵犯公民人身权利、民主权利案件

侵犯公民人身权利、民主权利的案件是指犯罪行为人故意或过失地非法侵害他人人身和其他与人身直接有关的权利以及非法剥夺或妨碍公民自由行使依法享有的管理国家事务、参加社会活动及其他民主权利的行为，依法应受刑罚处罚的案件。侵犯公民人身权利、民主权利案件分为以下几类：

(1) 侵犯生命、健康权利的犯罪，即故意或过失地侵害他人身体，侵犯他人生命权利，健康权利的行为，包括故意杀人案件，过失致人死亡案件，故意伤害案件，过失重伤案件，刑讯逼供案件，暴力取证案件，体罚虐待被监管人案件，指使、纵容体罚虐待被监管人案件等。

（2）侵犯妇女、儿童身心健康的案件。包括强奸妇女案件，奸污幼女案件，侮辱妇女案件，猥亵儿童案件等。

（3）侵犯人身自由的案件，包括非法剥夺人身自由案件，非法扣押、拘禁他人案件，绑架案件，拐卖妇女儿童案件，收买被拐卖的妇女、儿童案件，强迫职工劳动案件，非法搜查案件，非法侵入住宅案件等。

（4）侵犯人格、名誉权利的案件。

（5）破坏民族平等、宗教信仰的案件。

（6）侵犯民主权利的案件。

（7）妨害婚姻、家庭的案件。

（五）侵犯财产案件

侵犯财产的案件是指以非法占有为目的，获取公私财产，或以非法使用为目的，挪用公私财产或故意毁坏公私财产的案件。侵犯财产案件分为以下几类：

（1）抢劫、抢夺、聚众哄抢、敲诈勒索等案件。

（2）盗窃、诈骗等案件。

（3）侵占他人财物、侵占遗忘物、埋藏物、单位财物案件。

（4）挪用财物案件。

（5）毁坏财物、破坏生产经营案件。

（六）妨害社会管理秩序案件

妨害社会管理秩序的案件是指妨害国家对社会的管理活动，破坏社会正常秩序，情节严重构成犯罪的案件。妨害社会管理秩序案件分为以下几类：

（1）扰乱公共秩序犯罪案件。

（2）妨害司法犯罪案件。

（3）妨害国（边）境管理犯罪案件。

（4）妨害文物管理犯罪案件。

（5）危害公共卫生犯罪案件。

（6）破坏环境资源保护犯罪案件。

（7）走私、贩卖、运输、制造毒品犯罪案件。

（8）组织、强迫、引诱、容留、介绍卖淫犯罪案件。

（9）制造、复制、贩卖、传播淫秽物品犯罪案件。

（七）危害国防利益案件

危害国防利益的案件是指违反国防法规，拒不履行国防义务，或以其他形式危害国防利益依法应受刑罚处罚的案件。危害国防利益案件分为以下几类：

（1）危害作战和军事行动的案件。

（2）危害国防物质基础的案件。

（3）妨害国防管理秩序的案件。

（4）危害武装力量的案件等。

（八）贪污贿赂案件

贪污贿赂的案件是指国家工作人员以及其他有关个人或单位利用职务之便，贪污、挪用、行贿、受贿，或其他破坏国家有关制度，情节严重的案件。

（九）渎职案件

渎职的案件是指国家机关工作人员利用职务上的便利，或不尽职责，侵害国家机关正常活动，致使公共财产，国家和人民利益遭受重大损失的犯罪案件。

（十）军人违反职责案件

军人违反职责的案件是指军人违反职责，危害国家军事利益，依照法律应当受刑罚处罚的犯罪案件。

第二节　侦查对象的构成要素

侦查的对象是刑事案件，刑事案件是由不可或缺的构成要素组成。刑事案件缺少其中的任何一项系统要素，就无法形成一个完整的刑事案件，甚至影响到刑事案件的成立。侦查就是通过对刑事案件系统构成要素的分析和判断，发现和寻找破解案件秘密的切入口与侦破全案的契机。刑事案件系统是由作案时间要素、作案空间要素、作案主体要素、作案对象要素、作案行为要素构成，这五个要素相互依存缺一不可，共同构成刑事案件。所谓“作案”一词与“犯罪”一词，在广义上说两者的意思表达基本相同；

但在狭义上说两者还是有区别，法定的犯罪是经法院审判确定的犯罪行为。在侦查阶段一般均应称为“作案”一词。因为“犯罪”一词是法律术语，而“作案”一词则是侦查专业术语。

一、作案时间要素

（一）作案时间的概念

作案时间有广义与狭义之分，广义的作案时间是指作案人从预备作案、实施作案、销赃逃避、捕获归案的一个时间段。狭义的作案时间是指作案人实施作案的时间点。所谓的作案时间段是指作案人实施作案行为的起始点到终止点之间的时间段；所谓作案时间点是指作案人实施作案行为的时间钟点。作案时间点又可以分为作案的起始点，作案的中间点和作案的终止点。

作案时间是任何一个刑事案件必备的要素之一，迄今为止还没有发现不需要或不占有时间的刑事案件。作案时间无论在理论上还是在实践中都是不可缺少的要素，作案人无论是采用迅雷不及掩耳之势的方式作案，还是采用以更加迅捷和快速的方式作案，仍然是在一定的时间中实施与完成，也必定是需要时间和占有时间。所以，作案时间的长度可以是以年、月、日计算，也可以是以时、分、秒记录；一个作案时间可能为数年、数月、数天，也可能为数时、数分、数秒，作案前可以有长达数年的着手策划和准备，作案后可以有长达数十年的潜逃和躲藏，这都属于作案时间延续的时间段。从理论上讲，作案时间与作案空间是无法分割的两个紧密联系的概念；在判断作案时间时一定会联系到作案空间，在分析作案空间时又不可避免地会联系到作案时间。“时间和空间是物质运动的形式”。所以，在侦查实践中对作案时间和作案空间作判断与分析时，经常是将时空概念和时空关系作为一个整体的现象进行研究。

（二）作案时间的研究意义

作案时间是任何刑事案件不可或缺的第一要素，任何作案行为都要占有一定的作案时间，不需要作案时间或不占有作案时间的案件是不存在的。刑事案件的本质就是犯罪行为结果，这种作案行为是否是客观实在的犯罪，需要通过侦查、起诉、审判来确定；行为人是否有罪和是否需要追究刑事责任，最终要由审判认定的事实决定是否应当惩罚。犯罪现象和行为是各类刑事法学的研究对象，各学科都有其独特的研究对象和角度，也都具有与其他学科不同的研究方法和着眼点。美国著名学者边沁指出：“根据讨论的题目不同，这个词的意义也有所区别”。犯罪学、刑法学和侦查学都研究犯罪时间，但其研究犯罪时间的意义却各不相同。

1. 犯罪学研究犯罪时间的意义

我国犯罪学倾向于广义犯罪的研究，即将犯罪学视为犯罪行为、犯罪现象、犯罪原因及犯罪控制和预防犯罪对策的学科。犯罪学研究犯罪时间的意义在于：对犯罪时间状况在年度、月份、时辰的分布规律研究，以对犯罪在时间上分布的原因规律进行研究的基础上，提出对犯罪控制和预防犯罪的对策体系。据有关研究报告显示，我国刑事案件发案年度的走向是：1月份刑事犯罪发案率高，2月份刑事犯罪发案率低，3—8月发案率逐渐升高，9—12月发案率基本相同。同时研究表明，犯罪在一天24小时内也存在发案规律，盗窃犯罪、杀人犯罪、强奸犯罪、抢劫犯罪多发生在夜间（前半夜），伤害犯罪、诈骗犯罪多发生在白天。

2. 刑法学研究犯罪时间的意义

刑法学是研究刑法及其所规定的犯罪构成、刑事责任和刑罚的科学。刑法学研究犯罪时间的意义在于：刑法学将特定的时间规定为某种犯罪的必备要件，即具有犯罪构成必备要件的意义。如《刑法》第340条和第341条规定的非法捕捞水产品罪和非法狩猎罪，就把“禁渔期”和“禁渔区”规定为构成这种犯罪的必备条件；考察是否具备这两个条件成为构成本罪的要件，也是能否成为这类案件和区分罪与非罪的重要条件。在这里应当指出，虽然对大多数犯罪来说，犯罪时间不是犯罪构成的要件；但是，这些因素往往影响到犯罪行为本身对社会危害程度的大小，因而考察犯罪时间对正确量刑也有重要意义。相同的犯罪行为在不同的时间实施，对社会的危害性程度不同，对适用刑罚的轻重也有一定影响。

3. 侦查学研究作案时间的意义

侦查学将作案时间作为研究刑事案件构成的第一要素。侦查学研究作案时间的意义在于：首先，侦查学研究作案时间要以刑法学关于犯罪时间的理论为依据，以刑法规定构成犯罪的必备要件为基础，准确区别罪与非罪、此罪与彼罪、重罪与轻罪；其次，侦查学研究作案时间在案件侦破中，以作案时间为中心更具广泛的意义；一是准确确定案件发生的时间，可以确定重点调查对象是否具备作案的时间；二是准确确定案件发生的时间，可以确定重点调查对象所处的位置与活动范围；三是准确确定案件发生的时间，可以确定重点嫌疑对象是否具有继续审查的必要。当然，从理论上讲，只有具备作案时间的人，才有可能是作案的人；但是，在现实中，不具备或表面上不具备作案时间的作案人，采用掩人耳目或利用时间差的方式作案的人仍是存在。所以，侦查中应注意分析区别具备作案时间的人和不具备作案时间的人，具备作案时间的人不一定就是作案人，不具备作案时间的人不一定不是作案人，对作案时间的分析应当结合其他证据及动机目的进行综合判断。

（三）作案时间的特点

作案时间的特点主要表现为作案人在作案现场实施作案行为时，与被害人、证人、侦查人员等在现场或其他场所的活动时间，存在着一种相互交叉重叠或先后出现顺序的现象，通常把这种现象叫做“时间差”。关注和研究作案时间差有以下三方面的含义：

1. 作案时间与被害时间存在共时性

作案人作案时往往趁被害人沉睡或疏忽，暂时离开房间或短暂脱离对物品控制的有利时机作案，这就存在作案时间与被害时间的时间差。作案人的作案行为与被害人在现场的活动同时存在，由于作案人采用隐蔽手法又伺机窥探动手时机，作案人与被害人在活动时间和空间上具有共时性；这种采用时间差进行作案的行为，绝大多数存在于各类盗窃案件和投毒、爆炸等杀人案件中；而作案人与被害人有正面接触的案件，如抢劫或强奸案件一般不会存在这种时间差。

2. 作案时间与发现时间存在延时性

作案人在作案中当场被发现和现场被抓获的为数极少，一般案件发生后往往要经过一段时间才能被人发现，这就存在作案时间与发现被害时间的时间差。作案人作案行为与案件被发现的时间，可以是具有不确定长度的无限延时性，这种延时的长度是无法人为控制和具有规律性；但作案时间与发现案件时间延时的长度，却直接影响和决定着侦查破案的效率；作案时间与发现案件的时间存在“剪刀差”，作案时间与发现时间间隔时间越长，对侦查和调查就会带来更多的不利因素。

3. 作案时间与侦查时间存在滞后性

作案人作案逃逸后被人发现作案现场或被害人，当证人或被害人及其家属向侦查机关报案，这就存在作案时间与侦查时间的滞后性。侦查活动的开展是以刑事案件的立案为前提，经初查符合立案条件的案件决定立案并启动侦查程序；侦查相对于刑事案件的发生来说具有滞后性，从发现案件到立案再到开展侦查活动，其间存在着的时间差就是时间上的滞后性；这种时间差上的滞后性时间越短，收集全面证据和查获作案人的侦破案件的机会就越多；反之，这种时间差滞后间隔的时间越长，就会失去许多收集证据和查获作案人的有利时机。

（四）作案时间的掩盖手法

作案时间是侦查与调查中排查作案人，肯定或否定嫌疑对象的关键要素；所以，作案人总是千方百计地利用各种手段掩盖作案时间；现实中掩盖作案时间的方法花样翻新层出不穷，不同的案件和作案人往往会利用一定的条件，采用各种各样的手法掩盖作案时间。常见掩盖作案时间的手法有以下几种：

1. 长途奔袭

这是一种作案人利用现代交通工具之便利的条件，采用在地域上长距离和大跨度地实施作案行为的方式。作案人采用这种远距离奔袭迅速实施作案，又大范围地逃逸和销赃以避开侦查，其目的是掩盖作案时间和转移侦查视线。

2. 幕后操纵

这是一种作案人利用或雇佣其他人实施作案的行为，实际作案人采用不出面以幕后操纵指挥实施作案行为的方式。作案人这种为自己降低作案风险的成本和代价，通过雇佣他人作案掩盖本人占有作案时间，其目的是规避法律的制裁。

3. 出示假证

这是一种作案人利用一切可以利用的物证、书证和证人证言，采用伪造或编造于己有利的虚假证据的行为方式。作案人这种利用证据和伪造证据掩盖作案时间的方法，往往是通过虚假证词或以票证的时间，扰乱侦查视线逃避侦查。

4. 冒名顶替

这是一种作案人假冒他人之名从事各种正当活动，以达到掩盖作案时间和转移侦查视线或嫁祸于人的行为方式。作案人这种采用两方面冒名顶替的方式，一是作案人在作案时间让人冒充他的名义从事合法活动，而自己则进行作案活动；二是作案人作案时冒充他人之名，冒名顶替转移侦查视线嫁祸于人。

二、作案空间要素

(一) 作案空间的概念

作案空间也有广义与狭义之分，广义的作案空间是指作案人与作案有联系的作案预备空间、作案实施空间、作案后销赃空间和逃避侦查空间等均属作案空间。狭义的作案空间是指作案人实施主要作案的场所。作案空间主要构成的核心部分就是作案现场，作案现场是作案行为必然存在的一种形式。完整的作案空间既包括地面（水面），也包括地下（水下），还包括空中三个维度，进入网络时代还有虚拟空间。所以，在认识和理解作案空间时，不能仅指相对固定和相对静止的地点或处所，而应将作案空间看成一个无限延伸的、立体的、移动的、联系的场所。

作案空间是任何刑事案件不可或缺的要素之一，迄今为止还没有发现不需要或不占有空间的刑事案件。恩格斯说过："一切存在的基本形式是空间和时间，时间以外的存在和空间以外的存在，同样是非常荒诞的事情。"人类生活在有限和无限的空间之中，任何作案行为都是一种客观实际的行为；任何作案行为都需要作案人亲临一定的空间，包括雇用的人员作案，也必须在占有一定的空间中实施作案行为；即便是网络中的虚拟空间，也还是需要网络平台的支持；因此，刑事案件不需要和不占有空间是极其罕见或不可思议的。"凡是运动着的物质只有在空间和时间之内才能运动"。作案行为是一种物质运动形式，这种物质运动形式不可能离开时空条件而存在，也不可能发生在必要的时空条件以外；所以，时间与空间是作案行为的客观记录与现实载体；作案空间是侦查认识和研究案件的重要依据，也是发现侦查线索、收集证据和确定作案人的"宝库"。

(二) 作案空间的研究意义

1. 犯罪学研究犯罪空间的意义

犯罪学研究犯罪空间的意义在于：对不同地区或区域犯罪的分布情况，包括犯罪的总体分布和类型分布，对犯罪空间的研究有助于采取重点防范。犯罪空间性分布研究分为世界范围、国家领域、城市与农村三个不同层次的社会空间。对于世界范围犯罪空间分布的研究，有助于对与犯罪有关联的国家和地区实施重点防范，切断犯罪蔓延的路径和控制犯罪传播的范围；对于国家领域犯罪空间分布的研究，有助于对犯罪高发地区和特定犯罪实施重点防范，有效打击犯罪的嚣张气焰和重点治理整顿犯罪破坏的社会秩序；对于城市与农村犯罪空间分布的研究，有助于明确农村与城市犯罪性质特点和犯罪分布特点的不同，对实施有效防范和准确打击提供目标定位。犯罪学研究犯罪空间时往往与犯罪时间相联系，犯罪空间的变化是在时间中发生和发展。

2. 刑法学研究犯罪空间的意义

刑法学研究犯罪空间的意义在于：刑法将特定的空间明确规定为某种犯罪构成的必备要件时，作案空间就对某些行为是否构成犯罪具有决定性作用，犯罪空间就具有犯罪构成必备要件的意义。如“禁渔期”和“禁渔区”就成为构成非法捕捞水产品罪和非法狩猎罪必备的重要条件。因此，在“禁渔期”的“禁渔区”这一特定空间就属于犯罪，而在“禁渔期”的非“禁渔区”捕捞水产品就不属于犯本罪。在这里应当指出，虽然对大多数犯罪来说，犯罪空间因素不是犯罪构成的要件；但是，这些因素往往影响到犯罪行为本身对社会危害程度的大小，因而考察犯罪空间对正确量刑有重要意义。在人类活动广阔的社会空间中，不同的空间还是有程度上的严格区别，在银行的金库与一般单位财务室的犯罪有区别；所以，相同的犯罪行为在不同的空间实施，对社会的危害性程度显然不同，对适用刑罚的轻重也有一定影响。

3. 侦查学研究作案空间的意义

侦查学研究作案空间的意义在于：侦查学将作案空间作为研究刑事案件的又一重要要素，作案空间是发现、固定和收集证据的重要场所，是分析案件性质和审查排查嫌疑对象的重要依据。在一般情况下，作案人要侵害某场所的特定对象，必然要亲临一定的场所；作案人现场进出的方式和现场遗留的痕迹物品，以及作案人侵害对象的方式与行为，被害人的陈述与目击证人的证言等，都可以从不同角度证明作案人曾经出现或到达过现场；现场所发生的案件与作案人有着必然的联系，在一定程度上证明作案人有作案的重大嫌疑。在特定情况下，作案人到过现场所遗留的痕迹、物证和证人证言等，可以直接证明作案人作案的事实。所以，作案空间与作案时间等要素结合起来是推断作案人情况的重要依据；将作案空间的外部环境和内部状况，以及作案时进出的熟悉程度等因素结合起来判断，可以推断作案人是内部人员或外部人员，是本地人还是外地人或是惯犯还是初犯等。作案空间往往是综合分析判断后划定侦查范围，确定作案人逃离方向和确定侦查追缉范围的重要依据。

（三）作案空间的特点

1. 作案空间的广泛性

作案空间的分布具有极其广泛性的特征。由于刑事案件的作案行为主要表现为人的主动侵害行为，从现实已发生刑事案件的分布情况来看，凡是人类能够到达和可以企及的地方，都存在针对一定被侵害对象的作案行为。因此，从平面上看，作案空间由城市或人口密集的区域，向农村或人口稀疏的区域延伸，以至可以无限延伸至无人区域。从立面上看，作案空间由地平面或水平面，向地下向下或水下向下和地上向上或水上向上，以至可以无限延伸至深海或太空。网络时代的虚拟空间也是无限延伸的空间地带。所以，作案空间的广泛性与人类活动能力密切相关，人类活动的广泛性决定了作案空间的广泛性。

2. 作案空间的分散性

作案人对作案空间的选择往往不是主观原因所决定，而绝大多数是由客观原因为主要因素；所以，作案空间往往形成极其分散性分布的特点。作案人对作案空间的选择基于两个方面：一是作案侵害对象所处的空间，即包括被害人和财物所处的空间；二是作案人选择侵害对象的空间，即作案人对被害人和财物选择侵害的空间。作案有选择室内的空间，也有选择室外的空间；有发生在交通工具的有限空间，也有发生在无人居住的旷野空间；有发生在固定的处所空间，也有发生在移动的密闭空间；有发生在被害人熟悉的空间，也有发生在被害人陌生的空间；有发生在公共场所空间，也有发生在私人处所的空间。

3. 作案空间的虚拟性

网络技术的产生，尤其是互联网的产生，使作案空间由三维变成了多种空间形式。现场空间的虚拟性是指互联网的存在状态是无形的，它以知识、消息、信息、声音、图像、文字等作为自己存在的形式。这种空间是无国界和地域限制，与现实中地域的概念不同，每个用户都是虚拟世界中的一员。与传统作案方式相比，网络作案作为一种以高技术为支撑的作案方法，其作案现场往往具有“宁静而安详”的虚拟特点；作案空间不同于现实的作案空间，实施作案必须在网上进行。网络作案的实施地与结果地可任意分离，即通常所说的甲地实施作案行为，导致乙地被害人被害，而且被害人是不特定多数。

（四）作案空间的掩盖手法

1. 破坏作案现场

从信息论的角度来说作案现场就是存储案件信息的信息库，因此作案人特别是有经验的作案人，总是竭尽全力千方百计地对作案现场进行破坏，以破坏或伪装作案现场的方式达到掩盖作案的目的。常见的方法主要有：一是破坏现场，以消除或清除作案痕迹为目的，对现场进行清洗或清理破坏，使侦查无法查出与案件有关联的现场痕迹与物证。二是伪装现场，以掩盖和伪造作案现场为目的，对现场进行掩盖或伪装处理，使侦查在掩盖与伪装中形成认识误区。

2. 转移作案现场

刑事案件现场作为富含作案行为信息的关键场所，是侦查破案的切入点和突破口；由于对作案现场这一特殊场所，作案人和侦查人员都极为清楚其重要性。所以，作案人作案后转移作案现场就成为转移侦查视线，进而逃避侦查追究和法律惩罚的首选方法。转移作案现场多见于杀人移尸或抛尸案件，这是此类案件作案空间掩盖手法的主要方式。因为，杀人案件中的尸体作为极其重要的物证，由于体积较大具有不易消除性，又由于极易腐烂具有不易存放性，极易暴露作案现场空间的位置；所以，转移作案现场是掩盖作案空间的主要手段。

三、作案主体要素

（一）作案主体的概念

作案主体指实施作案行为与参与策划的人。又称为犯罪嫌疑人。

“犯罪嫌疑人”是一个法律名称，是经过侦查已经确定身份的人。犯罪嫌疑人身份的确认在理论上和实践中都是一个尚待深入研究的问题。对于犯罪嫌疑人，我国学界主要从诉讼进程的角度或诉讼阶段的角度进行界定，即“在侦查和审查起诉阶段，涉嫌犯罪的公民被称为犯罪嫌疑人”；“公诉案件，受刑事追诉者在检察机关向人民法院提起公诉以前，称为犯罪嫌疑人；在检察机关正式向法院提起公诉以后，则称为被告人”。由此可见，我国在提起公诉之前称为犯罪嫌疑人，提起公诉之后称为被告人；犯罪嫌疑人与被告人两者之间的界限可谓泾渭分明。但是，倘若要在侦查理论上和侦查实践中，准确划定犯罪嫌疑人与初查时嫌疑对象之间的界限，仍是需要进一步研究和厘清的问题。

关于犯罪嫌疑人与初查时嫌疑对象的区别，从公安机关的侦查部门接到控告、检举的报案材料后，到对现场勘查收集一定证据的基础上，对案件的性质和作案人具备的条件进行分析判断；从确定的侦查方向和侦查范围内进行摸底排查，以确定具有符合摸排条件的嫌疑对象。在具体案件的侦查中，摸底排查往往能发现若干个符合条件的嫌疑对象；这些嫌疑对象有的具备作案动机条件，有的具备作案工具条件，有的具备作案人体貌特征条件，有的具备案件知情条件等等；这些被排查出来的嫌疑对象都具备一个或几个条件，在某种程度上都与案件具有直接或间接的联系，甚至个别嫌疑对象具备有多个疑点。但是很显然，不能据此把个别嫌疑对象或所有嫌疑对象都确定为犯罪嫌疑人。这些被摸排出来的嫌疑对象中能够被确定成为犯罪嫌疑人的人，还必须按一定的证据标准进行逐个仔细的筛选，只有按照这个标准筛选出来的人才是犯罪嫌疑人。在侦查初期，被纳入侦查视线的嫌疑对象或重点对象，只要没有将其的身份确认为犯罪嫌疑人，那么，就意味着这些嫌疑对象和重点对象，还未经侦查而被确定为本案犯罪嫌疑人的特定身份，也就意味着这些嫌疑对象和重点对象，只是侦查被怀疑的对象和被调查的普通公民；因此，对这些嫌疑对象和重点对象无论嫌疑有多大，在初查的摸底排查与调查取证中，均不能使用任何具有强制性的侦查方法与措施。由此可见，在侦查初期对犯罪嫌疑人身份的确认，应当建立一个明确规范的确认程序，以法律形式保障嫌疑对象和调查对象的人身权利免受侵害。

从检察机关侦查管辖的案件范围和性质来看，其侦查的大部分案件的侦查过程都是从人到事的案件，即在检察机关接到报案、控告和举报时，绝大多数情况下都会有明确的嫌疑对象；但嫌疑对象是否存在犯罪事实还不能确定，因而往往需要通过初查确定有无犯罪事实和是否需要立案。检察机关的侦查阶段分为立案和侦查两个相对独立的环节。在立案环节要按受案、初查、立案的程序进行，即对受案的案件线索经过初查后，认为有犯罪事实和需要追究刑事责任，依照程序依法进行立案侦查；因此，检察机关的侦查在立案之前的受案和初查阶段，被审查的对象称为“被举报人”和“被查对象”。在立案以后的侦查阶段才称为“犯罪嫌疑人”。

综上所述，侦查初查时的“犯罪嫌疑对象”或“重点调查对象”，与“犯罪嫌疑人”有着本质的区别。首先，两者所处的阶段不同。犯罪嫌疑对象或重点调查对象是指在犯罪嫌疑人尚未确定的侦查前期的排查阶段，是接受侦查审查与犯罪有牵连或有嫌疑的普通公民；而犯罪嫌疑人则是侦查进展到一定程度之后，有确实充分的证据证明是实施犯罪行为的人。根据检察机关的侦查来看，立案是确定初查时的被举报人或被查对象与犯罪嫌疑人的分界线；立案之前受案的对象只能称为被举报人或被查对象，立案之后侦查的对象则被称为犯罪嫌疑人。其次，两者证明的标准不同。在侦查中确认一个人为犯罪嫌疑人，需要有足够数量和质量的证据证明；而确认一个人为犯罪嫌疑对象或重点调查对象，则不需要达到一定的证据标准；在多数情况下则是根据一个证据或一条线索，就可以认定为犯罪嫌疑对象或重点调查对象。可见，确认一个人为犯罪嫌疑人所要达到的证明标准具有质和量的高度。再次，两者法定的措施不同。对犯罪嫌疑对象或重点调查对象不能采取讯问、拘留、取保候审、监视居住等限制人身自由权利的具有强制性侦查的方法和措施。检察机关在对被查对象的初查中，可以采取询问、查询、勘验、鉴定和调取证据材料等，不限制被查对象人身和财产权利的措施；但不得对被查对象采取强制措施，不得查封、扣押、冻结被查对象的财产。而对于已经确定为犯罪嫌疑人侦查时则不受此限制，即所谓对犯罪嫌疑人可以采取任何相应的侦查方法和侦查措施。最后，两者诉讼的身份不同。犯罪嫌疑人是刑事诉讼的当事人和参与人，是刑事诉讼被追究刑事责任的人，享有法律规定的诉讼权利并承担义务；而犯罪嫌疑对象或重点调查对象则既不是刑事诉讼的当事人和参与者，不是刑事诉讼被追究刑事责任的人，也不具有任何诉讼权利与义务。

简言之，在侦查立案前称为犯罪嫌疑对象、重点调查对象或被举报人、被查对象，有确实证据证明后确定身份称为犯罪嫌疑人或立案后称为犯罪嫌疑人；因此，公安机关与检察机关侦查案件性质的不同，在确认犯罪嫌疑人身份时略有差别。但是，对已经确定身份的在侦查调查与检察审查起诉阶段均称犯罪嫌疑人，直到犯罪嫌疑人被提交法庭审判始改称为被告人；被告人被投入监狱执行刑罚称为罪犯或服刑犯，罪犯或服刑犯刑满释放又称为刑满释放人员或刑释人员等，这些方面的称谓都是一致的没有区别。

（二）作案主体的研究意义

1．犯罪学研究犯罪主体的意义

犯罪学研究犯罪主体的意义在于：从犯罪学研究角度看，研究犯罪主体类型是揭示犯罪本质和把握犯罪规律的必要途径。在社会现实中，犯罪行为的表现形式是纷繁复杂的，只有首先将形态各异的犯罪行为依照一定标准进行类型化，并分析不同类型犯罪的状态结构、变化趋势和原因的基础上，才能进行整体犯罪现象的归因性研究。犯罪主体类型研究除了具有方法论意义外，对于深化犯罪预防理论研究，完善和更新刑事立法的犯罪主体分类也具有重要意义。因为，犯罪主体类型的不同，意味着犯罪发生的原因和产生的规律也不相同，在矫治方法和对策上也是应有所区别。研究犯罪主体犯罪的原因（社会原因、家庭原因、个体原因），是研究预防和控制犯罪发生的重要途径。

2. 刑法学研究犯罪主体的意义

刑法学研究犯罪主体具有两个方面的意义，一是具有定罪的意义。犯罪主体是犯罪构成的必备条件之一，只有具备刑法所要求犯罪主体条件的人，才能构成犯罪并被处以刑罚；凡是不符合犯罪主体条件的人，尽管实施了刑法所禁止的危害社会的行为，也不构成犯罪并不负刑事责任。所以，犯罪主体条件的具备是行为人具备犯罪主观要件的前提，也是对行为人适用刑罚能够达到刑罚目的的基础。二是具有量刑的意义。刑法学研究犯罪主体除具有区分罪与非罪、此罪与彼罪之界限的意义外，还对量刑具有一定的影响。在具备犯罪主体要件的同等情况下，犯罪主体的具体情况也可能不同，这就影响到刑事责任的大小。对单位作为犯罪主体的案件，我国刑法实行的是“双罚制”。

3. 侦查学研究作案主体的意义

侦查学研究作案主体的意义在于：作案主体是作案行为实施的个人或群体，侦查学研究作案主体要以刑法犯罪构成理论为依据，一是在立案前审查作案主体是否具备刑法所规定主体的条件，在分清罪与非罪、此罪与彼罪的基础上，针对个案要查明和确认作案主体的身份，在此基础上查明和确认作案主体的类型特征；二是在查明作案主体类型的基础上合理部署侦查力量，在侦查中根据作案主体类型部署相应的侦查力量，采取相应的侦查方法与措施，是侦查取得有效控制侦查局面和侦查对象的关键；三是侦查学研究作案主体是侦查深挖余罪的基本任务，对于作案主体的研究判断联系作案主体的其他同伙，以及作案主体的其他作案经历等方面结合分析判断，为侦查深挖余罪和扩大战果提供条件。

（三）作案主体的类型

对作案主体类型的划分在理论上和实践中，至今尚无统一的标准和一致的定论。划分作案主体类型的标准是犯罪类型研究中的一个核心问题，侦查学一般不以作案主体类型作为研究的重点。事实上在刑事法学界理论研究中，对作案主体类型没有统一的分类标准，在侦查学的理论和实践中也没有深入研究作案主体类型的必要。例如“团伙犯罪”是我国理论研究和司法实践中常用的一个术语，但《刑法》中却没有团伙犯罪的概念。所以，对作案主体类型的分类只是一般意义上对作案主体行为的分类，这样的分类不妨碍研究者对作案主体类型研究中达成共识，也不影响作案主体类型研究成果对侦查实践的指导意义。一般来说，通常将作案主体依据作案人数，可分为单人作案和多人作案，多人作案又可依据组织程度分为团伙作案、集团作案和有组织作案。

在侦查实践中，作案主体主要有单人作案、作案团伙、作案集团三种基本类型：

1. 单人作案

单人作案指一个人单独作案的结构形式。单人作案由于形单影只和来去无定，具有作案手段的隐蔽性，作案方式的流窜性，作案目标的随机性，作案方法的技能性，作案逃逸的迅捷性，对付侦查的隐藏性等特点。单人作案往往容易发展成为以作案为常业的惯犯和累犯。

2. 作案团伙

作案团伙指三人或多人组成的作案组织形式。作案团伙由于多为互相勾结和相互壮胆的临时性结伙群体，具有组织结构的松散性，成员构成的变动性，作案目标的不定性，经济实力的一般性，对付侦查的逃避性等特点。作案团伙对社会具有较大的危害性，形成一定实力后会发展成为作案集团。

3. 作案集团

作案集团指三人或多人组成的作案组织形式。作案集团由于成员多且多为固定和经营多年的集合群体，具有组织结构的紧密性，成员构成的稳定性，作案目标的针对性，经济实力的强大性，对付侦查的抵抗性等特点。作案集团对国家安全具有较大的威胁性，是侦查机关重点打击和消除的对象。

以上仅是在侦查的一般意义上对作案主体类型的简单划分，由于《刑法》中没有团伙犯罪的相应概念，从规范分析的角度看，不宜笼统地把团伙作案纳入有组织作案的范畴；因为，三人以上的临时纠合性作案，其组织形式比较松散，成员一般并不固定，因而在更多情形下，只有立法规定的普通共同作案。

以下结合我国现阶段的有组织作案主体类型，简单分析有组织作案主体类型的基本特点：

（四）有组织作案的类型

有组织作案包括三种类型：一般作案集团、黑社会性质组织和黑社会组织。

1. 一般作案集团

所谓一般作案集团是指三人以上，为了多次实施某一种作案或多种作案，而建立起来的作案组织。我国《刑法》规定的作案集团，可分为一般作案集团和特殊作案集团两种形式。一般作案集团即《刑法》第26条规定的“三人以上为共同实施犯罪而组成的较为固定的犯罪组织。”特殊作案集团是指《刑法》第120条、第294条和第300条规定的，恐怖活动组织、黑社会性质的组织、会道门和邪教组织。这种作案集团除了具有一般作案集团的特点外，还各有自己特殊的性质、组织形式和活动内容等。它使某些特定的作案组织具有专属性，不属于一般意义上的作案集团。

一般作案集团的主要特征是：（1）作案人数至少三人以上，重要成员固定或基本固定；（2）集团中有明显的组织者或领导者；（3）作案成员在较长时间内为进行一种或数种作案而结合在一起；（4）作案的目的性明确，一般为有预谋的作案行为；（5）实施的作案行为危害性比较大。

2. 黑社会性质组织

“黑社会性质组织”作为有组织作案的一种形式，为我国《刑法》的特有规定，它是指以暴力、威胁或者其他手段，有组织地进行违法犯罪活动，称霸一方，为非作歹，欺压和残害群众，严重破坏经济和社会生活秩序的组织。在理论上，一般将黑社会性质组织视为由一般犯罪组织向黑社会组织过渡的中介形式。有学者认为：就具有一定的组织形式而言，集团犯罪与黑社会性质的犯罪是相同的，但黑社会性质犯罪的组织程度远远超过一般的集团犯罪，它已经达到了具有一定的社会性的程度①。黑社会性质组织的主要特点可归纳为：（1）有稳定的作案组织，人数较多，骨干成员固定；（2）有组织地通过作案活动或者其他手段获取经济利益，具有一定的经济实力，以支撑该组织的活动；（3）以暴力、威胁或者其他手段，有组织地多次进行作案活动，为非作歹，欺压和残害群众；（4）通过实施作案活动或者利用国家工作人员的包庇或纵容，称霸一方，在一定区域或行业内，

① 陈兴良：《刑法适用总论》，法律出版社1999年版，第500页。

形成非法控制或者重大影响，严重破坏经济和社会生活秩序。

3. 黑社会组织

“黑社会”一词就其字面的意思而言，“黑”即非法、秘密；“社会”即组织化的程度达到了类似正常社会组织的程度，具备了正常社会组织的组织形式和运作系统。“黑社会”意指与现行社会并存的反社会性地下组织。

由此可见，黑社会组织可视为有组织犯罪的高级或典型表现形式，是一种独立于正常社会、具有反社会的价值观念、文化心理和具有严密组织形式的犯罪团体[①]。

需要指出的是，在我国立法中“黑社会”与“黑社会性质组织”是两个不同的概念。我国《刑法》第294条第2款对黑社会组织作出了规定，但它对黑社会组织是专指境外黑社会组织。就我国内地而言，立法只规定了“黑社会性质组织”。

（五）作案主体的特点

1. 作案主体以男性居多，女性在团伙中占有一定比例

刑事案件的作案主体绝大多数是以男性为主，但女性在团伙的作案中也占有一定的比例。在男性为作案主体的刑事案件中，以暴力化作案或智能化作案为主；在女性为作案主体的刑事案件中，以非暴力作案或非智能作案为主。

2. 作案主体以青少年为主，年龄有向低龄化发展的趋势

刑事案件的作案主体绝大多数是青少年为主，但中年和老年的作案也占有一定的比例。在青少年为作案主体的刑事案件中，以团伙作案或集团作案为主；在成年人为作案主体的刑事案件中，则以单个作案为主。

四、作案对象要素

（一）作案对象的概念

作案对象是指作案人作案行为指向具体的目标，即作案行为侵害的对象。作案对象既可以是指向人的行为，也可以是指向物的行为。作案行为侵害的人称为被害人，作案行为侵害的物称为侵害物。作案行为有指向人身的侵害，有指向财物的侵害，也有既指向人身又指向财物的侵害。凡是

① 刘海琦：《透视中国黑社会》，载《法制日报》2000年12月24日第6版。

被作案行为所侵害，无论是人身被侵害，还是财物被侵害，在广义上都是被害人。

1. 被害人

被害人是人身或财产遭到非法侵害的人。被害人可以是具有合法身份的守法公民，也可以是具有非法身份的有罪公民；被害人既可以是具有本国国籍的国民，也可以是具有外国国籍的侨民；所以，只要是人身或财产遭受不法侵害的就是被害人。

2. 侵害物

侵害物即遭受非法侵害或非法占有的物。被害物可以是具有明确权属关系的所有物品，也可以是具有尚待明确权属关系的所有物品；被害物既可以是能够交换和移动的所有物品，也可以是不能够交换和固定的所有的物品；所以，只要是受法律保护和遭受非法侵害的物品就是被害物。

（二）作案对象的研究意义

1. 犯罪学研究犯罪对象的意义

犯罪学研究犯罪对象的意义在于：犯罪学研究犯罪对象是从被害原因分析角度展开，犯罪学认为被害人是相对于犯罪人而言的，是犯罪行为中犯罪人的相对人和“刑事伙伴”；因此，犯罪学将被害人放在与犯罪人同等的位置上研究。犯罪学认为，在犯罪原因系统中被害人是犯罪的一部分，被害人对犯罪的发生起到诱发或强化的作用，甚至在某些犯罪被害的发生中，被害人的责任超过犯罪人；而且在一定条件下，被害人与犯罪人的角色会发生易位。因此，研究犯罪被害现象和揭示犯罪被害因素是犯罪学探讨的重要内容。犯罪学从犯罪被害人的分类，根据被害人对犯罪行为发生的责任，分为有责任和无责任的被害人；根据被害人是否遭受侵害，分为既然的和潜在的被害人；根据被害人所具有的被害因素，分为机会的和状态的被害人；根据被害人遭受侵害的性质，分为直接的和间接的被害人；根据被害人的人格特征又可分为轻浮型、疏忽型、轻信型、怯懦型、贪婪型、暴躁型、纵欲型、孤独型、抑郁型等多种类型。

2. 刑法学研究犯罪对象的意义

刑法学研究犯罪对象的意义在于：一是研究犯罪对象是犯罪行为直接作用的人与物，在人或物未受到犯罪行为侵害时仅是可能的犯罪对象；犯罪对象是只有在犯罪行为直接作用于人或物时，具体的人或物才能成为现实的犯罪对象。二是犯罪对象是刑法规定的人与物，刑法分则的条文多数并不明确规定犯罪客体，而是通过规定犯罪对象的方式表明犯罪客体的存在。因此，刑法条文或者规定作为犯罪对象的人，或者规定为犯罪对象的物，用以表明犯罪客体。三是刑法学对犯罪对象从不同角度做出不同的分类。从物质表现形式分为物体和人体的两种，物体指货币、物品等一切具有价值和归属关系的物；人体受犯罪作用主要表现为生命、健康、名誉受到损害或胁迫。从犯罪对象有无特殊限制区分，存在普遍犯罪对象与特定犯罪对象之分。

3. 侦查学研究作案对象的意义

侦查学研究作案对象的意义在于：侦查学在理论上和实践中都将作案对象作为研究的一个核心内容，因为作案对象是作案行为指向和行为作用的目标；侦查学研究作案对象具体地说有以下作用：首先，根据作案对象侵害形成的结果分析和判断是否为刑事案件，这是区别作案行为与其他社会行为决定立案与否的前提。其次，根据作案对象的侵害的特征初步确定案件的性质，这是为开展侦查和调查提供方向和范围。再次，根据作案对象遭受侵害的形态寻找作案人，这是侦查刻画作案人生理特点与心理特点，以及作案人作案技能特点的基础；复次，根据作案对象的侵害现状查找物品和证据的流向，这是通过作案对象的种类、特征、用途的分析判断，在一定程度上判明作案行为人的特殊需求和嗜好特征，确定侦查方向和范围；同时，也可以从控制物品入手查找作案行为人，通过物品流向的分析有助于判明作案动机。

(三) 作案对象的类型

1. 针对人身

凡是作案行为单纯指向以人的生命、健康、名誉等，生命权利、身体健康、名誉损害的行为，均为针对人身的作案侵害行为。诸如杀人、伤害、投毒等属于针对人身的作案行为。

2. 针对财物

凡是作案行为单纯指向财产或物品的非法转移或非法占有的行为，均为针对财物的作案侵害行为。诸如盗窃、抢夺、等属于针对财物的作案行为。

3. 对人又对物

凡是作案行为既指向人身又指向财物的行为，均属于对人又对物的作案行为。又称为复合行为。

五、作案行为要素

（一）作案行为的概念

作案行为是指作案人作案过程一系列行为的总称。作案行为可以是一个或两个行为动作，也可以是一组或一系列行为动作；可以是一瞬间的行为动作，也可以是持续性或长时间的行为动作。作案行为可以是一个人的行为动作，也可以是若干人的行为动作。总之，从广义上说，作案人实施的与作案有内在联系的行为动作，都可以称为作案行为。狭义的作案行为是指作案人实施具体作案的行为。

作案行为也是任何一个刑事案件必备的要素之一，是刑事案件构成要素中的核心要素。作案行为又包括：作案行为内容、作案行为方法、作案行为过程，这三者是构成作案行为缺一不可的要素。作案行为内容是指作案行为的实施目的，任何一个作案行为都有实施的目的；作案行为方法是指作案行为的实施方式，任何一个作案行为都有实施的方式；作案行为过程是指作案行为实施的顺序，任何一个作案行为都有实施的顺序。所以说，作案行为方法和过程是为实现作案行为目的而存在，假如没有作案目的也说不存在作案行为方法和作案行为过程。作案行为目的是这三个要素中的核心要素。

（二）作案行为的研究意义

1. 犯罪学研究犯罪行为的意义

犯罪学研究犯罪行为的意义在于：犯罪学中的犯罪行为是指行为人实施的、具有严重社会危害性的、应受处罚或矫治措施的客观外在行为。犯罪行为具有严重的社会危害性，即行为构成了对合法权益的严重侵犯，这是犯罪行为区别于其他社会行为的基本标志。所谓社会危害性，泛指犯罪行为对国家利益、公共利益、集体利益、以及公民利益造成的侵害。它对社会持续发展所需要的正常秩序直接产生负面影响，对社会的基本安全构成经常性的严重威胁，在整体上是与人类进步相悖的社会现象。由于犯罪行为具有严重的社会危害性，所以，犯罪学研究犯罪应处罚或矫治的犯罪行为；这不仅包括刑罚处罚，还包括带有治安处罚性质的劳动教养、收容教养甚至保安处分等矫治措施。因此，研究犯罪应受处罚或矫治措施的客观外在行为，不仅是正确把握犯罪现象的前提条件，而且是制定犯罪对策和处置犯罪人的重要基础。研究犯罪行为在广义犯罪学中的意义：一是研究犯罪行为有助于深刻认识犯罪现象，探究犯罪现象存在的规律和发生的规律；二是研究犯罪行为有助于推进犯罪学学科的自身发展与进步。

2. 刑法学研究犯罪行为的意义

刑法学研究犯罪行为的意义在于：作为刑法上的危害行为，认识其基本特征是相对于其他部门法中的危害行为而言的。一个自然意义上的行为，只有具备了刑法危害行为的基本属性之后，才有可能进入刑法的视野，成为刑法上有意义的行为。我国《刑法》第22条第1款规定："为了犯罪，准备工具，制造条件的，是犯罪的预备。"在已查破的刑事案件无论是已遂或未遂的案件，绝大多数都有预备作案的行为过程。除了作案人精心策划和准备作案工具外，作案人在正式作案前一般都要进行作案的预备行为：一是准备作案的手段，为实施扒窃而学习和练习扒窃技术；二是窥视作案的地点，为实施作案而多次进行踩点，或打探被害人的行走路线和生活规律；三是清除作案障碍，为作案顺利完成事先清除障碍物；四是网络作案成员，为使作案达到目的和增加成功的把握纠集成员参加；五是准备作案工具，为实施作案准备撬门扭锁和行凶杀人及运输的工具；六是拟定作案计划，为使作案成功精心策划作案分工和进退的计划。

3. 侦查学研究作案行为的意义

侦查学研究作案行为的意义在于：侦查学研究作案行为的目标是侦查破案，侦破犯罪案件必然以刑法犯罪行为的划分理论和标准为依据。传统刑法理论将刑法中的危害行为划分为作为和不作为两种基本形式，可以说，当刑法所调整的对象限定于人的意识行为时，以人的行为为观察对象能够构成有意义的行为类型，就只能表现为这两种行为：一是不应为而为之的行为，即违反刑法禁止性规范的作为行为；二是应当为而不为的行为，即违反刑法的命令性规范的不作为行为。刑法作为代表国家最为严厉否定性评价和惩处的法律部门，昭示着对社会公民最为严肃的行为要求，那就是必须遵从刑法所固有化的行为模式。而承载着刑法所要求行为模式的刑法规范，作为最具权威的义务性规范，也只能分出前述禁止性规范和命令性规范这两种。而没有第三种。因此，侦查学研究侦破案件既要依据刑法规范划分作案行为的标准，更要在具体案件的侦破中依据作案行为方式，再进而细分为智能型作案行为和体能型作案行为，暴力型作案行为和非暴力型作案行为，以及侵害人身型作案行为和侵害财物型作案行为等等。

（三）作案行为的类型

1. 作案行为的预备形态

这是指介于作案决意与着手实施作案行为之间的一个阶段。在这一阶段，作案行为人的行为内容包括：准备作案工具、练习作案技能、查阅作案资料、窥视作案目标、扫除作案障碍、拟定作案计划、预习实验作案等；共同作案的预备行为还包括：网络作案同伙、进行作案分工、订立攻守同盟等。

2. 作案行为的实施形态

这是指作案行为人从接近或接触被侵害作案对象，到作案行为人的具体侵害行为完毕，以及作案行为人离开现场的这一时间段。所谓的作案后果就是在这一时间段产生的。从作案行为人对作案对象的具体侵害行为看，主要有两种形态：一种是公开的暴力侵害的形态，一种是秘密的非暴力侵害的形态。对作案行为侵害形态的研究，是准确分析案情和认定案件性质的关键；作案行为的侵害形态，也是一个极具综合性和复杂性的问题。作案行为的侵害形态是侦查研究的重点和关注的焦点。

3. 作案行为的后续形态

这是指作案行为人产生作案结果后到归案前的这一时间段。从作案行为人实施作案的具体行为到侦查破案的归案之前，作案行为人还要实施一系列与案件有关的行为；这一阶段的行为主要表现为作案行为的延续行为：一是涉及财物案件中作案行为人的销赃行为；二是涉及伤害案件中作案行为人的毁尸灭迹行为；三是涉及刑事案件作案行为人的言行反常行为；四是涉及侦查和调查作案行为人的反应和应变行为。

（四）作案行为的结果

作案行为结果即作案人实施作案行为所造成的危害结果。作案行为的危害结果既包括物质或人身的危害结果，也包括精神或社会的危害结果。

1. 物质或人身的危害结果

所谓物质的危害结果是指作案行为对财物的侵害，表现为作案行为对法律保护财物的非法侵害，造成合法财物被非法转移或非法占有，被侵害人或国家、集体等的财物的损失或损坏。所谓人身的危害结果是指作案行为对人身的侵害，表现为作案行为对法律保护对象的非法侵害，造成生命健康被非法剥夺或非法损害的行为。

2. 精神或社会的危害结果

所谓精神的危害结果是指作案行为对被害人财物或人身的侵害，必然导致被害人在心理上和精神上的危害结果；作案行为无论对财物侵害的多少和对人身侵害程度的大小，都会对被害人的精神上和心理上产生影响；作案行为侵害的程度小或危害的程度轻，则对被害人心理上和精神上的影响较轻，被害人心理上和精神上的阴影消除的时间也短。反之，作案行为侵害的程度大或危害的程度重，则对被害人心理上和精神上的影响就重，被害人心理上和精神上的阴影消除的时间也长。所谓社会的危害结果是指作案行为所造成的侵害结果，直接和间接地导致社会秩序的紊乱和公民情绪的恐慌；作案行为结果往往影响社会治安秩序和经济秩序的稳定与安定，作案行为危害程度严重则对社会的危害结果就大，作案行为危害程度轻微则对社会的危害结果就小，对社会的稳定与发展有直接的影响作用。

第三节　侦查对象的侦破模式

侦查对象的破案模式是指在侦查过程中，根据侦查的一般规律和案件自身的特点，对侦查机关采用侦查破案方法的概括和抽象。所谓模式，即某种事物的标准式样①。因此，侦查模式就是案件侦查的标准式样。侦查破案中有两个最为基本的规律：一是案件构成要素决定侦查方法的规律：二是案件暴露程度和侦查整体能力决定侦查效果的规律，② 按照案件侦查的途径侦查对象的侦破模式可以分为：一般侦破模式和特殊侦破模式两大类。

一、一般侦破模式

一般侦破模式是针对一般刑事案件的侦破，又称为常规侦破模式，主要有“从案到人”的侦破模式，“从人到案”的侦破模式，“从物到人”的侦破模式，“从情到案”的侦破模式等。

(一)“从案到人”的侦破模式

“从案到人”的破案模式是以案件为中心展开侦查和调查，通过发现和收

① 《新华词典》，商务印书馆2001年版，第693页。

② 郝宏奎：《侦查破案的基本规律》，载《山东警察学院学报》2008年第1期。

集证据进而确认犯罪嫌疑人的模式。这种模式是侦查破案的主要模式，由于绝大多数案件已经形成客观事实，而且都有相应的现场可供勘查，又能够提取一定的痕迹物证，具有快侦快破的特点。“从案到人”的破案模式是一种“被动回应型”的侦查模式，即接到报案人的报案并经立案程序立案后，侦查人员根据需要和可能组织展开侦查破案。一般情况下，有现场的案件要从现场勘查入手展开侦查和调查。“从案到人”破案模式的主线是先对“案”后对“人”，也就是以“案”获取的线索和证据找“人”。这种模式只要对现场的痕迹物证，能够认真仔细地发现、提取和固定、鉴别，以及对现场周围与案件有关的人与物的情况，能够切实详细地调查走访甄别，作案人的轮廓就会逐步地清晰明确起来。所以说，这种模式是将获取作案现场痕迹物证和研究分析作案现场情况，作为侦查的重点和破案的切入点。

（二）“从人到案”的侦破模式

“从人到案”的破案模式是以嫌疑人为中心展开侦查和调查，通过对控制嫌疑对象全方位的材料与情报的分析研究，发现犯罪线索和证据进而破案的模式。这种破案模式是从情报信息中发现犯罪嫌疑人，通过对犯罪嫌疑人的有效查获或控制，进而带动破案的侦查模式。“从人到案”的破案模式是一种“主动反应型”的侦查模式，即通过自身掌握的情报信息发现犯罪嫌疑人，采用快速出击查获或控制犯罪嫌疑人。一般情况下，刑嫌调控是“从人到案”破案模式基础。“从人到案”破案模式的主线是先对“人”后对“案”，侦查和调查在案前进行重点是刑嫌调控。刑嫌调控就是围绕犯罪嫌疑人所进行的动态控制，它是以刑事特情、阵地控制和犯罪情报等为基础。“从人到案”的破案模式是以情报为主导和基础，侦查机关只有建立强有力的犯罪情报信息系统，才能对犯罪嫌疑人“发现得了、控制得住、关联得上”，也才能做到“以人挂案、以案挂人、主动出击”。

（三）“从物到人”的侦破模式

“从物到人”的破案模式是以对各种被盗、被抢物品开展控制的侦查与调查，发现犯罪线索以物找人进而破案的模式。阵地控制是一项查缉犯罪的主动进攻措施，通过对特定行业、场所等阵地的严密控制，从而进一步提高侦查机关的打击力度。首先，必须针对市场经济条件下行业格局的新变化，进一步拓宽阵地控制的范围和内容；即继续对以废旧物品回收业、旅店住宿业、典当寄卖业为阵地控制基础，根据本地区刑事犯罪的新动态和新变化特点，将与犯罪活动相关的新兴产业、行业、场所纳入控制范围，诸如汽车修理厂、摩托车修理厂、黄金加工店、二手通讯市场、劳务市场、出租汽车行业、城乡结合部等，从中发现和搜集案件线索；其次，加强阵地信息化的建设和管理，进一步构筑严密的阵地控制情报网络，把孤立的各个方面的阵地联系起来形成一个整体，使地方与铁路、城市与农村、陆地与水上，以及各省之间、各市之间、各县之间得到通力合作；互通情报信息资源共享，使得阵地的控制范围网络化快捷化，作到一方发案多方围堵和追捕的有效控制机制，使静态的阵地变成动态的信息系统，从而提高侦查和控制犯罪的能力。

（四）“从情到案”的侦破模式

“从情到案”的破案模式是以利用犯罪情报信息，挖掘案件线索开展侦查进而破案的模式。侦查破案就是搜集、分析和运用各种犯罪情报信息，发现、揭露和证实犯罪的过程。当前严峻复杂的社会治安形势，在客观上要求侦查必须打破各守一方和各自为战的局面；要尽快建立信息量大、覆盖面广、综合性强，以及社会化程度高、系统功能完善、资源共享的刑侦信息化体系；将信息的查询检索引入侦查破案的各个环节，使刑事技术、刑事特情、刑嫌调控、阵地控制等侦查基础业务，与专门调查的方法和犯罪情报紧密联系，使侦查部门真正做到耳聪目明、反应迅速、先发制人。在案件尚未发生时通过网上的资源信息，分析辖区和周边发案的规律和特点，及时掌握发案类型、发案地段、发案时段和发案趋势，及时汇总本地区的犯罪防控情况，从而有目标、有重点地开展盘查和清查工作，积极有效地发挥信息预警的作用。

二、特殊侦破模式

特殊侦破模式是针对复杂和疑难的重、特大刑事案件的侦破，主要有专案侦破模式、并案侦破模式、破案战役模式等。

（一）专案侦破模式

1. 专案侦破模式的概念

专案侦破模式是指侦查机关针对重、特大刑事案件，组织侦查力量综合运用侦查措施和手段，实行专案专办的一种侦查模式。

专案侦破模式是一种特殊的侦破模式，与一般侦破模式相比区别在于：一是侦查对象不同。一般侦破模式实施对象是案情较为简单，危害程度不大的刑事案件，而专案侦破模式实施对象都是案情较为复杂的重、特大刑事案件。二是侦查措施不同。一般侦破模式常采用简单或较少的几种侦查措施，而专案侦破模式则强调多种侦查措施的综合采用，尤其是秘密侦查手段的大量采用。三是组织形式不同。一般侦破模式的组织指挥系统固定不变，是一定范围内的一个经常性工作机构，而专案侦破模式则是由一定数量人员组成的临时组织。

2. 专案侦破模式的意义

（1）专案侦破模式能有效提高破案效率。侦查机关的专案侦破模式是一种集中制的侦破模式，这种模式可以集中优势警力打歼灭战。面对刑事案件集团化的发展态势，侦查需要依靠专案侦破模式及时侦破案件，所以，专案侦破模式已成为侦破重、特大刑事案件的重要模式，可以及时打击犯罪提高破案效率。

（2）专案侦破模式能有效强化侦查职能。侦查机关的侦查职能主要体现在侦查破案方面，尤其是尽快侦破危害后果严重的重、特大刑事案件。专案侦破模式能够集中优势兵力和综合运用各种侦查措施，迅速侦破重、特大刑事案件；因此，专案侦破模式对于强化侦查职能具有重要的意义。

（3）专案侦破模式能有效提高侦破水平。侦查机关在侦破重、特大的案情复杂疑难案件时，往往依靠少量的侦查力量和一般的侦查措施是难以达到目的的，必须要利用专案侦破的模式才能完成任务。通过专案侦破模式对复杂疑难案件的侦破，可以提高参战人员的侦查业务素质和侦破水平。

3. 专案侦破模式的适用

一是重、特大刑事案件。重、特大刑事案件一般案情较为复杂，给社会带来严重的危害后果，是侦查机关重点打击的对象；侦查机关对此类案件侦查中，就要采取综合的侦查措施和手段以保证破案。

二是严重暴力犯罪案件。严重暴力犯罪案件社会危害后果严重，其危害后果还有可能迅速蔓延，是侦查机关需要迅速侦破的对象；侦查机关对此类案件侦查中，需要多个部门协助和政府的支持才能完成。

三是有组织的犯罪案件。有组织的犯罪案件成员较多，其组织严密分工明确，手段狡猾能量较大，侦查有一定难度。特别是对带有黑社会性质犯罪集团的侦破，其难度更大，专案侦破模式对此类案件能够集中优势兵力打歼灭战。

4. 专案侦破模式的实施

（1）准备阶段。专案侦破的准备阶段是在案件进入侦查之前，对参战的人、事、物进行统筹安排和合理分工，使侦查人员结构安排合理达到效益最大化。专案组成员一般根据案发现场所在区域和案件的重大程度，由各级侦查部门的领导和侦查人员组成；所有人员来自不同的机关单位，由一个较高机关单位的领导统一领导指挥。专案组根据各成员的特点和专长进行分工，成员较多的专案组可将成员分成若干小组，各组指定一名组长负责侦查的统筹安排和落实。

（2）实施阶段。专案侦破的准备工作就绪后正式开展案件的侦查，专案组各成员在负责的范围内进行调查取证、摸底排查、监视守候等工作，最大限度地收集与犯罪有关的线索达到破案的目的。在案件证据调取基本充分确凿时，可制定周密的抓捕计划实施抓捕，并安排骨干力量对重点犯罪嫌疑人进行突击讯问，通过讯问以获得更为充分的证据。由于专案侦查面对的大多数是重、特大的案情复杂疑难案件，因此，在实施阶段往往会由于线索枯竭而陷入僵局。

（3）结束阶段。任何形式的复杂和疑难的刑事案件，从理论上讲都是可以被侦破的；尽管有些案件在短时间没有被侦破，不是因为这些案件天衣无缝无法侦破，而是因为侦查工作还不到位或是侦查技术手段还不先进，抑或是侦查人员的综合侦破能力不高等原因所致。一般来说，专案侦查的案情已基本明确，主要犯罪嫌疑人已抓获归案，案件证据已基本确凿充分的情况下，专案侦查工作就进入结束阶段，结束阶段侦查人员应将所有案卷材料整理和归档。

（二）并案侦破模式

1. 并案侦破模式的概念

并案侦破模式是指将作案主体实施的系列作案行为中，以案件所表现出的相同特征为基础进行案件合并，由一案并多案，统一组织和指挥侦查力量的一种侦查模式。

并案侦破模式是专案专办的一项重要措施，具有自身的以下三个特点：一是具有系列性特点。并案侦破模式的系列性特点是各案中的特点所决定的，这些案件中所表现出的相同性或相似性的特点，成为并案侦破模式系列性特点的前提。二是具有综合性特点。并案侦破模式的综合性特点是正面侦查与秘密侦查相结合，正面侦查收集痕迹物证和摸排重点嫌疑人，秘密守候控制赃物流向和人员逃遁。三是具有联合性特点。并案侦破模式的联合性体现为“多警种”参加的联合作战，并案的案件往往涉及面广、工作量大，因此需要多个部门或单位参与联合攻坚。

2. 并案侦破模式的意义

(1) 并案侦破模式可以集中证据。符合并案侦查条件的刑事案件，在现场一定会遗留有相似的痕迹物证；但是由于作案时间和作案地点等条件的不同，所以在各案中遗留下的痕迹物证不尽相同，又具有很多相似之处；侦查部门可以将各案所获的痕迹物证综合起来，使零散的证据集中起来发挥侦破案件的作用。

(2) 并案侦破模式可以加强协作。普通刑事案件的侦破不需要大面积的侦查协作，而符合并案侦查条件的案件，在侦破时则需要多方面的协作；侦查协作可以将各个区域的侦查力量集中起来，实行统一指挥、联合作战、合力攻关。并案侦查既增强了整体作战的能力，又密切了各地区间侦查部门的联系与协作。

(3) 并案侦破模式可以提高效率。侦查工作受到地域管辖等因素的影响，单个机关在侦查过程中侦破时间会相应延长；而利用并案侦破模式，可将各地区或同一地区的案件联系起来；侦查中并案的案件有一个被突破，这就意味并案的几个或几十个案件的侦破；因此，并案侦破可以大幅度提高案件侦破的效率。

3. 并案侦破模式的条件

一是各案的痕迹物证具有相似之处。并案侦破模式的条件之一，首先要分析几个案件现场遗留的痕迹和物证，是否存在相同或是相似之处；各案的痕迹物证具有相同或相似之处，是并案侦破中最准确、最直接的并案条件；因为，现场痕迹物证能准确和直观地反映行为人的形态特征与行为特征。

二是各案的作案人特征有相似之处。并案侦破模式的条件之二，其次分析各案中作案人行为的个人特征，对几个案件中反映出作案人的体貌特征、生活特征、职业特征等，以及衣着特征是否具有相同或相似之处；在对行为特征的稳定性和可变性分析的基础上，再对相同点和差异点的本质进行区分。

三是各案的作案手法具有相似之处。并案侦破模式的条件之三，再次分析几个案件中作案人作案手段是否具有相同或相似之处；对作案人作案实施的具体方法和过程，作案使用的工具和侵害的部位，作案后采取伪装或破坏现场等因素的分析，也是判断案件是否为同一个或同一伙人所为的重要条件。

四是各案的时空对象具有相似之处。并案侦破模式的条件之四，最后分析作案人作案选择的时间和地点，以及选择的被害人和侵害物是否具有相同或相似之处；作案人对作案时间、作案地点、作案对象和侵害物的选择，是作案人行为稳定性的具体表现，也是认定是否可以并案侦查的一个重要条件。

4. 并案侦破模式的实施

(1) 全面收集证据发现并案依据。广泛及时地收集侦查的各种证据和信息是发现并案的主要途径，也是并案侦查的前提条件。并案的主要途径有：第一，了解现场发现并案；第二，应用技术发现并案；第三，分析档案发现并案；第四，通过调查发现并案；第五，通过联防发现并案；第六，利用协查发现并案。

(2) 充分分析证据认定并案证据。广泛多样化的并案方法是充分分析证据认定并案证据的基础，也是并案侦查的关键环节。认定的主要方法有：一是比较认定法。即通过对案件证据的差异点和相同点的比较，获得认定并案的结论。二是类比认定法。即通过对两个以上案件的相似或相同点的互相推移，获得认定并案的结论。三是归纳认定法。即对几个案件中的特征和结果进行归纳，获得认定并案的结论。四是鉴定认定法。即对案件中的痕迹物证通过技术检验鉴定，找出同一性和共同特征认定并案。

(3) 组织精干力量迅速开展侦查。并案的目的是为组织并案侦查破获系列案件提供保障，这是并案侦查的起点和归宿。并案侦查的主要方法有：首先，建立上级机关为领导核心的并案侦查组织指挥体系；其次，组织侦查人员对案件证据和相关信息仔细分析研究；再次，开展侦查各项工作发现线索利用侦查措施打破僵局；复次，抓捕犯罪嫌疑人迅速展开侦讯深挖余罪以扩大战果；最后，破案后对案件各种证据材料认真复核保证案件质量。

(三) 破案战役模式

1. 破案战役模式的概念

破案战役模式是指侦查机关内部组织的在一定时间和范围内，统一调配侦查力量、统一组织指挥、集中侦破一批刑事案件的一种侦查模式。

破案战役是侦查机关针对犯罪猖獗实施的一种侦破模式，具有以下特点：一是破案战役模式是侦查机关的一种特有的侦查模式，目的是在一定时间和一定范围内，对多发性案件进行集中处理的侦查破案活动。二是破案战役模式的实施在一定程度上打击犯罪的嚣张气焰，能够有效提高侦查机关的破案率，为社会治安秩序的稳定创造良好空间。

2. 破案战役模式的意义

（1）破案战役可以集中优势兵力打歼灭战。破案战役是一种集中力量打击犯罪的战役行动，是根据治安形势的发展和警力不足的实际状况，在刑事犯罪活动猖獗的区域集中重点打击的侦查行动。破案战役可以集中人力上和技术上的优势，有利于充分发动群众和震慑犯罪，可以集中优势兵力打歼灭战。

（2）破案战役可以打、防、建、管相结合。破案战役重点打击的是现行犯罪活动，既抓大案和要案的查处与侦破，又要对隐案和积案深挖与深究。通过开展破案战役加强侦查业务建设，深入基层积累犯罪资料和建立档案，对战役中侦查机关暴露出的漏洞和薄弱环节，及时采取措施予以补充和加强。

3. 破案战役模式的组织

一是破案战役的组织。破案战役一般以县（市）为单位独立进行，特殊情况下根据需要也可跨地区联合实施。作为一种集中侦查力量的侦破模式，组织的时间和地点都要根据当地的实际情况。

二是组织破案战役。破案战役一般是在刑事案件高发、积案较多、破案率不高，以及侦查工作被动的情况下采取的一种集中行动。破案战役要在事先调查研究的基础上，严密部署认真组织防止形式化。

4. 破案战役模式的实施

（1）破案战役模式的准备。第一，制定破案战役的方案。在破案战役实施之前，首先要明确战役进攻目标和战役要求，严格规定战役行动时间和组织纪律，拟订战役的各项计划和总体方案。第二，建立完善的组织机构。破案战役是侦查机关的一种侦查模式，也需要其他机关或单位的支持与配合，所以要建立完善的组织机构部署工作，使各参战人员人尽其长和物尽其用，以保证任务的完成。第三，审理未破案件的材料。破案战役的一个重要目的是处理积案，所以首先要对积案进行分类排队，对积案逐个分析研究理清线索和选择条件，在破案战役中将重大案件的犯罪嫌疑人缉获归案。第四，全面发动舆论的攻势。在破案战役之前不仅要鼓动参战人员，还要利用各种宣传形式广泛发动群众，通过鼓动参战人员和发动群众的舆论攻势，促使犯罪嫌疑人主动坦白和群众检举揭发。

（2）破案战役模式的实施。第一，调动机关成员协助侦破。破案战役既要调动侦查机关内部的人员参加战役，更要注重派出所的基层工作者和治保组织的发动，发挥其情况熟悉和人员清楚的优势。第二，调整精干力量充实侦讯。破案战役在短时间内一般就会产生明显效果，对已抓捕的犯罪嫌疑人要进行细致的讯问，通过讯问及时固定口供并深挖余罪扩大战果，以口供与其他证据相结合查破积案。第三，公开与秘密手段相结合。在破案战役中集中组织公开与秘密的侦查力量，对重点地区、复杂场所和特种行业进行有效控制，破获一些平时不易破获的案件，抓获一些平时不便抓获的犯罪嫌疑人。

（3）破案战役模式的终结。破案战役结束后，要召开有关单位负责人和侦查机关参战人员的座谈会，及时总结此次破案战役的经验和教训；同时向社会发布破案战役取得实效和成果，打击犯罪活动的嚣张气焰，鼓励群众参与揭露犯罪的积极性，达到预防犯罪行为发生的作用。

本章思考与练习题：

1. 刑事案件成立的标准是什么？
2. 刑事案件与社会事件有何区别？
3. 刑事案件有哪些基本特点？
4. 什么是作案时间？作案时间对破案有何意义？
5. 什么是作案空间？作案空间对破案有何意义？
6. 如何正确界定作案主体不同阶段的称谓？
7. 对侦查主体身份的正确认定有何实际意义？
8. 作案主体的三种类型各有何特征？
9. 什么是作案对象？作案对象分为哪两类？
10. 作案行为结果对侦查结案定性和定罪有何意义？
11. 对侦查对象的一般侦破模式有哪些类型？
12. 对侦查对象的特殊侦破模式有哪些类型？

第七章 侦查行为

侦查行为是侦查权力的外在表现形式。侦查权力只有以侦查行为的特定方式表现出来，才能发挥应有的强制作用并产生法律效力。因此，侦查行为与侦查法治的关联度极大，从现实主义法学和行为法学角度看，行为是现实中的法律，法律是行为中的规范。所以，对侦查过程中的一切“活动”用法律的眼光审视，就只有“行为”是人的有意识的活动。

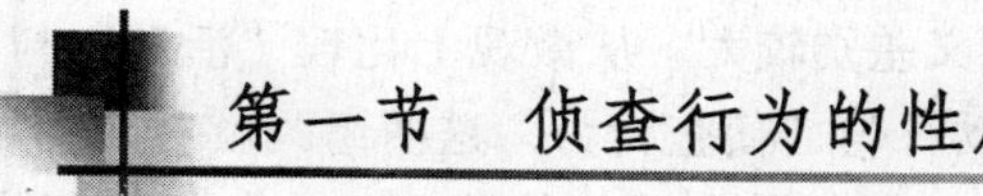

第一节 侦查行为的性质

在我国侦查学科理论界和实务界存在着“侦查活动”、“侦查行为”、“侦查措施”、“侦查方法”、“侦查手段”、“侦查策略”等多种不同的说法，而且各种说法从不同角度出发又各有不同，至今没有形成一个大家都较为认可的说法或观点。因此，在探讨侦查行为的性质与原则之前，有必要对“行为”及“侦查行为”的概念予以廓清。

一、对行为的理解

“行为”一词《辞海》的解释是：受思想支配而表现在外面的活动①。在《现代汉语词典》的解释是：人有意识表现出来的活动②。而对“活动”一词《辞海》的解释是：人对于外部世界的一种特殊的对待方式③。在《现代汉语词典》的解释是：为达到某种目的而采取的行动④。《现代汉语词典》对“措施”一词的解释是：针对某种问题采取的解决办法⑤。对“方法”一

---

① 《辞海》，商务印书馆 2003 年版，第 2250 页。

② 《现代汉语词典》，商务印书馆 2008 年版，第 1524 页。

③ 《辞海》，商务印书馆 2003 年版，第 2692 页。

④ 《现代汉语词典》，商务印书馆 2008 年版，第 617 页。

⑤ 《现代汉语词典》，商务印书馆 2008 年版，第 238 页。

词的解释是：关于解决思想、说话、行动等问题的门路、程序等①。对“手段”一词的解释是：为达到某种目的而采取的具体方法②。对“谋略”一词的解释是：根据形势发展而制定的行动方针和斗争方式③。由此可见，《现代汉语词典》对措施、方法、手段和策略的含义解释虽有所不同，但这四个词的词义却大同小异密不可分；措施、方法、手段三个词的含义更为相近，都是“处理和解决某一问题的具体办法或方法”。而谋略与前面三个词的词义稍微有些差别，但差别并不在于词的实质方面；在一定程度上说，措施、方法、手段就是一种谋略或计策。

由上述说明可以看出，“活动”与“行为”是属于基本同义的词；可以说“活动”就是“行为”，“行为”也就是“活动”，在宏观上考察这两个词没有太大的差别；而“方法”、“措施”、“手段”、“谋略”则都是具体办法，与“活动”和“行为”的词义差别较大。从微观上比较“活动”与“行为”词组使用的范围，“侦查活动”与“侦查行为”这两组词就有差别，在书面和口语中可以使用“展开侦查活动”和“行使侦查行为”的词组搭配；但使用“行使”修饰“侦查活动”，使用“展开”修饰“侦查行为”，就显得词语搭配不大妥当。由此可见，“活动”涵盖的范围要比“行为”的范围大，“行为”指向的动作要比“活动”的动作更为具体。可以说，“活动”的行为具有不确定性，而“行为”的动作则具有明确的指向性。从法律规范的角度说，侦查是由一系列侦查行为的行使或实施达到侦查目的，侦查行为是基于侦查权力的一种特定的行为；倘若在侦查中出现违法侦查的事件，则处罚的应当是具体的侦查行为，而绝对不可能处罚侦查活动；因为，“侦查活动”的具体范围无论在侦查理论上，还是在侦查实践中都是无法界定的概念；所以，法律不可能处罚一个没有边界的和抽象的“活动”。

综上所述，“活动”一词是具有不特定指示的和具有口语化倾向的词语。“侦查活动”这一词组，从书面用语上看涵盖范围太广而不够严谨，从法律用语上看具体行动的指向含糊则又不够确切。而且，“活动”一词不便切分为一个个独立的行为或动作。而“侦查行为”这一词组，从书面用语上具有动作明确的特指对象词语严谨恰当，从法律用语上行为指向性明确具有法律化的表达方式；“侦查行为”词组从微观分析，“行为”不仅可以切分为一个个具体的行为，还可以切分为一个个独立而连贯的动作。

---

① 《现代汉语词典》，商务印书馆2008年版，第383页。

② 《现代汉语词典》，商务印书馆2008年版，第1254页。

③ 《现代汉语词典》，商务印书馆2008年版，第138页。

二、侦查行为的概念

（一）侦查行为概念的分歧

侦查行为，我国《刑事诉讼法》“侦查”一章中采用四十七条的篇幅，对侦查阶段的专门调查工作和有关的强制性措施予以明确规定。这些规定既是法律对侦查行为的授权，也是法律对侦查行为的约束；这些规定是侦查人员在侦查实施中，必须遵循的和不可逾越的行为规范。虽然刑事诉讼法对侦查行为的内容予以明确规定，但却对侦查行为的概念未予以明确的界定；这是我国刑事诉讼法立法粗疏的具体表现，有待于今后的立法进一步充实和完善。关于侦查行为的概念在侦查学界主要有几种观点：

1.“侦查活动说”

该观点将侦查行为等同于侦查活动。认为“侦查行为是侦查主体实施的侦查活动，是指向一定侦查目标的侦查措施和手段”①。或认为“侦查行为是指侦查人员在办理刑事案件过程中，依据法律进行的专门调查活动和采取的其他紧急措施。”② 或认为“侦查行为是侦查主体实施的侦查活动，是指向一定侦查目标的侦查措施和手段。”③

该观点对侦查行为与侦查活动相等同的认定过于宽泛。一般来说，侦查活动是一个范围很广且含义模糊的概念；侦查活动可以涵盖和涉及所有的侦查行为，包括直接的侦查行为和间接的侦查行为，即只要与侦查有关的侦查行为可以说都是侦查活动的范围。“侦查活动”该说法将侦查行为等同于侦查活动，似有过于宽泛之感；将侦查行为限定为收集和审查证据的专门调查，未能涵盖强制措施的侦查行为内容，又似有以偏赅全之嫌。

2.“调查工作说”

该观点认为“侦查行为是指侦查机关在办理案件过程中，依照法律规定进行的各种专门调查工作”④。或认为“侦查行为是指侦查机关对刑事案件依照法律进行的各种专门调查工作”⑤。或认为“侦查行为，是指侦查机关和侦查人员在办理刑事案件的过程中，依法进行的各种专门调查活动”⑥。

---

① 任惠华：《侦查学原理》，法律出版社2002年版，第169页。
② 卓译渊：《法治泛论》，法律出版社2001年版，第312页。
③ 宋占生：《中国公安百科全书》，吉林人民出版社1989年版，第1224页。
④ 陈光中、徐静村：《刑事诉讼法学》，中国政法大学出版社1999年版，第287页。
⑤ 崔敏：《刑事诉讼法教程》，中国人民公安大学出版社2002年版，第448页。
⑥ 孙洁冰：《刑事诉讼法学》，重庆大学出版社1996年版，第263页。

该观点将侦查的强制措施行为排除在侦查行为之外，主要是依据我国刑事诉讼法第二编第二章“侦查”的规定。该章将侦查的八种行为予以明确规定，而将五种强制措施的行为却规定在另一编的章中。据此，该观点认为侦查行为仅指“依照法律进行的各项专门调查工作。”① 但事实上，我国刑事诉讼法第二编的第二章并没有涉及强制措施，其第一节“一般规定”中第89条就明确规定：“对于现行犯或者重大嫌疑分子可以依法先行拘留，对符合逮捕条件的犯罪嫌疑人，应当依法逮捕。”况且，将强制措施作为刑事诉讼制度之一规定在刑事诉讼法的第一编中，纯属是一种体例上需要的安排，并无将强制措施排除在侦查行为之外的意思。因而，将侦查行为仅仅限定为“专门调查工作”，显然是一种片面之举。

3. “调查工作加强制措施说”

该观点认为“侦查行为是指侦查机关为收集发现证据和保全犯罪嫌疑人而进行的各种专门调查活动和强制措施。”② 或认为侦查行为是“公安机关、人民检察院在办理刑事案件过程中，依照法律实施专门调查工作和采取有关强制措施的行为。”③

在上述几种观点中，前两种观点把侦查行为概括为“侦查措施和手段”，或“调查活动和紧急措施”，或“各种专门调查工作”，都不能全面准确地反映出侦查的本质特征；因为刑事诉讼法不仅对侦查中讯问、询问、勘验、检查、搜查、扣押、鉴定、通缉等专门调查进行了规定，而且对拘传、监视居住、取保候审、拘留、逮捕等强制措施也进行了规定。专门的调查和强制性措施是侦查行为中不可或缺的重要组成部分。第一种观点把侦查行为界定为专门调查活动和紧急措施，属于定义不准值得商榷。第二种观点将强制措施排除在侦查行为之外，显然有失偏颇。第三种观点将侦查的专门调查工作和强制措施都纳入侦查的行为，较前两种观点能够涵盖侦查行为的内容和反映侦查行为的本质，在侦查行为的界定表述上较为概括和全面。

（二）侦查行为概念的确立

侦查行为是指侦查机关在案件侦查中，为实现侦查的目标依法实施侦查行为的总称。即从广义上说，在侦查中依法采取和实施的所有侦查的行

① 蒋石平：《侦查行为论》，群众出版社2004年版，第7—8页。

② 高格、孙占茂：《刑事法学词典》，吉林人民出版社1987年版，第282页。

③ 郭晓彬、蒋开富：《侦查行为的分类及法律规制原则》，载《公安学刊》2003年第4期。

为都是侦查行为。这一定义较为准确地揭示了侦查行为的内涵，既确定了侦查行为的外延，又能与其他国家对侦查行为的规定相兼容。从狭义上说，侦查行为就是具体侦查中的行为。对这一概念还应从以下几方面进行深入理解：

1. 侦查行为实施主体

侦查行为实施的主体只能是侦查机关的侦查人员，即侦查行为只能由具有侦查权主体资格的人员在侦查中行使；侦查行为体现的是一种职权，同时又承担着相应的职责。侦查行为是一种法律授权和限权的行为，行为具有国家权力的特定性和强制性；因此，一切非经法律授权的机关、团体和个人，以及侦查机关中没有侦查权主体资格的人员，均不能行使侦查行为。与其他国家相比我国对侦查行为的授权加以严格控制，侦查行为只授权于公安机关和人民检察院等五个侦查机关。

2. 侦查行为实施对象

侦查行为实施的对象只能是与侦查有必然联系的刑事案件及其要素，即侦查行为只能对与刑事案件有关的人、事、物等的行为。在侦查行为实施中对犯罪嫌疑人的确认，应具备一定的证据条件和确实的依据；根据诉讼证明的一般规律，要证明某犯罪事实是某人所实施，首先应当证明犯罪事实是否存在，是否需要追究刑事责任；其次要证明涉嫌犯罪的人是否具备实施犯罪行为的条件。具体可将确认犯罪嫌疑人的证据条件概括为两个方面：一是主观方面的证据；二是客观方面的证据。

3. 侦查行为实施目的

侦查行为实施是为收集证据、查明案情和查获犯罪嫌疑人的目的实施的行为。侦查行为的最终目标是保证侦查权的有效行使，以便准确及时地达到侦查的目的实现惩罚权。侦查目的的实现是通过具体有效的侦查行为得以实现，每一个具体的侦查行为都是为实现侦查的目标服务；任何一个具体侦查行为目的的实现，都是为完成和实现侦查的总体目标的努力；所以，侦查行为要服务于和服从于侦查的最终目标。

4. 侦查行为实施本质

侦查行为实施的本质是通过侦查权的有效行使实现国家的刑罚权，即侦查行为的目标是实现刑事诉讼的阶段性目标，实现侦查目标只实现了刑事诉讼侦查的阶段性目标，侦查收集证据、查明案情和查获犯罪嫌疑人的目的实现，为检察机关对犯罪嫌疑人的起诉提供确实充分的证据材料。侦查行为是国家实现刑罚权的前提和基础，侦查行为的内容体现为具体的侦查方法和措施；侦查行为通过采取、实施和执行各种侦查方法与措施，以及运用各种侦查方法与措施完成侦查的阶段性目标，为进而实现国家的刑罚权提供保证。

三、侦查行为的性质

（一）侦查行为的认识性

侦查行为是具有由已知到未知认识的特性，是对犯罪事实及其法律性质的认识，在认识的基础上不断全面和深化的过程。

首先，侦查行为是一种回溯性认识活动。侦查行为是侦查人员对案件性质和案件证据，以及犯罪嫌疑人逐步认识的过程，作案行为的终点往往成为侦查行为的起点；因此，依据案件终点的结果探寻案件源头的原因，对作案行为的因果认识就必然成为一种回溯性活动；侦查行为认识的本质是侦查人员收集和运用证据的过程，是侦查人员对案件的认识从未知到已知的认识过程。侦查行为认识的主体是侦查人员；侦查行为认识的对象是犯罪嫌疑人及其行为；侦查行为认识的方法是侦查技术、侦查措施和侦查方法。

其次，侦查行为是一种证明性认识活动。侦查的根本目标在于揭示犯罪案件的全部事实真相，案件事实真相的揭示要借助于证据的支持和证明；这种借助于证据说明案件事实真相的行为，就是法律上的证明性认识活动。侦查行为的证明并不是以侦查人员自身了解和确认犯罪事实的结论为标准，而是要满足案件侦查终结具备移送审查起诉的各项条件，并在此基础上经由检察机关的审查起诉和法院的审判过程；侦查行为实质上是向公诉机关和审判机关，乃至于向犯罪嫌疑人、被告人和辩护人、被害人等，以证据揭示和还原犯罪事实的证明性行为。

（二）侦查行为的法定性

侦查行为是特定法律制度的衍生物，是由一定的法律制度派生出来，由授权的侦查人员实施的带有强制属性的法律行为。

首先，侦查行为是一种诉讼性法律行为。侦查作为刑事诉讼的重要组成部分，被视为刑事诉讼程序的前提和基础。侦查行为是一项诉讼性法律行为，由刑事诉讼法授权和规范行为；但由于侦查行为实施的紧迫性和案件的不明朗性，使侦查行为对控辩平衡、裁判中立、辩论主义等这些诉讼的根本特征更多地予以排斥和回避。侦查行为的诉讼性要求不应仅仅顾及准确和客观地查明案件事实真相，而且更应当注重侦查行为的正当性、合理性、人道性和公正性。

其次，侦查行为是一种限权性法律行为。侦查行为刑事诉讼法采用授权和限权的两种法律规范，一方面是授权，赋予侦查机关和侦查人员行使侦查行为的特定权力；另一方面是限权，规定侦查机关和侦查人员行使侦查行为中必须遵循和不可逾越的规范。一般来说，规范侦查行为的内容主要有：一是侦查行为主体的规范化，即侦查权行使的主体法定；二是侦查行为内容的规范化，即实施侦查行为和强制措施的约束；三是侦查行为程序的规范化，即侦查行为受到程序的严格的制约。法律对侦查行为的合理授权与限权，使侦查行为的行使规范与有序。

（三）侦查行为的强制性

侦查行为是一种国家权力和意志的体现，是国家权力和意志通过侦查行为实现侦查目的，侦查行为具有无法抗拒的强制性。

首先，侦查行为是一种授权性法律行为。侦查行为是代表国家行使对犯罪的追诉职权，在我国国家追诉职权是法律授权的行为，非经法律授权的机关、团体和个人均不得行使侦查行为。为使侦查主体顺利地完成追诉犯罪的职能，国家赋予侦查主体全面的侦查权，严格禁止非授权的组织和个人行使侦查权；不仅通过法律赋予侦查主体侦查权力，而且法律明确规定侦查行为的种类及其合法性，侦查行为是国家行使追诉权的具体体现。

其次，侦查行为是一种强制性法律行为。侦查行为之所以由国家法律的形式予以授权，是因为侦查行为具有法律的强制性；侦查行为的强制性是以国家的强制力为后盾，在侦查中为收集证据、查明案件事实和查获犯罪嫌疑人，侦查行为根据案件情势和需要可依法采取各种相应的侦查方法与措施；在特殊情况下或必要时，侦查人员甚至可以采取使用武器剥夺他人生命的侦查行为。可以说侦查行为在一定程度上取决于作案行为，侦查行为也取决于一定的作案组织形式。

（四）侦查行为的救济性

侦查行为是一种国家公力救济的法律行为，国家以公力救济方式解决个人间的刑事纠纷，获得维护和稳定统治阶级秩序的目的。

首先，侦查行为对被侵害人是一种救济。犯罪行为是对他人权利的严重侵犯行为，使个人、集体和国家的利益遭受侵害。侦查行为的实施能够在一定程度上，满足被害人及其家属惩罚犯罪人的强烈报复愿望，可以平息或缓解被害人及其社会其他成员的激愤情绪，避免被害人的私力报复所造成的社会不安定因素；侦查行为的实施，在一定程度上能够恢复被害人和家人的心理平衡，使被害人及其家人心理上和精神上得到安全感，对被侵害人无疑是一种安抚和救济。

其次，侦查行为对社会秩序是一种救济。犯罪行为是对统治秩序的严重威胁和破坏行为，使原有正常运转的社会秩序遭受破坏和扰乱；侦查行为的实施力求以期迅速恢复被犯罪行为破坏的社会秩序，消除犯罪行为对社会秩序带来的负面影响，以达到稳定统治秩序和维护统治阶级威严的目的。侦查行为的实施是一种公力和主动的救济行为，侦查机关通过收集证据、查明案件真相和查获犯罪嫌疑人的行为，以国家公力的形式和主动的行为救济与维护社会秩序的稳定。

四、侦查行为的原则

（一）合法运用的原则

1. 侦查行为对象只能是刑事案件

侦查作为刑事诉讼活动的重要组成部分，侦查行为对象只能是已经立案的刑事案件；侦查的开展必须以刑法规定犯罪的存在或可能存在为前提，侦查行为实施的对象是与案件有关的人、事、物。所以，侦查行为是基于侦查权力的一种特定和法定的行为，侦查行为脱离刑事诉讼的目标和刑事案件，其行为就严重违背侦查行为合法运用的原则。

2. 侦查行为过程只能按程序规定

侦查是专门的调查和强制性措施的集合概念，侦查行为是侦查的具体化和特定的表现形式；《刑事诉讼法》对讯问、询问、勘验、检查、搜查、扣押、鉴定、通缉等专门的调查，以及逮捕、拘留、取保候审、监视居住和拘传等强制措施，实施条件、时限、程序等都作出了明确的规定。侦查行为超越或违反刑事诉讼程序规定，其行为属于违法行为应当受到法律追究。

3. 侦查行为方式只能依法律规范

侦查涉及社会的各个领域和各个方面，《刑法》和《刑事诉讼法》无法涵盖侦查的全部内容；所以，侦查机关在充分理解和深入解读“两法”的基础上，制定颁行的《刑事侦查工作细则》、《刑事现场勘查细则》、《公安机关办理刑事案件程序规定》等规则和规定，大量的侦查行为法律、条例、规定和细则等的颁布，使侦查部门的各项工作日趋制度化、法律化、规范化。

（二）严密部署的原则

1. 侦查部署要点面结合

侦查展开之初案件情况不明不确定因素较多，侦查方案设计和侦查部署决策的依据不充分。因此，应强调在侦查方向和侦查范围内，有序地组织人员有点有面地开展工作；既要运用侦查策略在较大的范围内发现案件线索，又要把已经发现的重点线索作为主攻目标；通过对已发现重点的审查和大范围的排查工作，做到有点有面和点面结合。

2. 侦查部署要统一交叉

侦查措施和方法是侦查目标实现的保证，侦查措施和方法各自有其特定的功能，也有其自身的局限性；因此，应强调在侦查措施和方法的部署上，要根据案件的具体情势和犯罪嫌疑人的具体动向，合理组合侦查力量形成合力。既要在侦查范围内采取多层次、多种类的侦查行为组合，又要对侦查目标实施侦查措施的交叉运用，做到统一组合交叉使用。

3. 侦查部署要公秘配合

侦查措施和方法根据功能和特点有公开和秘密之分，在侦查中公开和秘密两者互相配合联系紧密；因此，公开的侦查措施和方法经常被用于掩护秘密的侦查行为中，秘密的侦查措施和方法又经常被用于为公开的侦查行为提供条件。所以，侦查目标部署既要对公开侦查措施和方法的有效采用，又要对侦查目标实施秘密的侦查措施和方法，做到公开的与秘密的侦查措施和方法的有机配合。

（三）优化选择的原则

1. 侦查措施的多样性

侦查措施和方法的多样性主要体现为侦查行为的有效性，为使侦查主体的侦查行为能够实现既定的目标，国家以法律的形式确定了多样化的侦查措施和方法；侦查措施和方法在功能与形式上既有强制性，又有任意性；既有公开性，又有秘密性。这些侦查措施和方法各自有其独特的功能和作用，又具有特定的适用条件和使用范围；因此，在侦查中根据案件的具体情势和犯罪嫌疑人的具体特点，应在多样性中优化选择适当的侦查措施和方法。

2. 侦查思维的多维性

侦查思维的多维性是由案件的复杂性决定思维的特点，案件的复杂性迫使侦查思维尽可能穷尽各种可能性；侦查案件的联系形式多种多样，既有一因多果，又有一果多因，还有多因多果；既有真实联系，又有虚假联系；既有直接联系，又有间接联系；既有必然联系，又有偶然联系等等。因此，在侦查中根据案件的现象揭示案件的本质，对案件形成的各种可能性原因的分析判断中，应在多维性的侦查思维中优化选择最接近案件本质的思维形式。

3. 侦查行为的迅捷性

侦查行为的迅捷性是及时破案的基本要求，刑事案件的隐蔽性、侵害性和完成性，在客观上要求侦查行为必须迅速快捷；侦查行为的迅捷性是侦查有效性的关键，“侦查中失掉了时间就等于蒸发了真理”。就各案而言，侦查行为的迅捷性表象为侦查反应迅速及时，尽可能使侦查破案周期缩短；对总量而言，侦查行为迅捷性表现为单位时间内，完成的破案数量上要多、质量上要高。因此，侦查行为的迅捷性是反映侦查破案能力的一个重要方面。

（四）因势利导的原则

1. 侦查行为设计要知己知彼

侦查主体在设计和运用侦查行为时，必须熟悉侦查行为实施主体和对象的具体情况，根据主体与对象的实际情势审时度势地设计侦查行为；一般来说，侦查行为设计首先要考虑利用主体的优势与对象的弱点，这是设计和运用侦查行为取得成功的关键；其次要考虑侦查主体与侦查对象的力量对比关系，这是设计和运用侦查行为取得成功的保证；最后要考虑侦查行为中应注意的有关问题，这是设计和运用侦查行为取得成功的要求。

2. 侦查行为设计要灵活机动

侦查主体设计的侦查行为在具体实施中，有可能会发生不相适应的情况，甚至侦查行为在执行中由于侦查对象的情况发生变化，以致侦查行为完全不适宜继续执行原定的侦查方案；这就要求侦查行为在设计时要灵活多样，使侦查行为尽可能穷尽所有可能性以备不时之需。尽可能以多种备用方案和主要方案相结合的设计原则，取得侦查行为实施过程的主动权；

在侦查行为实施中更要灵活机动，“以变制变”、“因敌变而制胜”，根据变化的情况变更相应侦查的行为方式。

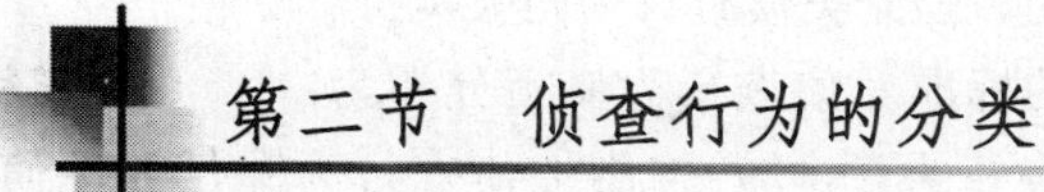

第二节 侦查行为的分类

对侦查行为进行分类，有助于正确认识和合理区分不同侦查行为的性质、适用对象和适用范围，以及正确理解和准确把握侦查行为适用主体和法律程序，有助于为构建完善和科学的侦查行为规则体系提供依据。

一、侦查行为分类的标准

侦查行为的分类是指按一定的标准和目的，对侦查行为进行分门别类的方法。在诸多侦查行为中，从任何角度进行划分都会产生不同的侦查行为组合；分类的标准和目的不同，侦查行为的分类也就会存在一定的差异。对侦查行为进行分类的意义在于：第一，从认识侦查行为的本质和特征角度对侦查行为分类，可以使理论研究进一步深化。在一定意义上说，对侦查行为的分类越细，越容易认清侦查行为的本质和特征，从而促进与侦查行为有关的其他理论研究的发展。第二，从划分侦查行为的角度和标准对侦查行为分类，可以丰富和完善侦查行为的范围和种类。在理论研究上清除侦查行为研究领域的盲区和死角，深入探究侦查行为之间的关系与联系，为精确和严密的立法与侦查实践提供理论依据。第三，从量化侦查行为的角度和方法对侦查行为分类，可以深入探索不同侦查行为对刑事诉讼的影响。在理论研究基础上对侦查行为扬长避短地删减和调整，理顺侦查行为运行规律和实施效果之间的关系，为侦查实践和立法修正提供科学导向。

侦查行为实施的对象是与刑事案件有关联的人与物。对侦查行为进行分类，不仅有助于正确认识不同侦查行为的性质和特点，也为构建科学和完善的侦查行为规则体系提供依据。对侦查行为分类的前提应当是分类标准的确立，但目前在侦查理论界和实务界均无分类标准可言。侦查行为的分类也是见仁见智存在多种形式，有代表性的主要是简单分类和复杂分类两种。

（一）侦查行为的简单分类

有学者在侦查实施形态和功能的标准与内容基础上，将侦查行为分为：

(1) 根据侦查实施的形态，将侦查行为分为公开的侦查行为和秘密的侦查行为；(2) 根据侦查的功能，将侦查行为分为取证类侦查行为、控制类侦查行为、查缉类侦查行为、强制类侦查行为两大类①。

还有学者根据不同的标准对侦查行为概括分类为：(1) 警察机关的侦查行为和检察机关的侦查行为；(2) 强制性侦查行为和任意性侦查行为；(3) 羁束性侦查行为和裁量性侦查行为三大类②。

（二）侦查行为的复杂分类

有学者在侦查行为的具体分类标准与内容基础上，将侦查行为分为以下十五大类：(1) 根据侦查行为是否违背了受处分人的意志来划分，侦查行为被分为任意侦查行为和强制侦查行为。(2) 以侦查行为是否符合法律规定为标准，侦查行为有合法侦查行为与违法侦查行为。(3) 以侦查行为是否可以由控辩双方实施进行划分，可分为单方侦查行为和双方侦查行为。(4) 从侦查行为公开程度而言，可以分为公开侦查行为和秘密侦查行为。(5) 技术侦查行为和非技术侦查行为。(6) 根据侦查行为是否产生积极效力，可以把侦查行为分为有效力的侦查行为和无效力的侦查行为。(7) 按案件管辖机关和执行机关是否同一，可把侦查行为划分成自行侦查行为和委托侦查行为。(8) 在侦查机关内部，按照侦查主体的差异，侦查行为可以分为警察机关的侦查行为与非警察机关的侦查行为。(9) 根据侦查行为的完成程度，分为积极侦查行为和消极侦查行为。(10) 根据侦查行为是否需要特定的形式或者生效要件进行分类，侦查行为可分为要式侦查行为和非要式侦查行为。(11) 以裁决和实施机关是否为同一机关，可分为自决侦查行为和他决侦查行为。(12) 按照侦查主体的意思表示与侦查行为后的关系不同，侦查行为可分为侦查法律行为与侦查事实行为。(13) 从侦查主体构成的角度区分，侦查行为包括单独侦查行为和复合侦查行为。(14) 从侦查行为是否明确列举于刑事诉讼法律中为准，侦查行为可分为法定侦查行为与非法定侦查行为。(15) 依据侦查行为对象的不同，可以分为对人的侦查行为、对物的侦查行为和对场所的侦查行为③。

还有学者将侦查中的所有侦查行为统称为侦查措施，并分为以下七大类：(1) 常规性侦查措施：主要有现场勘查、摸底排查、调查访问、询问

① 任惠华：《侦查学原理》，法律出版社 2002 年版，第 169 页。

② 毛立新：《侦查法治研究》，中国人民公安大学出版社 2008 年版，第 190—191 页。

③ 宋远升：《刑事侦查的行为视角》，中国人民公安大学出版社 2008 年版，第 235—250 页。

证人、询问被害人、讯问犯罪嫌疑人、公开搜查、侦查实验、公开辨认、扣押、查询冻结、控制赃物、并案侦查、堵截盘查十四种。(2) 紧急性侦查措施：主要有通缉、通报、追击堵截、边境控制、紧急封闭现场、现场击毙击伤罪犯、紧急疏散群众、集中清理搜捕、架网布控九种。(3) 基础性侦查措施：主要有刑事犯罪情报资料建设、刑事特情建设、刑事技术建设、侦查信息化建设、警犬技术建设、录像监控技术建设、阵地控制、堵截网点建设、刑嫌调控、行动技术建设、外线侦查技术建设、侦查协作、反恐机制建设、刑事犯罪调研十四种。(4) 强制性侦查措施：主要有拘传、取保候审、监视居住、拘留、普通逮捕、特殊逮捕、重新计算侦查羁押期限、延长侦查羁押期限、留置盘问九种。(5) 技术性侦查措施：主要有测谎检查、网上追逃、网上摸排、网上查搜、通信工具控制、模拟画像、刑事鉴定、警犬使用、会计资料勘验、脑纹识别十种。(6) 秘密性侦查措施：主要有刑事特情侦查、卧底侦查、密拘密捕、密搜密取、秘密辨认、跟踪盯梢、守候监视、秘密监听、密拍密录、邮件检查十种。(7) 特殊性侦查措施：主要有异地用警、异地羁押、公开悬赏、诱惑侦查、破案战役、通告寻证、控制交付、境外调查取证、跨国联合侦查、规模调警十种①。

可见，侦查行为分类的标准复杂多样。

二、常见的侦查行为分类

(一) 公开的侦查行为和秘密的侦查行为

这是根据侦查主体的行为方式来划分，可将侦查行为分为公开侦查行为和秘密侦查行为。侦查主体采取公开侦查身份和意图方式的行为，即为公开的侦查行为。反之，则为秘密的侦查行为。区分公开侦查行为与秘密侦查行为的意义在于，从有效侦查的角度而言，既要重视公开侦查行为的运用；同时，对个别特殊类型案件的特殊对象，也要重视秘密侦查行为的运用。

公开的侦查行为是指侦查机关的侦查人员，在侦查行为实施中公开侦查身份和侦查的目的的行为。公开的侦查行为在专门调查和有关的强制性措施的实施时均可采用，采用的标准主要是以侦查行为实施的有效性为限。

---

① 马海舰：《刑事侦查措施》，法律出版社 2006 年版，第 31 页。

我国《刑事诉讼法》规定的侦查行为绝大多数是公开的侦查行为，诸如讯问犯罪嫌疑人、询问证人和被害人、勘验检查、搜查和通缉等。

秘密的侦查行为是指侦查机关为有效揭露和证实犯罪，针对与案件有必然联系的人、物和场所，采取不为侦查对象所知晓的侦查行为。秘密侦查行为最本质的特征在于，侦查对象对侦查机关所采取的侦查行为无法知晓；在侦查实践中秘密侦查行为包括秘密窃听、秘密录音录像、卧底侦查、特情侦查、秘密搜查、秘密逮捕、秘密辨认、跟踪和守候等。秘密侦查行为主要是对重点嫌疑对象开展侦查的阶段，秘密侦查行为获取的证据材料一般不能直接作为认定案件的证据，而秘密侦查行为获取的证据是公开侦查行为的前提和基础。从刑事诉讼程序公正和人权保障角度而言，秘密侦查行为在行为方式上具有隐秘性和封闭性，行为过程缺乏社会力量的介入和监督，出现权力滥用的可能性比公开侦查行为的机会更多，对侦查行为对象人身和财产权益的威胁和侵害也较大。因此，侦查机关在采用公开侦查行为和秘密侦查行为均能实现侦查目的的情况下，侦查机关应当首先选择采用公开的侦查行为；只有在采取公开侦查行为不能达到侦查目的的情况下，才能采用秘密的侦查行为。

（二）强制的侦查行为和任意的侦查行为

这是根据侦查对象是否同意或自愿配合作为区分的标准，可将侦查行为分为强制侦查行为和任意侦查行为。侦查主体在侦查时取得侦查对象同意并给予配合的就属于任意侦查行为。反之，则为强制侦查行为。区分强制侦查行为和任意侦查行为的意义在于，基于侦查程序保障人权的价值目标，世界多数国家在立法和司法实务中均规定侦查应当以任意侦查为原则，强制侦查的行为应当受到严格的程序控制。

强制的侦查行为是指侦查机关的侦查人员，在侦查行为实施中遇有侦查对象不同意配合的和需要对物品或场所强制侦查时的行为。强制侦查行为最本质的特征在于，侦查对象对侦查机关所采取的侦查行为是无法反抗；在侦查实践中强制侦查行为包括的范围相当广泛，只是不同的侦查行为因其性质上的差异强制性的强弱程度不同而已；因为侦查行为本身是以国家的强制力为后盾，同时国家法律又赋予侦查行为一定的强制处分权力。所以，在侦查机关采用任意侦查行为和强制侦查行为均能实现侦查目的的情况下，应当首先选择采用对侦查对象权利损害较小的任意侦查行为；而强制侦查行为由于对侦查对象权利侵犯较大，应当尽可能少用或避免使用强制侦查行为；只有在任意侦查行为不能达到侦查目的的情况下，才能考虑使用强制侦查行为。在侦查程序上应确立任意侦查行为为主，强制侦查行为为辅的原则。

在此应当对侦查行为中的“强制”作出界定，所谓强制侦查行为的强制力可以表现为物理的或外力的行为，也包括以其他方式违背人的自由意志和精神的行为。秘密侦查行为属于强制侦查的行为，因为在侦查行为采取中不可能征得侦查对象的同意，也不存在是否具有“自愿配合”的情节。

（三）技术的侦查行为和常规的侦查行为

这是根据侦查行为本身所具有的技术含量的成分进行的区分，可将侦查行为分为技术侦查行为和常规侦查行为。侦查行为在侦查中以技术含量较高设备的操作与使用，达到侦查目的的属于技术侦查行为。反之，以传统方法和不具有技术含量的行为则属于常规侦查行为。技术侦查行为主要有监听、拍照、摄像等；常规侦查行为主要有讯问、询问、搜查等。区分技术侦查行为和常规侦查行为的意义在于，从高科技技术发展和侦查技术装备的趋势来看，侦查经历了神证、人证的历史演变阶段，已经或即将进入侦查物证的全新历史阶段；物证在很大程度上要求运用现代科学技术装备来收集证据和证明案情，应当注重提高技术侦查行为中技术含量装备的质量，使我国侦查由传统依靠手工收集证据和依赖主观证据查明案情，尽快转变为依靠现代科学技术收集证据和依靠客观证据证明案情。

技术侦查行为的出现有其深刻的社会背景，随着20世纪60年代社会政治经济的迅猛发展，犯罪的方式也与日俱增日益复杂化，在传统犯罪方式的基础上各种新型犯罪方式层出不穷；特别是白领阶层犯罪数量的日益增长，使犯罪的触角延伸和渗透到许多新型的领域，而且犯罪手段的科学技术化程度较高、隐秘性更强；同时，有组织犯罪在新的形势下也得到迅速发展。新的犯罪方式日益向组织化、技术化、隐秘化方向发展，给侦查机关的侦查行为带来相当大的困难，严重影响和制约着侦查行为的效果。为应对犯罪态势的新动向和新变化，在西方国家首先注重侦查行为向科学技术化和高隐秘化方向发展。随着现代科学技术的发展、普及和运用，许多现代科学技术成果被运用于侦查之中，如窃听监听装置与技术、红外线望远镜及电子计算机技术等运用于侦查行为，使得侦查机关的侦查行为和技术手段丰富多样，技术侦查由此而来必将成为克制犯罪的一种重要的侦查行为。

（四）自决的侦查行为和审批的侦查行为

这是根据侦查行为决定和实施的机关是否同一为标准的划分，可将侦查行为分为自决侦查行为和审批侦查行为。侦查行为法律规定由侦查机关自行决定和实施的侦查行为是自决的侦查行为；侦查行为法律规定由其他机关审批后方能实施的侦查行为是审批的侦查行为。根据我国《刑事诉讼法》的有关规定，侦查机关在侦查中实施的专门调查和强制措施，除逮捕措施属于审批的侦查行为外，其他侦查行为均属于自决的侦查行为。

国外的立法一般将具有强制性的和对公民权益威胁较大的侦查行为进行审查，对这两种侦查行为法律规定需经检察官或法官审查后才能实施；前者如搜查、扣押、逮捕等行为，后者如窃听、派遣秘密侦查员等侦查行为。侦查行为依据审批程序的不同，又可分为一般审批的侦查行为和特殊审查的侦查行为。一般审批的侦查行为即是对普通犯罪嫌疑人的逮捕，经检察机关审批或决定后即可实施；特殊审批的侦查行为即是对县级以上人民代表大会代表的逮捕，还需经同级人民代表大会主席团或常委会批准。在紧急情况下，侦查行为处于特定情况的需要，侦查机关可以先实施一般审批的侦查行为，但在实施后应立即或短期内向有关机关补办审批手续。因为，国家实施侦查行为的目的既要行使侦查惩罚犯罪的职权，还要承担保护公民权利免受非法侵犯的义务。国家立法对具有强制性和侵权性侦查行为，通过履行一定的司法审批程序予以适当控制，既能达到侦查揭露和证实犯罪的目的，又能起到维护和保障公民权利的作用。

（五）法定的侦查行为和法外的侦查行为

这是根据侦查行为是否具有法律明文规定为标准的划分，可将侦查行为分为法定侦查行为和法外侦查行为。法定的侦查行为即严格意义上的法律明文规定的侦查行为，法外的侦查行为是指法律没有明文列举的侦查行为。我国《刑事诉讼法》中分别在“强制措施”和“侦查”一章中，明文规定的侦查行为即是法定的侦查行为。根据《刑事诉讼法》对侦查行为的原则规定，以及《国家安全法》、《人民警察法》对技术侦查的原则规定，在侦查中依据法律原则规定实施的各种侦查行为，属于法外的或非法定的侦查行为。法外或非法定的侦查行为往往在相关的行政法规、司法解释、规章制度中详细规定，这是给侦查行为在实施中较大的灵活性和选择空间。

国外刑事诉讼立法为顺应日益高涨的人权保障需要，近年来逐步扩大了法定的侦查行为的范围，相应地缩小了法外或非法定侦查行为的范围。我国的法外或非法定侦查行为的范围过于宽泛，为个别侦查人员滥用职权和侵犯公民权利提供了便利。法律对侦查行为的规制程度体现法律文明的程度，法律文明的程度实质上体现的是国家的文明程度，因此，凡在侦查和调查中可能对公民权益造成较大危害的侦查行为，应由法律作出明确规定予以规制侦查行为；而对公民权益危害不大的取证侦查行为，则只需在《刑事诉讼法》中做出原则性规定，再由下位法对相应行为内容进行必要规制。

（六）取证的侦查行为和查缉的侦查行为

这是根据侦查行为指向的目标为标准的划分，可将侦查行为分为取证侦查行为和查缉侦查行为。取证的侦查行为是指为获取侦查线索和获取证据为主要目的的侦查行为。在侦查实践中获取线索和获取证据经常水乳交融，以至于对具体行为难以明确地进行有效区分。获取线索的侦查行为是指为获取侦查信息而采取的调查活动，侦查实践中的公布案情、调查走访、通报等均属于获取侦查线索的行为。这类侦查行为既不具有强制性，也不属于取证的内容和行为，所以法律没有明文规定。另一类取证的侦查行为是通过密拍、密搜等技术侦查行为，获取案件证据线索和犯罪嫌疑人行踪线索，这类侦查行为获取的线索旨在为后续侦查取证提供条件。取证的侦查行为是法律明确规定以获取证据为主要功能的侦查行为。我国《刑事诉讼法》对取证侦查行为有明确规定，诸如讯问、询问、勘验、检查、搜查、扣押、鉴定等均属于取证的侦查行为。取证侦查行为不仅具有法律的强制性，而且获取的合法证据具有法律的效力，法律对各种取证行为必须予以明确规制。查缉的侦查行为是指为查获和缉捕犯罪嫌疑人而采取的侦查行为。这类侦查行为主要有追缉、堵截、通缉、清查、逮捕、拘留等，查缉侦查行为从本质上说具有相当的强制性和时效性，所以对犯罪嫌疑人权利的影响相对较大，是各国刑事法律重点规制的内容。这类侦查行为要从实质要件和审批程序上进行严格规制，实质要件即必须具备一定的证据条件才能实施查缉行为，并按比例原则对不同的行为确定不同的实质要件。审批程序即必须对实施的行为进行严格的司法审查，为有效保障公民权利免受不当侵害，对较为严厉的查缉行为应由法定审批机关审批，充分体现查缉行为的比例原则。

第三节　侦查行为的种类

侦查行为种类是指依据刑事法律及侦查实践，按照侦查程序和司法惯例确定侦查行为的种属和类别。侦查行为种类主要是依据国家刑事诉讼法规定的内容，但刑事诉讼法又不可能囊括所有侦查行为的种类。我国刑事诉讼法就是典型之例。所以从广义上说，侦查机关与侦查有密切关联的行为都可称为侦查行为。根据侦查行为与侦查案件关联的密切程度，又可分为侦查的基础、侦查的方法、侦查的措施、侦查的谋略等。狭义的侦查行为是根据我国刑事诉讼法的明确规定，侦查行为主要包括讯问犯罪嫌疑人，询问证人、被害人，勘验，检查，侦查实验，搜查，扣押物证、书证，查询、冻结存款、汇款，辨认，鉴定，通缉；以及拘传、取保候审、监视居住、拘留、逮捕等。除此之外，在侦查实践中还有大量采用法律规定之外的侦查行为，包括运用秘密力量侦查、强制采样、跟踪盯梢、秘密监听、密录密拍等，这些侦查行为只是在一些效力较低的司法解释中予以体现，或在侦查机关的内部规章制度和细则守则中予以规定，或者根本就没有任何法律法规予以规范，属于根据有关法律精神和原则而创设的侦查行为。但是，这些侦查行为在侦查实践中同样发挥着重要的作用，很少有人对这些侦查行为的合法性提出明确的质疑，甚至有些人为创设的侦查行为由于习以为常和司空见惯，也就堂而皇之地成为侦查的惯例。这一方面反映了我国法制的真实现状，另一方面也对侦查学的理论研究提出了要求。

从广义侦查行为角度和观点出发，将侦查基础（刑事情报、刑嫌调控、阵地控制、刑事特情、侦查技术、技术侦查），侦查方法（讯问、询问、勘验、检查、搜查、扣押、查询、冻结、辨认、侦查实验、鉴定、通缉），侦查措施（拘传、取保候审、监视居住、拘留、逮捕），侦查谋略等内容，进行合并编排介绍，以方便学习和了解。

一、侦查的基础

（一）侦查基础的概念

侦查基础是指侦查部门依据职能特点，围绕与犯罪有关的人、事、物等情报信息，为侦查破案和预防犯罪奠定基础和提供条件的日常工作。侦查基础工作是侦查机关为侦查破案的中心目标服务，是一项长期性、基础性和事关全局的战略性系统工程。侦查基础主要有：刑事情报、刑嫌调控、阵地控制、刑事特情、侦查技术、技术侦查。

基础是指事物的根本和发展的起点。侦查基础的内容随着刑事犯罪的发展变化，经历了由小到大和由少到多不断丰富的发展过程。1984 年公安部在《关于刑事犯罪情报资料工作暂行规定》中指出："犯罪情报资料工作是同犯罪作斗争的一项重要的基础业务建设和有效的侦查手段。"1988 年公安部刑侦局进一步阐明："刑事犯罪情报资料工作、刑事特情工作、刑事技术工作是刑侦工作基础建设的三大支柱，要把这三项工作摆上重要位置。"随后，为了预防和打击严重暴力犯罪，侦查机关积极贯彻"主动进攻、先发制敌"的指导思想，普遍开展了"刑嫌调控"工作，至此，"刑嫌调控"被列为侦查工作的一项基础性业务。1997 年 6 月，公安部在河北省石家庄市召开了"全国公安刑侦工作会议"后，侦查基础业务调整为"三基础、三手段"。所谓"三基础"是指"刑事情报、刑嫌调控、阵地控制"；所谓"三手段"是指"刑事特情、刑事技术、技术侦察"。在我国尽管有学者认为"刑事技术和技术侦察统称为侦查技术"①，但本人尚没有充足的理由和根据顺应这种观点，所以，在此只是将"技术侦察"改为"技术侦查"；并将刑事情报、刑嫌调控、阵地控制、刑事特情、侦查技术、技术侦查，均统辖在侦查基础的内容之中。

（二）侦查基础的种类

1. 刑事情报

刑事情报是指侦查机关采用公开与秘密的侦查方法，获得有关刑事案件的线索和信息，以及对所获刑事案件情报分析研究的成果。

刑事情报又称为刑事犯罪情报，是侦查行为决策的重要依据，侦查行为只有在准确充分的刑事情报的支持与引导下，才能增强侦查行为的针对性、准确性和有效性，也才能减少侦查行为的盲目性和被动性。刑事犯罪情报资料是指存在一定载体上的、与刑事犯罪活动有关的各种信息和线索，按照统一规格集中分类、整理、储存并随时供检索使用的资料。它有三个构成要素：刑事犯罪情报资料的载体是其存在的基本形式；刑事犯罪资料的信息是其存在的基本内容；刑事犯罪情报资料的储存是其特征的基本

① 张新枫：《刑事侦查学》，群众出版社 1999 年版，第 481 页。

区别。

刑事犯罪情报与刑事犯罪资料是两个不同的概念。所谓犯罪情报，是指侦查机关提供以公开和秘密的方式收集的与刑事犯罪有关的人、事、物、时、空等方面的信息和线索，并对其分析研究的成果进行传递和交流，为制定侦查破案的方案提供依据。所谓犯罪资料，是指用文字、图形、符号、代码、声频、视频等技术方法，记录在纸张、卡片、感光材料、磁带磁盘、光碟光盘等载体上的，有关刑事犯罪的人、事、物、时、空等方面的信息。可见，情报和资料是同一事物的两种状态。即情报被储存就变成为资料，资料被传递使用又转化为情报。犯罪情报记录和储存在一定的载体上就成为犯罪资料，一旦侦查需要便于查找使用；所储存的犯罪资料被查找或传递使用，就转化为犯罪情报。因此，犯罪资料不仅是犯罪情报的载体和存在形式，亦是犯罪情报的来源（即情报源）。所以说，没有犯罪情报就不存在犯罪资料，没有犯罪资料犯罪情报就没有储存的价值；犯罪情报只有被整理、记录、储存并长期保存，才能发挥情报传递在时间和空间上的延伸性和流动性。

由上可见，侦查机关之所以将情报与资料整合成为一个专用名词——刑事犯罪情报资料，是由情报和资料两者之间的密切关系所决定的。刑事犯罪情报资料具有以下特征：

其一是信息性。刑事犯罪情报资料是高度浓缩和系统的犯罪信息，犯罪信息广泛地存在于人类活动的各个方面，是犯罪情报资料的“源泉”和“毛坯”；没有犯罪信息就没有犯罪情报资料，但犯罪信息不等于就是犯罪情报资料；犯罪信息只有经过分析研究，加工整理后才能成为犯罪情报资料。

其二是价值性。刑事犯罪情报资料的价值性在于能够为侦查破案，打击、预防和预测犯罪方面提供依据；刑事犯罪情报资料只要能真实、准确、客观地反映犯罪客观事实，就有利于发现、控制和打击犯罪，有利于预测犯罪发展的动向和形势，有利于侦查决策者作出符合客观实际的侦查决策。

其三是传递性。刑事犯罪情报资料都要经过一定的物质形式进行传递，才能实现其真正的使用价值；在侦查中无论收集到的犯罪情报资料多重要，如果不能被传递使用就只能是死的信息，就不能发挥犯罪情报资料的作用和价值。

其四是时效性。刑事犯罪情报资料在一定的时间内发挥优势作用，超过了一定的时间期限就会时过境迁作用消失，因此，对刑事犯罪情报资料的搜集、整理要快，传递使用更要及时迅速，尤其是一些大案要案和暴力犯罪案件，以及有组织犯罪案件的情报资料，必须迅速及时，否则就会贻误战机。

其五是秘密性。刑事犯罪情报资料是侦查机关的重要机密之一，在对情报资料的搜集、整理、储存、传递的各环节都应严格遵守保密制度；刑事犯罪情报资料一旦被泄露，经过精心搜集和加工的情报资料不仅变成无用之物，而且还会给侦查工作带来不良的后果。因此，刑事犯罪情报资料的保密性至关重要。

2. 刑嫌调控

刑嫌调控是指通过对刑嫌人员的了解、观察和监控，及时根据其活动搜集发现线索、控制现行作案活动的一项秘密侦查措施。

“刑嫌调控”中的“刑”是指“刑事”，“嫌”是指“重点嫌疑”人，“调”是指“调查”，“控”是指“控制”。也就是说，通过对刑事重点嫌疑人员活动情况的掌握与控制，针对已发生的案件特征和犯罪嫌疑人的条件，在掌控的刑事嫌疑对象中进行逐个排查，既可以及时发现犯罪嫌疑人，又可以主动出击制止刑事嫌疑对象的预谋作案行为。

3. 阵地控制

阵地控制是指侦查机关采用公开或秘密的行为，掌握和控制作案人经常涉足流窜、落脚藏身和销赃挥霍的场所，以便防控作案和及时发现作案线索，侦破刑事案件的一项专门侦查基础工作。

“阵地控制”又称为“侦查阵地”，是侦查机关结合经常性侦查破案工作，与有关部门密切配合，对作案人吃、住、行、销、乐的各个场所，进行点、线、面相结合的控制。同时要针对市场经济条件下行业格局的新变化，进一步扩展阵地控制的范围，重点研究作案人活动相关场所和行业的阵地控制特点，积极探索侦查部门参与场所及行业治安管理与阵地控制的方法措施，切实加强对旅馆娱乐业、金银首饰加工业、典当寄卖业、废旧物资收购业、二手通信器材交易业、废旧机动车交易业、机动车辆维修业、复杂场所等作案人员经常涉足或藏身，以及作案人员经常光顾挥霍的吃、住、行、销、乐场所的管理和控制，提高发现、控制和打击的能力。通过对作案人经常涉足的地区、行业、场所进行阵地控制，可以及时发现和收集作案人藏身、销赃的行踪，实际上是控制了作案人的作案后续活动动态，也是作案人作案后自我暴露的一个关键环节。

4. 刑事特情

刑事特情是指侦查机关建立和使用的用于案件侦查中，收集犯罪情报和证据、发现和控制刑事犯罪活动的隐蔽力量。

刑事特情又称为“刑侦耳目”或“刑侦线人”。刑事特情作为侦查机关对付刑事犯罪的一种秘密武器，无论是通过阵地控制收集情报防控刑事案件，还是开展专案特情内线侦查向刑事犯罪主动进攻，实施对刑事犯罪目标的精确打击，都发挥着其他侦查方法和措施不可替代的作用。它是侦查机关的一项长期性基础业务工作，被誉为刑事侦查基础业务的三大支柱之一。

刑事特情的形成和建设有着悠久的历史，是在与刑事犯罪的互动中逐步产生和发展起来。中国刑事特情的最早历史渊源应是古代的“用间之法”，据史料记载夏代就有秘密使用间谍而获胜的事例；公元前 6 世纪，孙武所著《孙子兵法》中的第十三篇“用间篇”，专门论述了“用间”的具体方法。新中国成立后，刑事特情作为与犯罪斗争的隐蔽力量，得到应有的重视和高度的关注。1951 年 9 月，全国第一次治安行政工作会议决定将特情工作应用于刑事侦查，并首次确定其名称为“刑事特情”。1955 年 2 月，全国第一次刑事侦查工作会议将刑事特情提高到侦查基础业务的高度，并正式将刑事特情分为专案特情、控制特情和情报特情三大类。1963 年公安部对刑事特情建设的原则、分类、吸收对象和刑事特情的领导、管理、使用及建立联络网点等作出规定。1981 年 3 月，公安部下达《刑事特情工作细则》（试行办法），对刑事特情的建设作出了全面具体的规定，增加了关于县级公安机关物建刑事特情的权力，农村建立特情和在刑事诉讼中对刑事特情的保护等规定。1984 年 8 月 31 日，公安部正式下达《刑事特情工作细则》，这是刑事特情工作发展进程中的第一个正式的法规性文件。2001 年针对市场经济条件下，刑事犯罪的智能化、隐蔽化、集团化、暴力化、国际化等特点，为增强侦查机关打击和控制刑事犯罪的能力，公安部又制定下发了《刑事特情工作规定》，对新时期刑事特情的建设提出了新的要求。

对刑事特情和刑事特情建设的概念要准确理解，还必须把握以下四个方面：

一是刑事特情只能由侦查机关建立和使用。根据我国《刑事诉讼法》和有关法律的规定，刑事特情只能由有侦查权的公安机关、人民检察院、国家安全机关、军队保卫部门和监狱建设和使用；除此之外，其他任何机关、团体、企事业单位和个人均无权建立和使用特情。

二是刑事特情只能用于刑事案件的侦查和控制。刑事特情只能为侦查的基本目标和任务服务，在任何情况下，刑事特情都不能用于党派内部或国家机关内部的事务中，也不能将刑事特情用于解决民间纠纷或商务贸易事务中。

三是刑事特情只能是侦查机关的一支隐蔽力量。刑事特情的一切活动都是以“隐蔽”为主要特征，对刑事特情人员的物色和建立也是在秘密状态下进行；对刑事特情的领导和管理实行单线联系的方式，刑事特情人员之间不能有任何工作上的相互接触和联系。

四是刑事特情人员不是侦查机关的工作人员。刑事特情的工作任务和工作方法近似于侦查人员的工作任务和方法，但刑事特情不是侦查机关的正式工作人员；刑事特情是从社会各个层面秘密吸收的“可用之人”，有一般群众或是已处理的违法犯罪人员。所以，刑事特情人员的身份具有多样性和复杂性。刑事特情与侦查机关只有工作和使用关系，特情人员一旦被侦查机关停止使用，也就意味着与侦查机关解除了一切关系。

5. 侦查技术

侦查技术是指在侦查活动中运用各种现代科学技术，为侦查破案和预防犯罪服务的科学技术方法。侦查技术是侦查破案的前提和基础，提高和强化侦查技术是传统侦查迈向现代侦查的关键。

侦查技术就是有关侦查的技术，抑或适用于侦查活动中的技术。因此，侦查技术是侦查活动与科学技术相结合的产物，技术是指“进行生产活动或其他活动的技能和操作技巧”[①]。它通常依靠人及其所掌握的知识技能和操作技巧，以及相应设备的互动而发挥效能。由此可见，侦查技术就是有关侦查活动的知识技能和操作技巧；而这种知识技能和操作技巧所针对的对象和由此而产生的效能，是以一定的设备为前提与基础。侦查技术有广义和狭义之分，其中广义的侦查技术是与侦查活动相关的知识技能和操作技巧，以及相关的设备都属于侦查技术的范畴。而狭义的侦查技术仅指侦查活动所采用的现代化设备及其相应的技术。例如录音录像设备及其技术、计算机设备及其技术、网络设备及其技术、数码相机及其技术、监听仪器及其技术、测谎仪器及其技术等，就属于狭义侦查技术的范畴。本文所介绍的侦查技术，仅指以一定的现代设备为依托、依法适用于侦查活动中广义与狭义之分，其中广义的侦查技术是指利用现代科学知识、方法和技术的各种侦查手段的总称。而狭义的侦查技术是指侦查机关运用现代科学技

① 《新华词典》，商务印书馆2001年版，第461页。

术器材和设备，秘密地收集证据、查明犯罪嫌疑人的强制性措施的总称。

从侦查技术层面上来讲，侦查技术起码要包括以下三个层面的内容：一是现代化设备层面的内容。例如计算机、测谎仪、照相机、录音机、录像机等设备在侦查中的应用，属于侦查技术的研究范畴。二是现代化设备的技术层面的内容。例如计算机网络的计算机网络技术，测谎仪的测谎技术、照相机的照相技术、录音机的录音技术、录像机的录像技术等在侦查中的应用，也属于侦查技术研究的范畴。三是现代化设备和技术的操作技巧。例如利用照相机及其技术进行笔迹检验的操作技巧，利用夜视仪及其技术进行监视、跟踪的操作技巧，利用窃听器及其技术进行窃听的操作技巧等。在上述三个层面中第三个层面的内容最为关键，这部分内容往往被视为国家机密，严禁对外泄露。侦查技术主要有以下三方面的特征：

一是科学性。侦查技术是一个多元化的学科知识体系，是运用先进的科学仪器、思维方法和技术手段，专门解决侦查中所遇到的相关问题。因此，侦查技术的运用和成果无不显露着科学智慧的结晶。实践证明，侦查技术涉及的科学知识内容相当广泛，几乎可以涵盖自然和社会科学的方方面面。所以，从这个意义上讲，自然和社会科学以及哲学的理论与观点，都会对侦查技术直接或间接地产生影响。

二是真实性。侦查技术运用的目的在于通过先进科学技术手段来发现未知，运用科学技术手段和技术方法来寻找答案，为侦查查明事实提供真实有力的帮助和科学依据。因此，侦查技术必须如实客观地提供真实存在的现象和信息，无论是任何一种犯罪所形成的客观原因和现状，在科学技术及其设备的作用下都应该得到最大限度的真实反映。客观真实地反映案件的实际情况，这正是侦查技术的生命力所在。

三是广泛性。侦查技术作为一种先进的科学手段运用于侦查活动，较之于传统查明案情的侦查手工或人力的方法有极大的优势。从现代科学技术渗透人类生活的各个方面而言，侦查技术也不可避免地必须涉及侦查调查的各个领域；侦查技术涉及人类生活的广泛领域，一方面是社会科学技术的日益发展带来侦查方法的革新，另一方面是科学技术日益深入人类生活各个领域的需要。侦查技术的广泛性是科学技术发展的结果，也是人类社会生活科技化的必然。

侦查技术的种类主要有：

（1）鉴定型技术。鉴定型技术，是指对与案件有关的客体进行鉴定而采用的技术，可分为物证鉴定技术和法医鉴定技术两大类：①物证鉴定技术。这是一类利用物证技术学科专业知识，对案件专门性问题进行鉴定的技术，其鉴定对象通常是手印、足迹、工具痕迹、枪弹痕迹、文件、各种微量物证与视听资料及电子证据等。这类鉴定技术解决的主要是各种人体、工具客体物，或反映形象同一认定、种属认定和真伪认定问题。②法医鉴定技术。这是一类利用法医学科专业知识，对案件专门性问题进行鉴定的技术，其鉴定对象通常是死因不明和身份不明的尸体、碎尸尸块、不同原因造成的受伤活体，以及人体的各种物质等。这类鉴定技术解决的主要是死因、伤情、个体识别，以及人体物证的种属认定和同一认定问题。

（2）侦查型技术。侦查型技术，是指实施各种侦查而采用的技术。可分为以下几大类：①通信指挥技术。通信指挥技术是侦查机关通过建立侦查指挥中心，采用网络数字视听技术，实现案件侦查远程指挥的功能。②侦查情报技术。侦查情报技术是侦查机关通过建立全国刑事犯罪信息中心（CCIC），采用高效快速信息传输系统，实现违法犯罪信息资源共享系统。③物证检验技术。物证检验技术是为现场勘察发现、显现、固定、记录、提取各种痕迹物证，以及各种微量物证等证据所采取的技术。④技术侦查技术。技术侦查技术是利用电子设备对侦查对象侦查的技术，主要是采用电子侦听、电子监听、电子监控、秘密拍照和录像等。⑤刑事图像技术。刑事图像技术是运用于案件侦查中的刑事照相、刑事录像和刑事图像处理（影像、倍率、影像方向、影调、变形图像校正）等技术。⑥心理测试技术。心理测试技术是运用心理测试仪器设备，对被测试对象所设置问题回答中生理参量变化的记录，通过对图谱记录的分析判断获得被测试对象的心理原因。⑦警犬使用技术。警犬使用技术是对警犬的培养训练和使用技术，采用科学合理的警犬培养、训练和应用技术，为追踪、鉴别、搜索、巡逻、护卫、救援等发挥作用。

6. 技术侦查

在我国侦查理论和实务界无独有偶，与“侦查”与“侦察”并存的还有两个概念，即“侦查技术”与“技术侦察”；对于“侦查技术”理论界和实务界的认识基本趋于一致，但对于何谓“技术侦察”或“技术侦查”，迄今为止理论界和实务界仍尚不能达成共识。对“技术侦察”有学者认为是指：“国家安全机关和公安机关为了侦查犯罪而采取的特殊侦察措施，包括电子侦听、电话监听、电子监控、秘密拍照或录像、秘密获取某些物证、邮件检查等秘密的专门技术手段。”[①] 在我国1993年颁布的《中华人民共和国国家安全法》第十条规定：“国家安全机关因侦查危害国家安全行为的需要，根据国家有关规定，经过严格的批准手续，可以采用技术侦察措施。”1995年颁布的《中华人民共和国人民警察法》第十六条也明确规定：“公安机关因侦查犯罪需要，根据国家有关规定，经过严格的批准手续，可以采取技术侦察的措施。”根据《国家安全法》和《人民警察法》的规定精神，对众多有关技术侦察的观点进行比较和梳理，其中较为有代表性的观点有三：一是技术侦查是指利用现代科学知识、方法和技术的各种侦查手段的总称。从广义上讲，在刑事侦查中，多数案件都需要运用某些技术手段，如勘验、检查中某些仪器设备的使用，为鉴别和判断某些事实而进行的鉴定等。从这种意义上讲，多数案件都存在技术侦查的问题。然而在许多场合下，“技术侦查”这一概念还专指侦查中某些特殊手段的运用，而不是一般意义上的鉴定活动或勘验、检查中某些仪器设备的使用。二是技术侦查简称为“技侦”，是指侦查机关运用现代科学技术和秘密地收集证据、查明犯罪嫌疑人的强制性侦查措施的总称。技术侦查的种类一般包括麦克风侦听、电话侦听、窥视监控、邮件检查、外线侦查等[②]。三是技术侦查手段（亦称为秘密侦查手段）是刑事侦查措施的一类。技术侦查是指公安机关、国家安全机关、检察机关的侦查人员在办理贪污贿赂等刑事案件中，依据国家赋予的特殊侦查权力，运用各种专门的技术侦查手段和秘密侦查力量收集证据、查明案情的专门的特殊的侦查手段。包括跟踪监视、密搜密取、秘密辨认、刑事特情、化装侦查、窃听、邮检、密拍密录等[③]。

二、侦查的方法

（一）侦查方法的概念

侦查方法是指侦查机关在侦查中为收集证据、查明案件事实真相和查获犯罪嫌疑人，采用的专门侦查调查的方法。侦查方法是国家以法律形式授权侦查主体侦破案件采取的方法，是侦查权力的具体化和侦查行为的具体化。侦查方法主要有：讯问、询问、勘验、检查、搜查、扣押、查询、冻结、辨认、侦查实验、鉴定、通缉。

---

① 宋英辉：《刑事程序中技术侦察之研究》，载《法学研究》2000年第3期。

② 朱孝清：《检察机关侦查业务教程》，中国检察出版社2003年版，第497页。

③ 资霏：《论贪污贿赂案件中的技术侦查手段》，载《国家检察官学院学报》1999年第2期。

（二）侦查方法的种类

1. 讯问犯罪嫌疑人

讯问犯罪嫌疑人，是指侦查人员为了收集证据和查明案件事实真相，依照法定程序并以言辞方式，向犯罪嫌疑人面对面审查的一种侦查方法。

“讯问犯罪嫌疑人”中的“讯问”一词，是由“讯”和“问”两个字组成。根据《辞海》的解释讯问含有问的意思。因此，汉语中的“讯问”意指审问、鞫问或诘问。在《语言大典》中“讯问”被定义为：“郑重地、全面地并带有命令的口气彻底地询问一件事的情况和由其环境情况可以推测出的全部细节”①。

“讯问犯罪嫌疑人、被告人”又统称为“刑事讯问”，刑事讯问即在刑事诉讼的各阶段对犯罪嫌疑人、被告人的讯问。所以，在刑事诉讼的不同阶段，讯问的名称是有一定差异，这种差异在于一是阶段上的不同，二是主体上的不同，三是内容上的不同，四是结果上的不同。因此，侦查机关在侦查阶段对犯罪嫌疑人的讯问是“侦查讯问”，检察机关在审查阶段对犯罪嫌疑人的讯问是“审查讯问”，法院在审判阶段对被告人的讯问是“审判讯问”。在侦查阶段讯问犯罪嫌疑人通常称为侦查讯问，侦查讯问是侦查阶段侦查人员的一项重要侦查方法。需要指出的是，目前我国的《刑事诉讼法》没有对侦查讯问一词做出直接的表述，与此相对应的是在《刑事诉讼法》第二编第二章第二节中，表述了有关“讯问犯罪嫌疑人、被告人”的规定。因此，目前我国有关《刑事诉讼法》的教科书所论述的“讯问犯罪嫌疑人”的内容，可以理解为侦查讯问的内容。

侦查讯问是刑事诉讼中侦查阶段侦查人员，为查明案情所适用的一种侦查行为。侦查讯问是刑事诉讼中侦查阶段的必经程序，犯罪嫌疑人的供述与辩解是《刑事诉讼法》规定的七种证据之一，在侦查程序中具有十分重要的意义。对侦查程序中的讯问犯罪嫌疑人都十分重视的原因，这主要是因为通过讯问犯罪嫌疑人而获得其供述有两大作用：一是印证作用，即与案件中其他证据相互印证，从而确定案件事实；第二是引导作用，即引导侦查机关发现掌握尚未掌握的新的事实和证据。因此，及时获取犯罪嫌疑人的口供对于推进诉讼的进程具有举足轻重的作用②。从立法角度说讯问

---

① 《语言大典》，人民中国出版社 1979 年版，第 1043 页。

② 陈光中、〔加〕丹尼尔·普瑞方廷：《联合国刑事司法准则与中国刑事法制》，法律出版社 1998 年版，第 271 页。

犯罪嫌疑人更广泛的意义在于：第一，讯问是侦查刑事案件的必经程序。犯罪嫌疑人是刑事案件的具体实施者或参与者，侦查人员及时讯问获取有价值的口供，有利于尽快查明案件事实真相。第二，讯问是查明案件事实的有效方法。通过讯问犯罪嫌疑人，可以查明犯罪嫌疑人作案的动机、目的、手段和经过，以及案件事实和情节判明犯罪性质。第三，讯问是犯罪嫌疑人辩解的适当机会。犯罪嫌疑人对自己罪轻或无罪的辩解，以及检举揭发他人犯罪、坦白和自首等从宽处理的情节，都需要在讯问的环节中有机会实现。

2. 询问证人、被害人

询问证人、被害人，是指侦查人员为了收集证据和查明案件事实真相，依照法定程序并以言辞方式，向证人或被害人进行调查了解的一种侦查方法。

询问证人、被害人是刑事诉讼中广泛使用的一项侦查方法。证人证言和被害人陈述都属于证人证言，证人证言是《刑事诉讼法》规定的七种证据之一，在侦查程序中具有十分重要的作用。证人是知道案件情况的人，无论是耳闻目睹的还是鼻嗅口尝的人，只要触及的是与案件有关的事实，都属于知道案件情况的人。被害人是合法权益遭受不法侵害的人，合法权益包括生命权、健康权、名誉权、财产权、隐私权等权益。在侦查中几乎每一个刑事案件都可以找到证人，通过询问知道案件情况的证人，可以获得有关案件的线索或其他情况；通过询问知道案件情况的证人，可以核实收集其他证据的真实性；通过询问知道案件情况的证人，可以尽快查明案件事实真相。被害人陈述是一种非常重要的证据来源，由于被害人受到作案行为的直接侵害，甚至与犯罪嫌疑人有过直接的接触，因此能够提供犯罪嫌疑人的体貌特征，或案件中的一些重要情节和细节；询问被害人对于收集其他证据和查明案情，以及及时查获犯罪嫌疑人十分重要。我国《刑事诉讼法》对询问被害人没有做出明确规定，只是在第100条规定："询问被害人，适用本法各条规定。"由于法律没有明文规定询问被害人的相关内容，实践中容易产生询问证人与询问被害人毫无区别的误解。而实际上被害人与证人的法律地位、心理状态，以及与案件的利害关系是完全不同；因此，凡是有被害人存活的刑事案件，侦查人员无一例外地要对被害人进行询问；而且，对被害人询问时不能采取同样的方法进行①。

① 汤啸天：《刑事诉讼研究的新视角》，上海人民出版社2008年版，第16页。

3. 勘验、检查

勘验、检查，是指侦查人员对与案件有关的场所、物品、尸体或者人身进行勘察、检验或检查，以发现和收集各种痕迹与物品的一种侦查方法。

勘验、检查是一种极其重要的侦查行为。对与案件有关的场所、物品、尸体或人身进行勘验和检查，是发现和获取证据、查明案情的重要侦查方法。首先，通过勘验、检查可以发现和提取作案遗留的各种痕迹和物品，这些痕迹和物品大多数是“第一手材料”的原始证据，对查明案情和正确认定案情具有关键作用。其次，通过对所获得的各种痕迹和物品的分析研究，可以判明案件发生的原因和性质，可以了解犯罪嫌疑人具备的基本特征，为侦查破案的方向与范围提供线索和依据。再次，勘验、检查中发现、收集和固定的各种痕迹物证，勘验、检查中形成和制作的各种笔录、文书材料，可以证明案件事实真相和发生过程，是《刑事诉讼法》规定的七种证据之一。

4. 搜查

搜查，是指侦查人员对犯罪嫌疑人以及可能隐蔽藏身或藏匿证据的身体、物品、住所和其他有关的地方进行搜索检查的一种侦查方法。

搜查的主要功能是发现和收集犯罪证据，查获犯罪嫌疑人。在侦查中对于拒不交出证据材料的情况，侦查机关有权决定搜查。因此，凡是可能隐藏犯罪嫌疑人或证据的住处、物品、人的身体，以及其他可疑的有关地方，侦查机关均可进行搜查。

5. 扣押物证、书证

扣押物证、书证，是指侦查人员依法强行扣留和提取与案件有关的物品和文件的一种侦查方法。

扣押物证、书证是在侦查中，侦查机关扣押与案件有关的物品、文件，可以获取和保全物证、书证防止被损毁或被隐匿，从而用以认定案情和查明案件事实真相。

6. 查询、冻结存款、汇款

查询、冻结存款、汇款，是指侦查机关根据侦查的需要，依法向银行或其他金融机构、邮政部门，查询犯罪嫌疑人的存款和汇款，在必要时对存款和汇款予以冻结的一种侦查方法。

查询、冻结存款、汇款，既可以了解犯罪嫌疑人的犯罪情况，能够有力地证实犯罪和惩罚犯罪；同时也可以及时为国家、集体和个人挽回经济损失，维护国家、集体和个人的财产利益。查询、冻结存款、汇款应当是一项独立的侦查方法，而我国《刑事诉讼法》却将其规定在扣押物证、书证的侦查方法中，这种规定在侦查实践中存在不妥之处，因为，扣押是侦查机关强行将物品留住，并实际掌握和控制的情形。而查询、冻结存款、汇款则仅是为了解存款、汇款的情况，并不实施控制和改变存款、汇款的原有状态，其与扣押这种侦查方法的本质有着明显的区别；至于冻结存款、汇款也有强行留住的意思，但存款和汇款还没有被侦查机关实际掌握，因此，也不具有扣押的本质特征。

7. 辨认

辨认，是指在侦查人员的主持下由被害人、犯罪嫌疑人或证人，对与案件有关的物品、文件、人身、场所等，进行辨别和确认的一种侦查方法。

辨认可以对与犯罪有关的物品、文件、场所的真实性，以及死者的身份和犯罪嫌疑人是否为作案人的辨别确认，从而为侦查提供线索和证据，为侦查破案提供重要依据。在侦查中正确地运用辨认对于缩小侦查范围、发现侦查线索、认定与否定犯罪嫌疑人均有重要的作用。然而，我国《刑事诉讼法》对这种在侦查中普遍使用的侦查方法却没有相应的规定。虽然公安部在公安机关办理刑事案件程序规定和最高人民检察院的司法解释中，对辨认进行了相应的规定，但仔细对照和比较对辨认相关规定的内容，可见两个规定对辨认的程序要求不够统一，从而形成了对同一侦查方法却由两个侦查机关各行其是的局面①。

8. 侦查实验

侦查实验，是指侦查人员为确定和判明与案件有关的事实在一定条件下发生的原因，在模拟原有条件的基础上对与案件有关事实重建或再现实验的一种侦查方法。

侦查实验是一种常用的侦查方法。侦查实验是审查证人证言、被害人陈述中与案件有关的事实或现象，在现实生活中能否发生或是怎样发生，以及犯罪嫌疑人的供述与辩解是否符合实际情况，是否客观真实和能否作为定案依据的有效方法，可以为侦查人员判明案情和认定案件事实提供可靠依据。

9. 鉴定

鉴定，是指侦查机关指派或聘请具有专门知识的人，针对案件中的专门性问题进行的鉴别判断，并作出科学结论的一种侦查方法。

---

① 汤啸天：《刑事诉讼研究的新视角》，上海人民出版社 2008 年版，第 16 页。

鉴定可以对与案件有关的物品、文件、痕迹、人身和尸体等证据材料的真伪作出科学、公正的判断，从而为有效地查明案件事实真相，正确地认定案情和惩罚犯罪、保护无辜提供有力的根据。

10. 通缉

通缉，是指侦查机关对应当实施强制措施而在逃的犯罪嫌疑人发布的通缉令，并依法采取有效措施追捕归案的一种侦查方法。

通缉是公安系统通过通力合作，发动和依靠群众缉获在逃犯罪嫌疑人的有力措施，对于查明案情和抓获犯罪嫌疑人具有十分重要的作用。

三、侦查的措施

（一）侦查措施的概念

侦查措施又称刑事强制措施，是指侦查机关为保证侦查的顺利进行，依法对犯罪嫌疑人人身自由进行限制或者剥夺的各种强制的措施。（为方便学习起见，侦查机关实施的强制措施称为侦查措施）刑事强制措施是一项非常重要的刑事诉讼制度，既关系到刑事诉讼能否顺利进行，又对刑事诉讼中的人权保障有着重要的影响，因此，世界各个国家无不对刑事强制措施进行周密详尽的规定，刑事强制措施的立法设计和司法运用水平，也是衡量一个国家刑事诉讼民主、科学和文明的重要标志。我国 1996 年修订的《刑事诉讼法》贯彻了“加强制约、保障人权”的精神，对于刑事强制措施制度进行了重大改革。但是，在十年的司法实践中我国的刑事强制措施制度所暴露出来的问题依然非常明显，无论是宏观的体系设置，还是微观的措施实施都需要进一步修改和完善。更为重要的是，对于刑事强制措施的概念界定和目的、功能的定位，也需要重新深入地审视和冷静地思考。是故，探索刑事强制措施的基本理论和考察刑事强制措施的现状，系统研究解决刑事强制措施运用中存在的问题，对改进和完善现行刑事强制措施有着极为重要的理论和实践意义。

“刑事强制措施”是由“刑事”、“强制”、“措施”三个词组成，《汉语大词典》解释：刑事，与民事相对而言，是有关刑法的①；强制，指强迫、迫使、施加压力使之服从②；措施，指实施、解决问题的办法③。至此，将

---

① 《汉语大词典》第 2 册，汉语大词典出版社 2003 年版，第 604 页。

② 《汉语大词典》第 4 册，汉语大词典出版社 2003 年版，第 138 页。

③ 《汉语大词典》第 6 册，汉语大词典出版社 2003 年版，第 639 页。

三者组合起来，“刑事强制措施”这一词组从语源上看，其意思大致应是在刑事诉讼中，通过强制的行为解决问题的一种方式。对“刑事强制措施”这一法律术语我国学者下的定义大同小异，目前学术界的观点达19种之多①，基本上是根据法律条文的规定进行的注释性解释，其中有代表性的观点是：“刑事强制措施是指公安机关、人民检察院和人民法院为了保证刑事诉讼的顺利进行，依法对刑事案件的犯罪嫌疑人、被告人的人身自由进行限制或者剥夺的各种强制方法。”② 也有学者认为：“我国刑事诉讼中的强制措施，是指公安机关、国家安全机关、人民检察院和人民法院为保证刑事诉讼活动的顺利进行，依法对犯罪嫌疑人、被告人或者现行犯、重大嫌疑分子所采取的强制性限制其人身自由权或暂时剥夺其人身自由权的各种法定强制方法。”③ 还有学者认为：“刑事诉讼中的强制措施是指公安机关、人民检察院、人民法院为了有效地同犯罪作斗争和保障诉讼活动的顺利进行，依法对犯罪嫌疑人、被告人所采取的暂时限制或者剥夺其人身自由权的各种方法和手段。”④

对于刑事强制措施的界定几乎所有的《刑事诉讼法》教材都是相同或相近的内容，究竟应该怎样正确地界定刑事强制措施呢？有学者指出：“传统意义上的强制措施概念及特征是在现行诉讼法规定的基础上阐释归纳而成，缺乏理论深层次的揭示。那么，要正确界定强制措施，首先必须明确与之相关的另一范畴——强制性措施的含义。”⑤ 仅从语义上理解，所谓强制性措施是指通过施加某种外力，迫使有关人员服从的一系列措施。如果从这一意义上理解，可以认为刑事诉讼的强制性措施是指：当公民个人不愿意接受国家有关机关的某种处置时，国家有关机关通过运用强制力，迫使公民接受该处置的方法。其本质特征是违背公民的意志对公民的权利进行侵犯，既然刑事强制措施的适用直接关系到公民的基本人权，因此，强制措施应当涉及人身、财产、私生活等各个方面。而我国《刑事诉讼法》规定的刑事强制措施，实际上只是一种狭义的强制措施，只针对人身自由方面，而对隐私权的强制措施则基本未做任何规定。据此认为，刑事强制措施的概念应涵盖对公民财产及相关隐私权的保障。有鉴于此，以权利作

---

① 谢佑平：《刑事诉讼法学论点要览》，法律出版社2000年版，第439—442页。
② 陈光中：《刑事诉讼法学》，北京大学出版社2002年版，第189页。
③ 卞建林：《刑事诉讼法学》，法律出版社1997年版，第159页。
④ 樊崇义：《刑事诉讼法学》，中国政法大学出版社1998年版，第166页。
⑤ 林钰雄：《刑事诉讼法》，林钰雄自版2001年版，第245—255页。

为界定刑事强制措施理论基础的概念是："所谓刑事强制措施，是指国家追诉和审判机关在刑事诉讼活动中实施的，违背公民意志自由干预公民宪法所保障的基本权利的行为。"① 这一概念将刑事强制措施的制度定位于保障公民基本权利，才能够使人们正视权利与权力的冲突，从而做出合乎人性的制度安排。

对于强制性措施与强制措施两者的关系，法学界的认识并不一致，主要有三种观点：一是等同说，认为强制性措施即强制措施，两者内涵和外延完全相同。二是大于说，认为强制性措施的外延大于强制措施。三是不等同说，认为强制性措施与强制措施既不等同，也不包含。实质上强制性措施与强制措施在词义和词性上存在一定的差别，但在《刑事诉讼法》的观念中，这种字词之间的差异并非能够影响到人们对于刑事强制措施的整体概念以及目的和功能的理解。刑事强制措施的种类反映在立法上规定了五种，即拘传、取保候审、监视居住、拘留和逮捕。我国刑事诉讼中的强制措施制度从实施效果来看，无论在立法上，还是在实践中，都是存在颇多问题，与法治原则和刑事司法的国际标准相比还有较大的差距，因而需要从制度设计层面和立法技术层面予以改革与完善。关于我国刑事强制措施存在的问题，理论界和实务界近来有较多的探讨，分别从不同角度提出了各种意见和建议。对我国强制措施制度主要存在的问题简要归纳和概括如下②：

一是强制措施适用权力分配不当。根据我国法律规定和理论界的通说，刑事诉讼中的强制措施，只能由依法享有侦查、起诉、审判权力的机关决定和适用。在这个意义上说，强制措施具有"专属性"。但是在刑事诉讼中侦查、起诉和审判机关之间，对适用强制措施的权力的分配和限制上，法律则没有充分具体的理论依据作为指导原则，而基本上是取决于三机关"办案的需要"自行决断。有学者认为我国的强制措施存在立法授权的分散性和实际权力的集中性的问题③。从立法上看，侦查、起诉、审判三机关在适用强制措施上是并行的权力，三机关之间的权力没有高低和大小之分；三机关除了在办案程序上的分工、配合和制约关系之外，均有权独立决定适用相应强制措施的权力；并且在立法和司法实践中鲜有监督和制约的相关法律规范。尤其是强制措施在具体的案件对象的采取上，基本是集中在

① 孙连钟：《论刑事强制措施的概念——以权利为逻辑起点的分析》，载《政法论丛》2005年第2期。

② 孙连钟：《刑事强制措施研究》，知识产权出版社2007年版，第5—10页。

③ 孙长永：《比较法视野中的刑事强制措施》，载《法学研究》2005年第1期。

承担侦查职责的公安机关手中，这与法治国家将紧急情形以外的人身强制措施的决定权，统一归于独立的司法机关行使的状况相比，形成了较为鲜明的对照。

二是强制措施适用种类失之偏颇。我国现行的刑事强制措施体系中，只规定了涉及和针对公民人身自由的五种强制措施，而没有将搜查、扣押、冻结等涉及和针对公民财产的强制措施纳入其中。我国新近颁布的宪法修正案标志着中国全面进入“权利时代”，既已确立保障人权的原则，又确立保障私有财产的原则。在刑事诉讼中加强对私有财产的保护成为现实迫切要求，对涉及限制和剥夺公民私有财产时，确立正当程序保护公民合法私有财产不被随意限制和剥夺。我国现行刑事立法和刑事司法中，将搜查和扣押只作为强制性侦查措施，在实施前既不需要事先审查就可以采取，在实施后也不存在任何形式的司法审查和监督，实践中极易被滥用。所以说，将搜查、扣押、冻结等涉及和针对公民私有财产的措施，纳入刑事强制措施的体系中，并严格规范审批和采取这种措施的程序，这是切实保护公民私有财产的必然要求。

三是强制措施适用羁押影响消极。与世界法治国家的做法和国际准则的规定不同，我国刑事诉讼中的强制措施以剥夺人身自由的拘留和逮捕为核心；绝大多数刑事案件的犯罪嫌疑人和被告人，都是在羁押状态下接受侦查和检察人员的讯问以及等候审判①。刑事羁押状态的普遍化会产生多方面的消极影响，必定会加大刑事执法和司法的成本，在一定程度上会增加错误羁押的几率；这不仅使公民的人身自由随时受到威胁，而且也会人为地扩大国家对错拘和错捕的赔偿责任，更容易导致羁押犯罪嫌疑人的犯罪恶习或方法方面的“交叉感染”，加重国家在有效控制犯罪和稳定社会秩序方面承受的压力。

四是强制措施适用结构简单粗疏。我国的刑事强制措施制度存在结构上的简单，各种强制措施的适用条件也不尽合理。“要使强制措施发挥好整体性功能，必须使其构成因素之间结构合理，层次分明。要求强制措施系统各要素之间的强制力度的大小有机结合，不能使强制力度大小悬殊而导

① 根据最高人民检察院的工作报告，2003 年各级检察机关共批准逮捕各类刑事犯罪嫌疑人 764776 人，代表国家提起公诉 819216 人。2004 年各级检察机关共批准逮捕各类刑事犯罪嫌疑人 811102 人，代表国家提起公诉 867186 人。批准和决定逮捕的犯罪嫌疑人人数与决定提起公诉的人数相比，2003 年和 2004 年分别为 93.35%和 93.53%。扣除部分虽被逮捕但最后被决定不起诉的犯罪嫌疑人不计，被告人的羁押候审率至少也在 90%以上，而且每年还有大量被拘留的犯罪嫌疑人后来没有被批准逮捕，侦查阶段犯罪嫌疑人的羁押率实际上肯定远远高于被告人的羁押率。

致整体功能的下降。”① 以取保候审和监视居住为例，立法一方面表明取保候审和监视居住是两种在严厉程度上具有明显区别的强制措施，另一方面却在适用条件上不作任何区分。根据现行法律规定和司法实践，对于符合条件的犯罪嫌疑人应适用取保候审还是监视居住，完全任由执行机关的人员的自由裁量决定，具有极大的随意性并极易演化为变相拘禁。同时，立法没有明确规定犯罪嫌疑人被采取监视居住后，执行机关应将采取的事由等内容及时通知其家属，也没有明确规定犯罪嫌疑人有会见家人和聘请律师的事项。监视居住在很大程度上变成了拘禁或羁押，与逮捕和拘留后的羁押相比，被监视者的权利受到更多的限制和剥夺，特别是监视居住的法定期限较之拘留更长。由此可见，我国强制措施适用存在结构简单粗疏的缺陷。

五是强制措施适用程序缺乏制约。我国的刑事强制措施的主要部分都是在侦查中被采用，侦查权在传统上被视为行政权即一项政府的权力，这在我国表现得尤为明显。“中国传统历来是一个重权力、轻权利的国家，缺乏分权制衡的文化理念和现实制度构造。”美国学者昂格尔在论现代社会与法律的关系时指出：在法治现代化进程中，中国形成了主要表现为行政命令方式的法，而未形成自主的、普遍适用的现代法律体系和法律至上的观念②。由于缺乏一种法律至上、司法至上的观念和制度，在司法实践中，司法权对追诉机关采取强制措施的制约作用极其有限；而与这一现状形成鲜明对照的是世界各主要国家的立法，均对强制措施的适用规定了严格的条件和程序，并设置了严格的司法救济程序，其中最重要的是司法权提供的对强制措施的授权和救济。这主要表现在：一是追诉机关采取强制措施必须事前得到法院的审批，二是被采取逮捕、羁押等强制措施的被追诉人有权向法院申诉，要求法院通过言辞审理的方式对逮捕、羁押的合法性进行审查，公民遭受强制措施提供最终的保护和救济。从立法、行政、司法相互制衡的宪政结构要求出发，由司法权制约侦查中的强制措施适用是其题中应有之义；司法制约为强制措施的适用规范了合理的程序，也有利于保障强制措施程序的法治化。

（二）侦查措施的种类

1. 拘传

---

① 李忠诚：《刑事强制措施制度研究》，中国人民公安大学出版社 1995 年版，第 151 页。

② 〔美〕昂格尔：《现代社会中的法律》，吴玉章、周汉华译，译林出版社 2001 年版，第 97—99 页。

拘传，是指侦查机关对未被逮捕或拘留羁押的犯罪嫌疑人，依法强制其到指定地点接受讯问和调查的一种强制措施。

“拘传”在我国秦朝时期被称为“执”，在唐代被称为“追摄”，宋代被称为“勾追”，明、清两代则被称为“勾取”、“勾问”，在日本和我国台湾地区则称为“拘提”。目前，我国学者一般将拘传定义为：公安司法机关对未被羁押的犯罪嫌疑人、被告人，依法采取的强制其到案接受讯问的一种强制方法[①]。这一定义揭示了拘传的主体、对象、方法、性质和目的。但也有学者对这一定义提出不同的看法，对定义中采用“到指定地点”这一说法存在异议；有的学者定义为“到案”，有的学者则定义为“到场”。我们认为在拘传的定义中使用“到案”一词比较科学合理。因为拘传是一种限制公民人身自由权的诉讼行为，具有法律的强制意义，“到场”和“到指定地点”都不能准确反映诉讼的本质特征。另外，拘传讯问是侦查机关查明案件事实的一项基本措施，采用拘传措施强制犯罪嫌疑人“到案”接受讯问较为合乎逻辑。

拘传是强制措施中强制性最轻的一种措施。但是在具体采取时亦应当准确把握以下几方面：其一，拘传采取的对象是基本确定身份和未被羁押的犯罪嫌疑人，对于已经拘留或逮捕的犯罪嫌疑人，则不需要经过拘传再进入讯问程序；拘传的目的是强制犯罪嫌疑人到案接受讯问和审查，以便于侦查机关及时顺利地查明案件事实真相。在侦查中对于证人或律师等其他诉讼参与人，不能适用拘传的强制措施。其二，刑事诉讼中采取拘传措施与民事诉讼中采取拘传措施不同，刑事拘传是不以必须先经过传唤为前提。依据法律规定之精神只要案件需要，经侦查已确定犯罪嫌疑人的身份，认为有必要拘传时就可以进行拘传，因此，对于未经传唤的犯罪嫌疑人可直接采取拘传的强制措施。其三，拘传和传唤都是要求犯罪嫌疑人到案接受讯问和审查的侦查行为；但是，传唤是一种具有通知性质的侦查行为，不是一种强制措施，不具有法律的强制性，所以，刑事传唤适用于刑事案件的所有当事人；而拘传则是伴随着包括使用戒具和人身强制等方式，将犯罪嫌疑人强行带到指定地点的一种强制侦查行为。其四，被拘传人如若抗拒拘传则会被使用戒具，而被传唤人如若拒不到案则有可能会被依法拘传；被拘传人到案后只能控制在留置室或讯问室内，不得将拘传的人羁押在看守所。

---

① 钟佳平：《中外刑事诉讼法概论》，贵州人民出版社 2003 年版，第 427 页。

2. 取保候审

取保候审，是指侦查机关责令犯罪嫌疑人提供保证人或缴纳保证金，以保证不逃避或妨碍侦查并随传随到的一种强制措施。

取保候审作为一种刑事强制措施由来已久，其名称也因不同的历史文化传统、法律制度和国家的不同而有所差异。在我国古代，取保候审被称为“保候”，国民党统治时期称为“具保”，我国现行《刑事诉讼法》规定为“取保候审”，而有的国家则称之为“保释”。尽管不同历史时期和不同国家学者对取保候审有不同的界定，但其基本的内涵都是对被羁押等待审查、审判的人，提供担保并履行必要法律手续之后予以释放的一种制度。其目的一方面在于尽量减少因羁押而带来的人身权利的不可挽回的损失，另一方面在于保证诉讼程序的顺利进行以维护社会公共利益。

取保候审我国法律规定了两种方式：

一种是人保方式，这种保证的特点是以保证人的信誉作为保证，由保证人出具保证书，不涉及金钱，通过保证人与犯罪嫌疑人之间的关系，对犯罪嫌疑人实行精神上和心理上的强制，使其不致逃避或妨碍侦查，并随传随到的一种取保候审。由于保证人承担着保证犯罪嫌疑人、被告人不逃避侦查、起诉和审判，并负随传随到的责任，因此，保证人必须具备与承担这种责任相应的能力。人保是一种纯粹的人格担保，在采取人保时对保证人的能力和资格进行的审查，确认具备一定资格的合格的保证人，是一个非常重要又十分关键的环节。我国《刑事诉讼法》关于保证人条件的规定，是审查保证人是否合法的唯一依据：其一，保证人与案件无牵连。首先，保证人不能是案件中的同案犯；同案犯与案件处理结果有直接的利害关系，同案犯之间不能互为保证人。其次，办案的侦查及其他司法人员、被害人、证人、翻译人员和鉴定人员等，因为所担负的职责或所处的诉讼地位与保证人的诉讼地位相冲突，所以也不能担任保证人；而犯罪嫌疑人和被告人的法定代理人或者近亲属、辩护人等，虽然作为案件的诉讼参与人与案件有一定的“牵连”，但这些参与人的诉讼地位与保证人的诉讼地位相一致；同时，这些参与人与犯罪嫌疑人和被告人之间存在着特殊的关系，使其更适宜担任保证人，并发挥保证人保证和监督的作用。其二，保证人有能力履行保证义务。保证人是否符合此项条件主要考察：一是年龄。保证人应该对其所要实施的担保行为具有正确的判断和认识能力，要能够独立承担法律责任，因此，保证人必须是年满18周岁的自然人。二是精神状况。精神病患者或者严重痴呆病患者等因缺乏正确判断是非的能力，也是无行为能力人或者限制行为能力人，不能担任保证人。三是身体健康状况。保证人的身体不应有妨碍其履行保证义务的残疾存在，一般情况下，盲、聋人不宜作为保证人。四是平时表现。审查保证人时应向有关基层组织或群众进行必要的调查，了解保证人的政治面貌、职业、社会背景、现实表现，以及脾气性格、道德品质、有无前科等。五是担保能力。保证人与被保证人的关系状况和信任程度，决定保证人能否对被保证人具有说服和约束的作用。其三，保证人享有政治权利，人身自由权未受限制。根据我国宪法规定公民享有政治权利必须符合三个条件：即具有中国国籍，是中华人民共和国公民；年满 18 周岁；未被依法剥夺政治权利。据此，外国人、无国籍人以及未满 18 周岁的中国公民和依法被剥夺政治权利的中国公民，均不能担任保证人。同时，为保证保证人能够履行保证义务，保证人的人身自由必须未受到依法限制或被依法剥夺，未被依法采取刑事或行政的限制和剥夺人身自由的强制措施。其四，保证人有固定的住处和收入。保证人在被保证人居所地应当有自己常住的居所和稳定的收入，这是保证人信誉高低和保证能力高低的物质基础。“有固定住处”既便于保证人督促和约束被保证人，也便于办案机关了解取保候审的执行情况和进行管理。“有稳定收入”使保证人承担保证的责任更具可能性。

另一种是保证金保证方式，这种保证的特点是以经济利益监督犯罪嫌疑人遵守取保候审的规定，出资人不是犯罪嫌疑人本人，由出资人申请暂时释放并保证随传随到的一种取保候审；保证金取保可以促使出资人对被取保候审人实行有效的监督，从而保证被取保候审人自觉履行刑事诉讼中的义务。

根据《刑事诉讼法》规定，取保候审强制措施的最长期限不得超过 12 个月。取保候审措施公安机关、人民检察院、人民法院都拥有决定权，但取保候审措施只有公安机关拥有执行权。根据 1999 年 8 月 4 日实施的《最高人民法院、最高人民检察院、公安部、国家安全部关于取保候审若干问题的规定》第 2 条，国家安全机关需要取保候审的案件被执行人，由国家安全机关进行决定和负责执行。

3. 监视居住

监视居住，是指侦查机关对犯罪嫌疑人采用命令其不得擅自离开住所，并对其活动予以监视和控制的一种强制措施。

监视居住是我国在刑事强制措施体系中的独创。在我国古代的诉讼中从先秦开始，刑事强制措施中有“羁押”、“逮捕”和“囚禁”[1]；还有与现行刑事诉讼中的“拘传”相类似的“追摄”、“勾问”，以及“保候”（即取保候审的雏形）[2]，而没有关于监视居住的任何记载。清末进行的所谓司法变革以及国民党政权时期的刑事诉讼法中，也没有有关“监视居住”之规定。但在我国新民主主义革命时期，由于革命根据地不具备大量关押犯罪嫌疑人、被告人的现实基础和物质条件，中华苏维埃共和国中央政府便根据当时的情况创设了监视居住。在抗日战争和解放战争时期，边区和解放区政府继承和发扬了这种强制措施。新中国成立后，国家将这种刑事强制措施与其他刑事强制措施，共同写进1979年刑事诉讼法中；但由于该法中并未明确规定监视居住的期限、条件及执行机关等内容，故使该刑事强制措施缺乏现实的可操作性[3]。于是，在1996年修订的《刑事诉讼法》中又补充规定了关于监视居住措施的有关内容。此后，公安部、最高人民检察院和最高人民法院对监视居住措施又作了大量的补充规定，从而使监视居住具有了一定的现实可操作性[4]。

监视居住与取保候审两种强制措施有相近之处，但是在具体采取时亦应当准确把握以下几方面：一是监视居住与取保候审的适用范围相同，凡是能适用取保候审措施的情况，也能适用监视居住措施；但是取保候审和监视居住不能同时使用，只能择其一而用之。而且取保候审和监视居住是我国《刑事诉讼法》规定的两种不同的刑事强制措施，两者存在着重大的区别：第一，两者限制人身自由的程度不同。根据我国《刑事诉讼法》的有关规定，被取保候审的人未经执行机关批准，不得离开居住的市、县。而被监视居住的人未经执行机关批准则不得离开住处，无固定住所的，未经批准不得离开指定居所。另外，被取保候审的人会见他人不须经执行机关批准，而被监视居住的人会见他人则必须经执行机关批准。两者相比较，取保候审的人比监视居住的人的自由活动区域更大，对取保候审的人人身自由比监视居住的人的限制也更小，几乎基本不影响取保候审的人正常生活、工作和学习；可以说，监视居住是比取保候审更为严厉的限制人身自由的刑事强制措施。第二，两者违反法定要求的后果不同。根据我国《刑事诉讼法》的规定，被取保候审的人违反法定要求，“已交纳保证金的，没

---

① 徐朝阳：《中国诉讼法溯源》，商务印书馆1930年版，第115页。

② 陈光中、沈国峰：《中国古代司法制度》，群众出版社1984年版，第86页。

③ 樊崇义：《刑事诉讼法学研究综述与评价》，中国政法大学出版社1991年版，第128页。

④ 陈光中：《刑事诉讼法实施问题研究》，中国法制出版社2000年版，第90页。

收保证金，并且区别情形，责令犯罪嫌疑人、被告人具结悔过，重新交纳保证金，提出保证人或者监视居住，予以逮捕。”而被监视居住的犯罪嫌疑人、被告人违反法定要求，法律规定“情节严重的，予以逮捕。”两相比较，违反监视居住法定要求的处罚种类不仅少，而且处罚的程度也明显更重。第三，两者法律规定期限的长度不同。根据我国《刑事诉讼法》的规定，人民法院、人民检察院和公安机关对犯罪嫌疑人、被告人取保候审最长不得超过 12 个月，监视居住最长不得超过 6 个月。可以看出取保候审和监视居住是两种严厉程度差别很大的刑事强制措施，监视居住比取保候审的程度更为严厉。二是监视居住在实践中难于操作运用较少，主要是对监视的区域与范围难以掌握和执行；监视的区域与范围过大不便于监视和控制，监视的区域与范围太小，又容易形成变相监禁的违法行为。究竟执行机关对被监视居住者采取何种方式进行监视，《刑事诉讼法》及相关的司法解释均没有作出任何规定。监视居住方式的不确定性已成为实践中适用监视居住措施的一大难题，法律对监视居住没有作出行之有效的实施办法，使监视居住措施行使的目的就带来一定的偏差，这也是实践中发生监视居住成为变相羁押的原因之一。关于监视居住的监视方式，学界有人已进行了有益的探讨[①]。在此不赘述。三是监视居住措施只是形式上而非实质性的措施，被监视人尽管在指定的区域与范围内活动，即使被监视人避免使用现代通信工具或网络与外界联络，但其与家人长期共同居住生活，其家人不可避免地为其充当与外界的联络人，因而监视居住只是对被监视人的强制措施，无法或极难阻隔其家人与外界的联络。所以，通常情况下，犯罪嫌疑人如果符合采取取保候审或监视居住措施的条件，应优先考虑采取取保候审措施；倘若犯罪嫌疑人确实无力提供保证人或保证金，则才可以采取监视居住的措施。

根据《刑事诉讼法》规定，监视居住强制措施的最长期限不得超过 6 个月。监视居住措施公安机关、人民检察院、人民法院都拥有决定权，但监视居住措施只有公安机关拥有执行权。国家安全机关对监视居住强制措施有决定权和执行权。

4. 拘留

拘留，是指侦查机关在紧急情况下，依法暂时剥夺现行犯或重大嫌疑人的人身自由并予以羁押的一种强制措施。

---

① 徐静村：《刑事诉讼法学》，法律出版社 1997 年版，第 209 页。

刑事诉讼中的拘留通常称为刑事拘留，以有别于其他拘留措施[①]。刑事拘留有以下几个特点：一是有权采用拘留的是公安机关。人民检察院在自侦案件中，对于犯罪后企图自杀、逃跑或者在逃的，以及有毁灭、伪造证据或者串供可能的也有权决定拘留，人民法院则无权决定拘留。凡是公安机关决定的拘留或者是人民检察院决定的拘留，一律均由公安机关执行。因此，公安机关享有完全充分的刑事拘留权，而人民检察院在自侦案件中只有拘留的决定权，而无拘留的执行权。在拘留对象上公安机关与人民检察院也有明显区别，公安机关刑事拘留的对象相当广泛，包括《刑事诉讼法》第 61 条规定的所有对象；而人民检察院有权决定拘留的对象，则仅限于犯罪后企图自杀、逃跑或者在逃的以及有毁灭、伪造证据或者串供可能的犯罪嫌疑人。在拘留期限上公安机关与人民检察院也有明显区别，公安机关适用拘留的期限最长可以达到 37 天，而人民检察院适用拘留的期限最长不超过 14 天。二是采用的原因是情况紧急。拘留是对现行犯或者重大嫌疑人在法定的紧急情形下使用的一种刑事强制措施，只有在紧急情形下来不及办理逮捕手续，而又需要马上剥夺现行犯或者重大嫌疑人人身自由的才能采取；如果不是在紧急情形下，有时间办理逮捕手续就不能先行拘留。所谓紧急情形是指《刑事诉讼法》第 61 条规定拘留条件中包含的七种情形，这七种情形从不同角度来说均属于紧急情形；对于符合这七种情形的人如不采取拘留措施，就有可能甚至必然会酿成无法挽回的后果。对于《刑事诉讼法》规定的“可以先行拘留”中的“先行”，本身也说明了拘留措施的应急性特征。所谓“先行”并不等于无证拘留，我国法律明确禁止无证拘留和无证逮捕的行为；从立法本意而言拘留与逮捕的作用基本等同，或者说拘留与逮捕的强制程度基本相同；但由于逮捕需要人民检察院一定的审查批准时间，对一些现行犯或者重大嫌疑人不立即采取限制和剥夺人身自由的强制措施，就不足以防止发生社会危害性；因此，在紧急情形下予以先行拘留再转为逮捕，不失为一种权宜之计。关于我国法律中规定的“羁押”一词，是指将被拘留或者被逮捕的人关押于看守所进行严格监管，使其完全失去人身自由的措施。它是执行拘留、逮捕的结果，是拘留、逮捕

---

① 我国多部法律都规定了拘留措施，如《刑事诉讼法》、《行政处罚法》、《治安管理处罚条例》、《民法通则》、《行政诉讼法》、《民事诉讼法》等。这些拘留，在法学理论上又分别被称为刑事拘留、行政拘留（也称为治安拘留）、民事拘留、司法拘留（包括刑事司法拘留、民事司法拘留、行政司法拘留）。张建良：《刑事强制措施要论》，中国人民公安大学出版社 2005 年版，第 223 页。

应有的内容，而不是与拘留、逮捕相并列的独立的刑事强制措施[①]。

5. 逮捕

逮捕，是指侦查机关为防止犯罪嫌疑人、被告人逃避或妨碍侦查，或者防止发生社会危险性而依法剥夺人身自由，并将逮捕人羁押的一种强制措施。

逮捕是刑事诉讼强制措施中最严厉的一种，它不仅剥夺了犯罪嫌疑人、被告人的人身自由，而且逮捕后除发现不应当追究刑事责任和符合变更强制措施条件的以外，对被逮捕人的羁押期限一般要到人民法院的判决生效为止。所以，与其他刑事强制措施相比逮捕具有以下特点：一是逮捕实施程序上的特定性。根据我国《刑事诉讼法》的规定，实施逮捕时公安机关依照法定程序，经人民检察院批准或者人民法院决定方可执行逮捕，公安机关不能自行决定逮捕。逮捕的批准权或决定权在人民检察院和人民法院，所以，逮捕只能由公安机关分别与人民检察院或者人民法院共同采用，任何一个机关均无权单独采用逮捕措施。二是逮捕实施程度上的严厉性。逮捕是以羁押的状态限制被逮捕人的人身自由权，其严厉程度与徒刑程度基本相当，并且被羁押的期限一般都较长，除特殊情况下依法予以解除或变更其他强制措施外，绝大多数都要羁押到人民法院判决生效为止。逮捕与拘留相比拘留虽具羁押性，但拘留羁押的期限较短，严厉程度远不如逮捕。三是实施期限上的折抵性。逮捕作为刑事诉讼中最严厉的刑事强制措施，无论从性质、目的和作用等方面讲，都是与刑事处罚有着严格的区别，但是被逮捕人被捕后即处于羁押的状态，人身自由权被强行的限制和剥夺；就逮捕这一客观事实本身而言，其与刑事处罚中的徒刑、拘役和管制没有多大区别。因此，我国《刑法》规定被判处徒刑、拘役和管制的罪犯，判决前先行被羁押的、羁押的时间依法可以折抵刑期。四是实施方法上的强制性。根据《人民警察法》的规定，遇有拒捕、暴乱、越狱、抢夺枪支或者其他暴力行为的紧急情况，公安机关的人民警察依照国家有关规定可以使用武器。执行逮捕时对抗拒逮捕的人法律明确规定可以采取适当的强制方法，同时，逮捕又是较长时间剥夺被逮捕人人身自由权的行为，因此，准确、及时地使用逮捕措施，可以有效地防止犯罪嫌疑人或被告人逃跑、自杀、毁灭罪证和继续犯罪，有助于侦查机关收集证据、查明案情，从而保证侦查、起诉和审判的顺利进行。

---

① 王国枢：《刑事诉讼法学》，北京大学出版社 1998 年版，第 98 页。

四、侦查的谋略

（一）侦查谋略的概念

侦查谋略，是指侦查主体根据侦查的目标和态势决定的战略构想，又称为侦查计策或侦查策略。

“谋略”《辞海》解释为：计谋或策略①。“计策”《现代汉语词典》的解释是：为对付某人或某种情势而预先安排的方法或策略②。“策略”《现代汉语词典》的解释是：根据形势发展而制定的行动方针和斗争方式③。可见，这三个词的词义基本相同，在使用中可以任意选择其中之一，也不会发生歧义。

侦查谋略源于军事谋略。列宁说：“战争是促进谋略生成和发展的催化剂。”④ 在人类社会的领域中凡是带有对抗性的活动，无处不存在谋略或计谋的运用。侦查过程实质上是侦查主体与犯罪嫌疑人的对抗性过程，侦查主体要在这场攻防对抗性竞技中获胜，侦查的谋略就成为侦查主体的必然选择。

（二）侦查谋略的种类

1. 战略型和战役型谋略

战略型谋略是从犯罪的规律特点出发，策划与制定侦查的全局性方针和方式，是为侦查的战略目标服务。如“主动进攻、先发制敌”，“侦防并举”等。

战役型谋略是为提高侦查效益或侦破专项案件，对综合性侦查行动进行设计与运筹的谋略。如“破案战役”、“专项斗争”等。

2. 先发型和后发型谋略

先发型谋略是在侦查对象预备或实施作案阶段，侦查机关主动出击展开侦查，查获犯罪嫌疑人并及时破案的谋略。主要有：“主动出击”、“以快制快”、“攻其不备”等。

后发型谋略是在对侦查对象不便立即开展侦查行动时，采取密切注视侦查对象的行动和寻找时机发起进攻的谋略。主要有：“以静制动”、“缓兵

---

① 《辞海》（缩印本），上海辞书出版社1999年版，第409页。

② 《现代汉语词典》，商务印书馆2008年版，第643页。

③ 《现代汉语词典》，商务印书馆2008年版，第138页。

④ 王传道：《侦查学原理》，中国政法大学出版社2001年版，第179页。

待机”、“网开一面”等。

3. 加压型和减压型谋略

加压型谋略是采用一定的方法造成犯罪嫌疑人的心理压力，导致其失去正常的判断力不能按计划行动，从而暴露出破绽的一种侦查谋略。主要有：“敲山震虎”、“以势攻心”等。

减压型谋略是采用一定的方法缓和犯罪嫌疑人的心理压力，造成其心理上的松弛和戒备上的麻痹，从而暴露出破绽的一种侦查谋略。主要有：“内紧外松”、“感化攻心”等。

4. 迷惑型和调动型谋略

迷惑型谋略是侦查人员采用一定的方法迷惑和扰乱侦查对象的注意力，使其造成判断上的错觉和失去防御能力的一种侦查谋略。主要有：“声东击西”、“示假隐真”等。

调动型谋略是侦查人员采用一定的方法制造假象调动侦查对象的行动，使其受制于侦查人员的调度和驱使的一种侦查谋略。主要有：“调虎离山”、“欲擒故纵”等。

5. 利用型和诱导型谋略

利用型谋略是侦查人员巧借侦查对象的力量或利用侦查对象的弱点开展侦查的一种侦查谋略。主要有：“利用矛盾”、“分化瓦解”等。

诱导型谋略是侦查人员巧布诱饵和创设情景，使侦查对象落入圈套的一种侦查谋略。主要有：“抛砖引玉”、“引蛇出洞”等。

本章思考与练习题：

1. 什么是侦查行为？侦查行为实施的原则是什么？
2. 侦查行为的性质如何理解？
3. 你认为侦查行为分类应依据什么标准？
4. 常见的侦查行为有哪几种类型？
5. 侦查的基础包括哪些方面？
6. 侦查基础中的侦查情报与刑事特情有什么区别？
7. 侦查方法主要有哪几种？
8. 侦查方法中的讯问与询问如何区别？
9. 侦查的措施有哪几项？
10. 侦查措施中的取保候审与监视居住有无区别？

第八章 侦查原则

“原则”一词来自拉丁语的语义是“开始”、“起源”、“基础”。原则意指“观察问题、处理问题的准绳，”① 或者“说话或行为所依据的法则或标准。”② 在法学中，法律原则是指作为规则的基础或本源的综合性、稳定性原理和准则。这一词汇对法律人来说并不陌生，在法学几乎从公法到私法、从实体法到程序法的各个领域中，都存在着许多所谓的原则。对于法律原则之存在状态，在绝大多数学者看来似乎理所当然，但实际上对法律原则的存在却颇多争议③。根据《布莱克法律辞典》的解释，法律原则是指法律的基础性真理或原理，为其他规则提供基础性或本源的综合性规则或原理，是法律行为、法律程序、法律决定的决定规则④。我国学者一般也都认为：“法律原则是法律的基础性真理、原理，或是为其他法律要素提供基础或本源的综合性原理或出发点。”⑤“法律原则是法律精神最集中的体现，因而，构成了整个法律制度的基础。可以说，法律原则也就是法律制度的原理和机理，它体现着立法者及其代表的社会群体对社会关系的本质和历史发展规律的基本认识，体现着他们追求的社会理想的总体图景，体现着他们对各种相互重叠和冲突着的利益追求的基本态度，体现着他们判断是非善恶的根本准则。所有这一切，都以高度凝缩的方式集中在一个法律制度的原则之内。因此，确立了一批什么样的法律原则，也就确立了一种什么样的法律制度。”⑥

---

① 《辞海》，上海辞书出版社 1997 年版，第 151 页。

② 《现代汉语词典》，商务印书馆 1996 年修订版，第 1549 页。

③ 法理学界对于法律原则是否存在以及如何辨识法律原则的问题存在争议。李可：《原则和规则的若干问题》，载《法学研究》2001 年第 5 期；庄世同：《论法律原则的地位：为消极的法律原则理论而辩》，载台湾《辅仁法学》2000 年第 19 期。

④ See Black's Law Dictionary，West Publishing Co. 1983，p1074.

⑤ 张文显：《法理学》，高等教育出版社，北京大学出版社 1999 年版，第 74 页。

⑥ 张文显：《法理学》，法律出版社 1997 年版，第 72 页。

第一节　传统侦查的原则

侦查原则就是侦查立法、侦查行为所应遵循的基本准则和要求，侦查原则受制于法律原则并对法律原则的贯彻执行具有具体化的意义。侦查原则是法律原则的一种特定形态，是法律原则在侦查范畴中的特定表现方式，是作为侦查规则的本源、基础和依据的一般性准则。我国立法对刑事诉讼的基本原则作出了明确规定，侦查是刑事诉讼中的一个法定程序，刑事诉讼的基本原则对侦查程序具有约束力，侦查程序必须严格遵照刑事诉讼的基本原则运行。但是，侦查作为刑事诉讼的一个特定程序又有其独特的个性，侦查程序的运行在必须严格恪守刑事诉讼有关原则的同时，又存在着侦查行为必须严格遵循的具有本源性的侦查原则。尽管我国法律以规范性的形式明确规定了若干“侦查原则”，实质上其中一些“侦查原则”并非严格意义上的侦查原则；可以说只是刑事诉讼原则，或者说是刑事诉讼原则在侦查执行中的要求。侦查原则已经与侦查实践的运行之间存在较大的差距，侦查原则在侦查实践中并不能得到切实的遵循。侦查原则需要与时俱进赋予新的理念和内涵，使侦查原则在侦查中得到普遍的遵循。

传统的侦查原则是在特定的历史阶段和相应刑事诉讼价值目标的基础上，概括和确立的适应于当时历史时期与价值目标的侦查原则；传统侦查原则在过去对引导和规范侦查程序与侦查行为起到极其重要的作用，在现在和将来传统侦查原则，仍然对引导和规范侦查程序与侦查行为具有极其重要的作用。

一、实事求是的原则

（一）实事求是原则的内涵

实事求是的侦查原则就是要一切从实际出发，尊重客观事实，按照客观事物的本来面目认识事物，在认识中如实反映客观事物。实事求是是马克思主义理论宝库的精髓，是我国社会主义国家的立国之本，也是侦查学的一个根本的指导思想。侦查中的实事求是原则要求侦查人员在案件侦查中，必须从每个案件的具体情况出发，以收集证明案件的一切证据为依据，在证据基础上研究和判断具体作案人与案件事实之间的联系。

（二）侦查中如何践行实事求是的原则

1. 侦查中实事求是以事实为根据

实事求是就是要求坚持辩证唯物主义侦查观。在案件的整个侦查过程中，无论是制定侦查的方案和计划，还是制定侦查的对策与方法，都应坚持一切从实际出发，以客观事实为依据和出发点，如实地反映案件事物的本来面目、原有的规律和特点。坚决摒弃对案件事实的主观臆断和先入为主，以及偏听偏信与任意取舍的思想和作风；坚决反对各种唯心主义和形而上学的观点、方法与行为，要敢于坚持真理和修正错误。

2. 侦查中实事求是要重调查研究

实事求是就是要求在收集和运用案件证据时，必须坚持科学性、真实性和完备性。在案件的整个侦查过程中，应当充分运用各种科学技术手段和策略、方法，深入实际和深入现场调查研究，重证据而不轻信口供，仔细地发现和收集各种证据材料；对作案的时间、地点、手段、动机、目的、过程、结果等，凡是一切认定案件事实和案件性质的情节，必须进行深入细致地调查研究，排除其中出现的一切疑点和矛盾。

3. 侦查中实事求是依据证据定案

实事求是就是要求在确定案件事实和终结定案时，必须以证据为依据、以法律为准绳。在案件的整个侦查过程中，凡是能证明犯罪嫌疑人有罪或无罪、罪重或罪轻的证据，必须一视同仁地如实全部予以收集，对各种证据材料必须逐一进行认真查对核实；将所收集证据进行综合分析判断，使各种证据形成相互印证和互相补充的证据体系，以认定案件事实与情节，根据认定的事实与情节对照刑法条款确定案件性质与罪名。

二、依靠群众的原则

（一）依靠群众原则的内涵

依靠群众的侦查原则是党的群众路线在侦查工作中的具体化，也是侦查工作的优良传统。“警力有限，民力无穷”已成为现代警界的共识，当今世界各国警察都十分重视改善和密切警民关系，以在侦查中取得公众对警务工作的支持与配合。

（二）侦查中如何践行依靠群众的原则

1. 侦查中依靠群众收集案件线索

作案人是从群众中分离出来并隐藏于群众之中的人，其生活和活动在群众中必然会暴露于群众之中；在多数情况下是群众最先发现案件的发生，群众不仅对作案的活动过程清楚，甚至对作案活动的前因后果都有了解；群众一般对作案前作案人的踩点和作案中发出的异常响声与气味，以及作案后携赃逃离的方向和毁证灭迹的行踪等，都可能是亲眼目睹者或亲耳闻听者；侦查人员只要及时进行调查访问，往往可以获得对及时破案有价值的重要线索。

2. 侦查中依靠群众支持配合监督

侦查中群众不仅是破案各种信息的重要来源，还是侦查各环节的支持配合者和监督者，群众是完成侦查任务和实现侦查目标的重要依托。首先，侦查受理的案件线索主要来源于群众的举报和控告，侦查过程的现场保护和现场勘察等各环节都需要依靠群众，现场勘察前的现场保护和勘察过程的见证人，以及调查走访中提供证据和提供线索，离不开群众的支持与配合。其次，侦查中相当多的侦查措施和行为的实施也需要群众的支持、配合与监督；对搜查、辨认、勘验等邀请见证人参加的法律规定，也都是侦查依靠群众原则的具体体现。

3. 侦查中依靠专家解决专门问题

侦查受理的案件形形色色涉及各个领域，案件中的专门性问题也是方方面面，可能涉及到各个学科的问题和各类科学的知识；侦查人员虽然是侦查破案的行家里手，但侦查人员不可能是百科全书样样精通，不可能对侦查中涉及到的所有问题都能解决；所以，侦查中遇到需要解决案件的专门性问题时，侦查人员应当向各行各业的专家和学者请教；通过专家和学者对专门性问题的解决与认定，协助侦查人员尽快查明案件的事实真相。

三、遵守法制的原则

（一）遵守法制原则的内涵

遵守法制的侦查原则就是要求侦查人员在办理刑事案件中，必须严格遵守刑事法律的相关规定。主要包括两方面的内容：一是侦查程序合法，即侦查要严格依照法定的程序行使权力，包括遵循法定的侦查形式、遵守法定的侦查时限、履行法定的侦查手续；二是侦查实体合法，即侦查人员在适用法律上要将案件事实和法律规定有机地结合，以法律的规定作为处理案件的客观性尺度。

（二）侦查中如何践行遵守法制的原则

1. 侦查中遵守法制必须懂法守法

遵守法制就是要求侦查工作必须依法进行。凡享有侦查权的机关都应当依照法律规定，按照各自的职责范围行使侦查权，做到各司其职、各负其责和各尽其能，既要分工负责，又要互相配合、互相制约。在侦查办案中从立案、侦查到破案，从讯问、调查到结案或销案的整个过程中，每个环节都必须自始至终、严肃认真地遵守法律、法规和政策的规定。在收集证据与核实证据时，必须依照法定的程序和方法进行，即证据必须具备合法的形式，必须由法定的人员提供，必须依照合法的程序和方法收集，必须依照法定的程序和方式查证属实；否则，所收集的证据不能作为定案的依据。在认定案件性质和确定罪名及处理案件时，必须以法律规定作为唯一的衡量标准和检验尺度。

2. 侦查中遵守法制必须掌握政策

遵守法制就是要求认真保护公民的人身权利和民主权利。在侦查办案过程中，无论是进行专门的调查工作，还是采取强制性措施，所有的专门调查和强制性措施或多或少都会带有强制的性质，都会直接或间接地影响与制约着侦查对象的人身权利和民主权利。因此，侦查行为的行使和侦查措施的采取，特别是强制措施的采用，必须严格遵照法律的规定，由法定的机关和法定的人员依照法定的程序实施。严禁非法拘禁、非法搜查、刑讯逼供、殴打犯罪嫌疑人等的违法侵权行为发生，违反者必须依法追究刑事责任。

3. 侦查中遵守法制必须严格执法

侦查人员在侦查中必须严格执法，认真对待和严格履行侦查的各个环节与程序，特别是在执行《刑事诉讼法》和相关法规的具体侦查行为时，严格执法不仅是对法律的尊重，也是对侦查人员自身利益的保护。随着我国“依法治国”方略的全面实施，社会主义民主与法制不断发展和完善，公民及犯罪嫌疑人的维权意识越来越强；尤其是我国政府已签署《公民权利和政治权利国际公约》等一系列反映国际刑事司法准则的国际公约，这就是说一些国际社会普遍接受的侦查理念和规则，必然会逐渐为我国侦查所接受和推行，势必对侦查的法制化提出更高的要求，侦查中严格执法必将赋予新的理念与内涵。

四、迅速及时的原则

（一）迅速及时原则的内涵

迅速及时的侦查原则也是我国侦查的重要方针之一。在侦查中迅速及时的基本内涵就是抓住战机、积极侦查、及时破案，刑事案件发案和侦破的特点决定了侦查必须迅速及时。侦查是收集证据、查明案情和查获犯罪嫌疑人的具体行为，侦查中的每个环节法律都有明确的时限要求，倘若证明案件的证据不能及时收集，就会时过境迁或消失毁灭无法收集，以致案件无法查明或久查不明；假若犯罪嫌疑人不能及时捕获归案，案件事实真相和案件具体情节就无法查明，案件的性质和犯罪的罪名就无法确定，也就无法追究行为人的刑事责任，不能实现国家的刑罚权。

（二）侦查中如何践行迅速及时的原则

1. 侦查中迅速及时抓住战机

迅速及时就是要求侦查要主动出击、以快制快。刑事案件大多数是现行的破坏和侵害活动，一般具有作案时间短、流动性大，逃跑快和隐匿迅速，以及具有销赃和毁灭罪证快，千方百计逃避侦查的特点。因此，侦查工作必须主动出击，抢时间争速度、以快制快迅速及时查破案件；不给作案人以喘息、逃跑、销赃和灭迹，以及逃避、藏匿和继续犯罪的机会。对于危害极大的或严重暴力性的作案，必须贯彻“先发制人、速战速决”的指导思想，迅速及时地予以制止和消除作案行为，避免更大程度和范围危害后果的发生。

2. 侦查中迅速及时积极侦查

迅速及时就是要求抓住战机积极侦查，利用案件发生时间不久和作案痕迹仍然存在，群众记忆犹新和作案人未能远逃，赃物尚未销匿和罪证还未毁灭等有利时机，及时组织人员进行仔细勘察和调查访问，尽可能全面地获取有关案件的各方面信息和各种证据，从中发现线索和证据正确判明案情。根据侦查中案件情势的发展变化，果断灵活地综合运用各种刑事科学技术和侦查措施，不失时机地全方位开展侦查活动；充分发挥侦查工作的主动性和强制性，在侦查的每一个环节上都做到战机适时、措施得当和行动迅速、侦控有力；一旦案情查清和犯罪嫌疑人查明，取得确实有效证据就应及时破案。

3. 侦查中迅速及时尽快破案

迅速及时就是要求侦查部门互通情报信息和协同作战。刑事案件的发案没有特定的时间、空间和数量的规律，在一年的四季里和一天的24小时中都有可能发生作案行为；作案行为侵害涉及的对象和范围，可以是对人的侵害，也可以是对物的侵害；可以是在一个县市，也可以是在多个县市，甚至可以是跨省界或国界的作案；作案人可以是一个人，也可以是多个人，或是一伙人；作案次数可以是一次，也可以是数次或数十次。因此，要使一切作案人都悉数归案和一切案件都真相大白，关键在于准确、及时地揭露和证实作案活动。侦查部门间纵向和横向的信息沟通、互相配合和通力协作，则是侦查破案的内在需要，更是及时破案的行动保证。迅速及时的原则在当前国际、国内交通和通信日益发达的条件下，在人、财、物流动日趋频繁的背景下，对于打击和预防新型犯罪的意义和作用则更大。

五、协同作战的原则

（一）协同作战原则的内涵

协同作战的侦查原则是指侦查机关各部门之间以及与其他部门之间，在侦查中发现与控制和揭露与证实犯罪中，以及为迅速发现和有效缉获犯罪嫌疑人，而进行各种形式的协作与配合的一项专门原则。侦查协同作战是侦查适应刑事作案的动态化，手段的现代化和有组织化等新特点的必然要求；侦查行动不打破部门间和区域间的界限，必然会给侦查的有效行动造成不利的后果；侦查协同作战不仅是调动各部门和各区域的个体区位优势，也是发挥侦查快速反应和多警联动的整体优势。

（二）侦查中如何践行协同作战的原则

1. 侦查中协同作战联合侦查

联合侦查是指不同辖区和不同级别的侦查机关，对已发生涉及各辖区和级别的刑事案件，联合组织力量统一侦查破案的一种形式。联合侦查一般分为两种：一是联合并案侦查，即对不同辖区发生的两起或两起以上的刑事案件，根据现场痕迹和作案手法及作案人特征等的案件，在确定有并案条件和并案必要的情况下，联合组织力量展开并案侦查。二是上级联合侦查，即对涉及危害严重和影响恶劣的刑事案件，或作案结果涉及多个区域或涉及多个行业的案件，由上级侦查机关牵头组织相关侦查部门联合进行侦查。

2. 侦查中协同作战互通情报

互通情报是指在常规性的侦查工作中，各地侦查机关应当经常性和不间断地互通犯罪的有关情报，特别是借助于现代通信工具或互联网迅速交流犯罪信息，也可以通过电传和通缉通报等方式沟通与传递犯罪情报；互通犯罪情报经常用于对犯罪嫌疑人的通缉，或对无名尸体身份的查找与核对，以及对赃物的控制和对犯罪线索的求证等方面。

3. 侦查中协同作战协查通报

协查通报是侦查机关的一项常规性的工作，协查的任务主要是积极配合外地侦查机关在本地开展侦查，负责对外地侦查机关请求协助的事项予以配合与承担，对外地侦查机关提出的人力与物力的要求予以支持与协调的职责。

六、保守秘密的原则

（一）保守秘密原则的内涵

保守秘密的侦查原则是指在侦查中严格禁止将案情、证据，以及当事人及诉讼参与人的有关情况向无关人员泄露的一项保密守则。侦查自身的特殊性具有极高的保密性要求，在处于“背靠背”秘密侦查和调查的阶段，在侦辩双方处于相反目标和诉求关系时，双方隐蔽较量和尖锐对立显得异常突出；正所谓“谋成于密、败于泄”，在侦查中任何一方的泄密都会失去有利地位和制胜时机，所以保守秘密是侦查成败的生命线。

（二）侦查中如何践行保守秘密的原则

1. 侦查中保守秘密部署周密

侦查是一项高度保密的工作，这是侦查工作的性质和特点决定的。侦查工作涉及的社会面相当广泛，不可避免地要接触到国家机密和个人隐私，以及案件中的各种工作机密。作案人在作案后往往采用各种反侦查手段，千方百计地伺机打探案件侦查的各种消息，以便根据侦查的进展采取相应对策，销毁证据逃避藏匿与侦查机关进行对抗。因此，在案件侦查过程中，不仅要严格保守秘密不走漏一丝一毫信息，还要在侦查行动上部署周密，不给作案人留下一星半点的可乘之机。只有在侦查中保守秘密和部署周密，才能取得侦查工作的全面胜利。

2. 侦查中保守秘密注重保密

侦查是一项原则性和保密性极强的工作，侦查的保密性就是要求侦查人员对侦查意图、侦查线索、侦查计划、侦查措施、侦查对象，以及对控告人、检举人的人身安全，控告和举报的内容都要保守秘密不得泄露。如若不能保守秘密或因不注重保密而发生泄密，则会导致重要的案件证据被毁灭，重要的案件证人遭到打击报复，甚至会造成重要案犯逃跑或自杀的严重后果。致使一些重大案件无法侦破或久侦不破，造成有些案件侦破后因证据不足，而不能有效地追究犯罪嫌疑人的刑事责任。

3. 侦查中保守秘密保护隐私

侦查中保守秘密就是要求侦查人员在侦查中，对所接触的国家机密应严格遵循《中华人民共和国保守国家秘密法》中的相关规定取用和保密。对涉及企事业公司的科技成果及其设施方面的资料，应按《中华人民共和国专利法》予以保护和严守秘密，不得随意将应当保护的资料转为案外资料任意使用。对于涉及个人隐私的案件不得随意公开或外传，更不能将个人隐私作为平时谈话的资料，要切实注意保护公民的个人隐私，以免造成公民个人名誉和人身的损害。

第二节　现代侦查的原则

“现代”与“传统”一词代表不同的时代背景，伴随着 20 世纪末我国刑事诉讼价值取向的重大调整，我国的刑事诉讼理论与实务进入一个全新的时代；现代侦查原则按照何种思维方式和理论逻辑进行界定，成为摆在侦查理论研究者面前的一项迫切任务。韩德明教授认为，侦查原则的提炼或确立应当按照以下基本思路进行①：第一，要联系我国法治建设的目标实现状况对侦查程序运行要求的基本精神。要将法治国家建设的价值标准和我国法治建设进程的实际状况紧密结合起来，落实到我国侦查程序这一特定的对象层面。侦查原则的提炼和确认既要对照法治国家建设的价值标准，又要联系我国法治建设的实际状况。第二，要严格对照刑事诉讼原则并将相关原则落实到侦查程序环节。侦查只是刑事诉讼的一个阶段性程序，刑事诉讼原则必然要在侦查程序中得到充分体现和贯彻，侦查原则应当是刑事诉讼原则在侦查程序中的具体化。第三，要紧密结合侦查实践运行状况

① 韩德明：《侦查原理论》，中国人民公安大学出版社 2005 年版，第 102 页。

并根据侦查运行的独特规律制定侦查原则。侦查原则的确立要防止脱离实际和忽视侦查运行规律的倾向，确立的侦查原则既要充分体现一定的价值目标，又要扎根于侦查程序运行的实际状况。第四，要考虑侦查程序和侦查行为与其他刑事诉讼程序和行为存在的差异性。法律原则主要是从价值合理性维度而确立的，因为法律行为是一种规范性行为，主要从行为的正当性方面被要求和评价。侦查行为则不仅要遵循法律的规范性，还要追求案件的真实性；因此，侦查原则的界定不仅仅只是从要求、引导、规范侦查行为的正当性方面进行，还应当考虑从侦查行为的特殊性和标准的目的性方面进行。

根据以上对侦查原则提炼和确立的思路，可以将我国的现代侦查原则概括如下：

一、程序法定的原则

（一）程序法定原则的内涵

程序法定侦查原则在程序上而言，侦查活动运行状况与审判活动运行状况相比，两者在程序性要求上存在着极大的差异和距离。侦查活动较之审判活动这一法律程序典型化的代表，显现出较为随机、灵活、非形式化和注重方法与结果，较少强调侦查程序的程序式正当性或仪式化，甚至于侦查被认为不是一种严格意义上的法律程序，而是以一系列种类多样形态各异的侦查行为和方法组合的工作模式，又是以侦查行为和方法的实施追求达到目的为前提。

（二）侦查中如何体现程序法定的原则

第一，程序法定原则是法治原则在侦查程序上的要求和体现，其实质是法治之形式合理化要求在侦查程序上的落实。关于法治的精义，亚里士多德作出过经典的表述："法治应包括两重含义：已成立的法律获得普遍的服从，而大家所服从的法律又应该本身是制定良好的法律。"① 这个法治语境中的侦查，就是法律预先对侦查程序的运行和侦查措施的采取进行规定，而侦查活动运行所恪守的法律本身就是制定良好的法律。程序法定侦查原则的意义在于通过侦查程序运行和行为实施，恪守法律规范的执法状态的

① 亚里士多德：《政治学》，吴寿彭译，商务印书馆1965年版，第199页。

保证，避免侦查机关滥用权力乃至逾越权力边界，非法侵犯权利人的人身和财产的合法权益现象的出现。同时，通过依法侦查和规范侦查，使侦查在法定程序要求中运行，使侦查行为在法定方式方法和程序下实施，从而使侦查在一种有序、合理、正当、公开的程序状态中体现形式的合理性，实现侦查程序的内在价值——程序公正。

第二，程序法定侦查原则是现代国家法治状况的一种测度和表征，是侦查制度发展和进化文明程度的结果与标志。以侦查权为核心的警察权力较之其他社会调控力量相比具有突出地位，侦查权在国家与社会的关系中占据显要位置，特别是在一些集权型国家中具有较大的权重。在现代法治国家形成以前，侦查权作为一种国家控制社会和维护统治的工具，具有极其突出的行政权的性质，其基本上完全是一种政治统治权；作为统治工具的侦查机关实施侦查的过程中，往往采用的是单方面"治罪"的纠问式侦查模式；这种模式运作的侦查为达到目的，不惜采用非法取证或刑讯逼供的不人道手段调查取证，侦查行为缺乏完备的规范性法律依据，完全在一种目的或工具理性的要求中运行。侦查制度势必是法治国家所要求和重视的对象之一，国家的法治文明程度是由侦查这种国家强制性权力运用方式予以表征。法治型法（自治型法）的主要属性应包括"法律与政治的分离"、"法律秩序采取'规则模型'"、"程序是法律的中心"、"'忠于法律'被理解为严格服从实在法规则"。因此，侦查这个连接国家权力与公民权利关系的法律活动，是否能够体现规则之治和程序至上的精神，将必然证明和决定一国的法治文明水准。

第三，程序法定侦查原则是侦查权力得以合法化的有效途径，侦查这种国家强制性权力的合法性，是建立在国家对社会秩序的有效维护和保证基础之上；但是，富含合法性的国家权力势必需要借助于某种形式得以合法化，这个合法化进路的具体实践途径就是程序法定。在形式上，程序法定表现为通过立法预先规定和调整侦查活动运行的过程和方式方法，使侦查活动步入法律预先设定的轨道，从而避免国家强制性侦查权力无限度张力，表现出一种国家强制性权力运行的理性和慎重的状态。实质上，侦查权力通过程序法定得以合法化的内在机理，关键在于程序规则的可检验性和可评判性，"规则是使权力合法化的一种有效方法，它可以准确确定官方权威的范围和界限，因而就提供了表面上看来是清晰的检验责任的标准"。①

① 张志铭：《转变中的法律与社会：迈向回应型法》，中国政法大学出版社 2004 年版，第 64 页。

这样一来，侦查程序和运作行为所引发的后果一旦出现争议，作为裁判者的法官只需对照预先规定的侦查程序规则进行评判便可作出结论，侦查机关有了法定的程序规则可以对照运行，从而避免因行事无据而带来的各种纠纷和责任。

二、措施比例的原则

（一）措施比例原则的内涵

措施比例侦查原则的基本含义是：侦查措施的类型选择和实施程度，应当与刑事案件的实际情况相适应，侦查措施的选用和实施不得超过必要的限度，而对侦查行为相对人造成人身、财产或精神等方面的权利损害。措施比例侦查原则又称为合理原则、必要原则、适当原则等，它最初的含义是指警察权力的行使只有在必要时才能限制公民的权利，也即警察在对公民作出任何不利之处分时，都必须以侵犯公民权利最小的方式为之[①]。因此，在侦查论题上探讨措施比例原则是十分合理且必要的，这并不仅仅因为侦查权力的实施主体主要是警察机关，侦查权的性质本质上是一种行政权力；还在于侦查的国家强制性权力在实现追诉犯罪目的的过程中，突出表现存在手段或措施的合法性问题，这实质上就是因侦查措施的采取所引发的公民权利与国家、社会利益关系的调整规则问题。

（二）侦查中如何体现措施比例的原则

第一，适当性原则体现为侦查措施的法定类型和实施要求必须符合侦查目的的实现。适当性原则是措施比例原则的基础，它要求实现行为目的的方式与方法必须相适宜，凡是与目的不相适应的行为方式和方法均应排除于侦查措施之外。因此适当性原则调整的是行为方法与行为目的之间的基本关系，解决行为与目的的关联性问题，为实现侦查目的的行为类型界定了基本范围。一般来说，侦查措施与侦查目的之间直接关联，而作为限制或剥夺人身自由的强制措施则是辅助性的，强制措施的实施是强制犯罪嫌疑人到案和保证侦查的有效实施。适当性原则的意义在于限制侦查机关滥用职权，避免侦查权成为个人的和公共的非法目的实现渠道。在侦查中侦查目的的实现必须借助一系列侦查措施的采取而实现，因此，实现侦查

① 黄学贤：《行政法中的比例原则研究》，载《法律科学》2001年第1期。

目的的侦查措施应当按照法律规范的要求进行，调整侦查措施的法律规范的依据是侦查目的。所以说，每个规制侦查措施的法律规范都是侦查目的的反映与要求，侦查行为自然应当是与实现侦查目的紧密关联的方式方法。

第二，必要性原则在西方许多国家体现为“任意侦查原则”。按照必要性原则的要求，措施比例侦查原则在国外将侦查方式分为两种基本类型：任意侦查和强制侦查。任意侦查是侦查首选的主要方式，强制侦查只是任意侦查的例外情形，所以，一般将西方国家侦查的原则定义为“任意侦查原则”。任意侦查原则是指“不采用强制手段，不对相对人的生活权益强制性地造成损害，而由相对人自愿配合的侦查”。① 任意侦查原则实际上是建立在权利至上理念，侦查程序中侦辩双方平等对抗或侦查、辩护、监督三方构造基础上的；强调侦查程序是追诉方与被追诉方之间进行的“平等武装”的司法竞技，追诉方没有优于被追诉方的协助追诉义务或任意侵犯与剥夺权利的权力。否则侦查程序便会被侦查机关所左右，侦查中的相对人一方便会沦为侦查的客体。强制侦查相对于任意侦查而言，一般是指为收集或保全犯罪证据、查获犯罪嫌疑人而采取强制方法进行的侦查。强制侦查的合理性基础及其备受理论界关注之处在于，强制性侦查权力的必要性与个人权利自由的关系。强制侦查行为的实施必然涉及行为相对人的相关权利，但是，在刑事诉讼无罪推定原则要求下，侦查相对人的相关权利是不应当在侦查程序中被剥夺或限制的；因此，在西方许多国家，强制侦查被作为法律规定的例外情形所使用。可是，在侦查活动中有相当数量的刑事案件，不采取强制性侦查措施是无法达到查明犯罪事实、收集证据、查获犯罪嫌疑人目的的，侦查程序不可能在一种完全任意侦查的理想化状态中运行。这就出现两种状态，一方面要防止过度使用强制侦查措施，而给侦查相对人造成人身、财产和精神方面的损害；另一方面又存在不采取强制侦查措施，便不能完成侦查任务和实现侦查目标的现状。措施比例侦查原则在这种两难之中应运而生。必要性原则的关键是如何确定任意侦查和强制侦查的选用界限，这是措施比例侦查原则的一个特定方面。

第三，狭义比例原则在侦查中体现为强制侦查措施必须与案件的具体情况相一致，对侦查相对人不因侦查措施的采取而造成不必要的利益侵害后果。如果说适当性原则在于侦查措施与侦查目的的关联性或对应性，必要性原则在于侦查措施不得造成不必要的权利侵害和利益损害；那么，狭

① 孙长永：《侦查程序与人权》，中国方正出版社 2000 年版，第 24 页。

义比例原则则在于侦查措施的实施，所损害的利益必须低于所实现的利益。狭义比例原则是一种要求侦查措施对相对人所造成的利益损害，与对社会所产生的利益的平衡；因此，它是在确定侦查措施的适当性和必要性基础上的措施实施程度的原则。但是，在具体的侦查中究竟如何划分社会利益与个人利益的关系比例，这成为切实落实狭义比例原则的关键所在。以法治发达国家的经验可见，对于这种利益关系比例的具体确定，只能在具体措施的适用要求上予以明确，侦查措施的实施规则就是这种适用要求的基本表现形式。例如在美国的警察搜查措施中，判例中将搜查分为人身搜查、住宅搜查、车辆搜查、任意搜查等几种类型；对于采取不同类型的搜查，其具体实施规则都有一定差别；而且判例法中对搜查规则的确定依据，主要是联邦宪法中有关保障隐私权的条款。又如在英国的有关法律对警察搜查做出了细致的规定，在公开场合的搜查必须"限于外部衣服的表层检查"；假定存在进一步搜查的"合理根据"，则可以在附近的警察行李车内或者是警察分局进行较深入的搜查；对于因搜查留置人或车辆的时间，仅限于进行这种搜查必要的合理时间，而且搜查必须受到合理怀疑性质的限制；警察如果怀疑某人外衣口袋内藏有枪支，就只能对外衣的口袋进行搜查。所以说，狭义比例原则的落实经常是以抽象的权利概念为前提，对侦查措施适用的具体情况进行合理细致的规定和要求。

三、司法审查的原则

（一）司法审查原则的内涵

司法审查制度是现代法治国家所普遍确立的一项重要的法律制度，其本意是指司法部门通过对立法机关和行政机关制定的法律、法规及国家权力活动进行审查，宣告违反宪法的法律、法规无效及对其他违法活动通过司法裁判予以裁判纠正，以维护宪法的实施、保证公民和法人的合法权利①。司法审查侦查原则的确立是对法治意义上的司法审查制度的价值确认和具体落实，其基本含义是指司法权力必须介入侦查程序，以对侦查机关提出的实施具有人身或财产，强制性侦查行为的请求进行审查并决定是否批准；对侦查程序有关程序性或实体性争议进行审查裁判，有效监督并确保侦查活动的合法进行。侦查制度意义上的司法审查包括两种基本类型：

① 王利明：《司法改革研究》，法律出版社 2000 年版，第 264 页。

一是对侦查机关采取侦查措施的必要性与合法性的审查；二是对侦查程序控辩双方的程序性和实体性的审查。从当前刑事诉讼立法与司法实践来看，我国尚未确立司法审查制度，法官在侦查程序不介入和参与侦查程序的审查与争议的裁决。然而，与此形成鲜明对照的是两大法系的绝大多数国家，“在侦查程序的整体架构上，都坚持了一种侦、辩、审三方组合，由法官监督、控制侦查的司法型侦查体制。”① 司法审查机制已然成为当今各主要国家侦查程序的一项基本制度。

（二）侦查中如何体现司法审查的原则

司法审查侦查原则的价值精神根本上在于，通过国家司法权有效制约侦查强制性行政权力，防止这种权力在不受制约和监督中，自主行使而导致侦查相对人合法权利的被侵和受损。司法审查理论无论是“法治理论”、“权力分工与制衡理论”、“人权保障理论”、“程序正义理论”，其实可以从两个方面加以概括：

一是法治国家理念在侦查程序上的落实。法治国家的重要含义之一是权力分工与制衡，这是作为人类文明化和现代化表征的法律制度的基本要求和现实表现。权力分工和制衡的重要一环，是力量相对弱小却又先天地具备中立性的司法权力，获得对行政权力的审查、监督和制约的合法性地位，即法院充分发挥司法的能动作用，对国家行政强制权的合法性进行审查，以防止国家行政强制权造成的违法侵害后果，以保障个人的合法权益不被权力侵害。法治国家的重要含义之二是权利保障与自由，通过权利保障实现人的真正自由是法治的根本价值目标。作为追诉性质的侦查是以权利保障为行动准则和出发点，通过社会秩序的维护而实现保障公民的权利不受侵害，最终服务于人的自由的真正实现。但是，侦查权力行为毕竟是一种强制性非常突出的权力行为；因此，不仅要在犯罪控制与惩罚上真正发挥效能，又要在保障无辜和防止权利侵害上得到落实；这种落实与兑现不可能由侦查机关通过对法律的道德恪守而实现，它需要更加强有力的拥有判断权的中立的第三方——司法审查的介入。

二是程序正义价值实现对侦查构造的要求。侦查构造是按照一定的价值取向对侦查程序主体之间关系的一种制度安排和设定，其中主要是侦查、起诉、审判三种职能机关之间的相互关系。侦查程序作为刑事诉讼程序的

---

① 谢佑平、万毅：《刑事侦查制度原理》，中国人民公安大学出版社2003年版，第137页。

基础和重要组成部分，究竟是只能由侦查机关一方操控和运作的过程，还是可以由侦查机关与被追诉者两方“平等武装”地进行审判准备，这是一个非常值得进行理论追问的问题。侦查程序作为刑事诉讼程序的组成部分，不应当只是由侦查机关一方操控的法律程序，不应当只是侦查机关单方面独自进行审判准备的程序，不应当只是与审查起诉和审判程序，目标一致、彼此分工、相互独立、先后相继的程序。对此，有论者认为我国的侦查构造是“两方构造”①，有论者批判了我国“流水线型”的刑事诉讼程序的价值缺失②，也有论者提出了侦查程序的“立体形三角（四面体）构造”观点③，还有论者针对我国侦查程序的构造状况指出：“目前法治国家有一个共同的认识，就是在传统的三种诉讼形态之外有第四种诉讼形态，即用以控制刑讯逼供、超期羁押、非法搜查扣押和窃听的司法审查的机制。行政诉讼之外，我们还没有对侦查活动进行司法审查的机制，这就是第四种诉讼形态的空缺。”④ 因此，欲使程序正义价值要求在侦查阶段得以实现，侦查程序就不应当只是侦查机关独自擅断和一方主宰的过程；必须建立一种侦、辩、审三方组合的侦查构造形态，中立的裁判性司法审查权高踞其中，对侦、辩双方的程序性和实体性争议进行裁决，以确保侦查行为的合理性和正当性。

司法审查侦查原则要通过具体而系统的司法审查制度得到落实才具有意义。在我国现实的司法制度中没有确立司法审查侦查原则，也没有确立司法审查制度；因此，纵观西方各主要国家的立法和实践，制度意义上的司法审查主要表现为两种类型，即侦查措施审查、程序性和实体性争议审查。

所谓侦查措施审查是指法官对侦查机关提出的采取强制性措施要求的必要性和合法性，进行审查后决定是否批准采取的审查。这种审查体现了强制性权力行为必须严格依法行使的法治精神要求，凡是涉及公民人身、财产和精神等基本权利的行为，国家行政机关均无权自行作出决定和实施行为。司法审查一方面体现了形式上的法治意义，即由中立的法官审查决定强制性侦查措施的实施与否，这本身就是一种公正性的表现；另一方面体现了实质上的法治意义，即以法官对强制性侦查措施采取必要性的审查，这实际就是保证侦查行为的合理性。英美法系和大陆法系国家由于法律渊

① 薛炳尧、马志鹏：《侦查讯问构造论》，载《中国人民公安大学学报》1999 年第 2 期。

② 陈瑞华：《刑事侦查构造之比较研究》，载《政法论坛》1999 年第 5 期。

③ 陈永生：《侦查程序原理论》，中国人民公安大学出版社 2003 年版，第 286 页。

④ 陈瑞华、李富成：《司法改革的对话》，载《中外法学》2000 年第 6 期。

源与司法传统的差异，在侦查程序的司法审查原则方面的具体安排存在一定的差异。在英美法系国家按照“动态抑制”方式对侦查程序进行审查。所谓动态抑制是指具有强制性侦查行为的实施，不仅原则上必须事先经过法官批准，而且事后还必须受到法官的审查。英美法系国家的动态抑制式司法审查采取“令状主义”，并且是一种特定令状；这种特定令状是法官授权侦查人员实施强制性侦查行为的凭证，令状的内容具有特定要求和详细的适用对象。在大陆法系国家则按照“静态抑制”方式对侦查程序进行司法审查。所谓静态抑制是指通过成文法对每一种强制性侦查行为实施的实体要件和程序要件预先做出详细规定，法官或检察官按照法典规定对照案件实际情况，审查批准或否决侦查机关提出的强制性侦查行为的实施要求。静态抑制的司法审查是通过一种格式化一般令状规制强制性侦查措施的实施方式，这种令状的内容不像特定令状对适用情况规定的详细而具体，而是具有比较统一的格式和较为笼统的内容。

所谓程序性和实体性争议审查是指法官对侦查机关与被追诉方，以及其他程序主体之间的程序性或实体性争议进行的审查裁判，乃至直接处理相关程序性或实体性问题。西方绝大多数国家在侦查程序上虽各有差异，但却都确立了侦、辩、审三方组合的侦查构造；确立这种构造使侦查程序体现出司法化特征，并在侦查程序中对程序性和实体性争议进行司法审查和裁判。侦查程序通过司法审查解决的程序性争议主要问题是：拒绝接受侦查措施的采取或对侦查措施持有异议，对人身羁押强制措施采取的必要性及其适用期限和方式的争议，对证据分配和保全方面的争议，对有关诉讼权利方面的争议等。司法审查解决实体性争议主要问题是：对被指控犯罪事实的理由方面的争议，对实体性权利被侵犯与否的争议等。在侦查阶段法官对争议事项的审查是基于侦、辩一方的请求而进行，并在侦查阶段就要作出裁判；裁判的形式可以认定侦查措施无效并及时制止侦查措施的实施，可以对拒不履行法定诉讼义务的行为做出司法处罚，变更侦查措施或羁押措施的适用种类及形式或期限；侦辩双方之间重新合理分配物证材料，依据申请采取证据保全措施，批准撤销案件等多种形式。

四、科学证明的原则

（一）科学证明原则的内涵

科学证明侦查原则的基本含义是指侦查证明活动过程应体现科学性，

侦查机关完成证明案件事实的任务必须以科学的方法和标准进行，只有依据科学方式运行并以科学方法和标准获得的证明结论才具有合法有效性。科学证明侦查原则的核心在于将科学精神体现到侦查程序的整个过程，并且对具体问题的处理要运用相应的科学方法进行。“当社会变得越来越复杂，当知识被进一步分化为越来越细小的晦涩难懂的专门学科时，日常生活的各个领域对专家的依赖也日益增加”①。随着科学精神在人类社会中地位的逐步确立和影响的日益深入人心，侦查程序的科学性内涵也因此而日益丰富和完善，特别是对物证的发现、提取、分析、鉴定、保全等方面，相关科学方法和技术手段的广泛应用，进一步提升了侦查证明的科学性成分。当然，侦查程序不应当只是一道机械地收集、检验、分析、鉴定证据材料的过程或工序，应当是一道有多个诉讼法律关系主体参与的关系交涉和情景处理的过程；因此，侦查程序不能只是一道单一的目的与技术的理性程序，还应当在程序中充分体现价值理性的精神；况且科学活动本身也不能是纯粹目的理性的，它也要受到相应的伦理精神要求和道德准则约束。

（二）侦查中如何体现科学证明的原则

侦查不仅仅是一种主观认识活动，侦查程序的认知结果必须在相应证据的支持下，向负责公诉的检察人员进行可信服性解释；所以，侦查程序才不仅仅是一种认知活动，而且更准确地说应当是一种客观证明活动。作为证明活动的侦查证明在理论上如何与科学证明相联系：

第一，要正确确定侦查证明的科学逻辑进路。证明不应只是一种人的外在的活动，应该更是一种逻辑思维的认知活动，人的行动只不过是人的思维活动的外在表现形式。侦查证明活动是一种对已经发生的犯罪事件的认识过程和说明过程的结合，侦查程序实质上就是围绕这一立案待证命题的证明而进行；严格地说，侦查证明的对象不是案件事实本身；案件事实是已经客观发生的历史事件，它不是侦查行为作用的对象，而是思维活动所思考和理解的对象。思维活动对事实的理解只能借助表述为概念命题的形式，侦查行为的对象只能是案件事实和信息所物化的证据材料。“证明”一词是科学中的一个专业术语，核心含义是“以证据说明”事实。证明一般有证实主义和证伪主义两种。证实主义是实证主义哲学的逻辑精神，是归纳的逻辑在经验观察的基础上得出理论结论；证伪主义是对证实主义否

---

① 〔英〕麦高伟、杰弗里、威尔逊：《英国刑事司法程序》，姚永吉等译，法律出版社 2003 年版，第 234 页。

定的基础上提出的一种证明理论，是演绎的方法对命题的科学假说的可检验性、可反驳性和可证伪性。简单地说，证实主义的主要目标在于探求支持命题成立的正面材料，以确证命题的正确性；而证伪主义的核心精神是寻求反面材料检验和反驳陈述性命题，以反例推翻命题证明反例的正确性。

第二，要充分应用现代科学技术方法和成果。科学主要地表现为一种理论，科学理论是一种纯粹的理性活动，更多地存在于科学工作者的思维话语领域。科学得不到落实或兑现为技术，就不可能真正地作用于自然界和社会世界。技术是科学理论的应用，其本质是实践活动或一种行为。没有科学理论便没有科学的行为。科学理性和技术行为的差异在于："科学理性其本质是先验性和至上性，表明科学理论代表着人类理性，是人类精神的创造，具有至高无上的权威。技术行为表明技术是一种用来做事的行为，即通过'说事'来'做事'并实现某种目的的行为。"① 因此，侦查证明活动并非存在于科学理性的抽象精神范畴之中，而是一种外在的社会行为，由于在今天这种社会行动所置身其中的环境，已然是一个技术理性意识形态的社会，从而侦查证明活动欲获得合法性基础，就必须是一种技术方法和设备被大量运用的法律活动。侦查证明活动中对证据的发现、提取、分析、鉴定、保全等，有效应用现代科学技术资源中的科学理论、技术方法和技术设备。要按照相关学科理论原理和专业知识，分析和处理侦查活动的具体问题；对具体证据材料的分析、检验、鉴定、保全等活动，在应用先进的技术和设备的同时，还要严格遵循科技活动规则行事，要按照专业技术标准得出结论和进行评断。

第三，要确立物证中心的侦查证明理念和制度。我国侦查证明的基础性环节是人证的获取和人证中心主义，侦查证明按照神证、人证、物证的历史演进与走向，我国正步入过分依赖口供和其他人言辞证据的证明范式。人证中心主义的致命缺陷是将侦查相对人在侦查中置于客体的地位，使侦查对象沦为被侦查所纠问和被追究的角色；正因为如此，侦查中蕴涵着有罪推定、刑讯逼供、暴力取证、非法羁押，以及冤假错案等诸多现象发生的可能。而物证中心主义理念的确立和制度的建立，有助于侦查证明科学性的凸显，其意义不仅仅在于这一证明结论的真实性与可靠性；还在于这一理念的程序落实和兑现，将促成侦查相对人程序性主体地位的提升，使侦查程序的合法性才有了本属工具或技术理性的科学支柱保障。物证中心

① 蔡曙山：《论技术行为、科学理性与人文精神——哈贝马斯意识形态理论批判》，载《中国社会科学》2002年第2期。

主义较之人证中心主义还在于，能够决定于侦查程序对抗性构造的程序制度设计。对抗性侦查程序构造的基本精神表现为，作为被追诉方的犯罪嫌疑人及其辩护人，与侦查机关各自独立进行审判的准备，被追诉一方不是侦查机关取证利用的对象，被追诉方没有自我归罪的义务，被追诉方收集和提供证据的目的是对抗和反驳公诉方的指控。在物证中心主义中犯罪嫌疑人不再是侦查机关获取口供的证据的目标，侦查机关获取证据的途径表现为对客观证据材料的收集，并着重通过合法方法和科学手段对物证材料进行分析、比对、鉴定，为法庭提供多样的和可信的证据材料。可以说，物证中心主义侦查证明理念的确立和制度建立，主要是通过对被追诉方诉讼权利的广泛赋予而实现。

五、适度公开的原则

（一）适度公开原则的内涵

适度公开侦查原则是指侦查行为的依据和实施过程、侦查措施的选择和采取、案件证据的收集和调查程度、侦查结果和处理方式等方面，适当向社会、犯罪嫌疑人、辩护人及其他诉讼参与人公开；侦查程序不得完全在秘密状态下进行，实现国家侦查权力的公开透明，切实保障被追诉方及其辩护人的法定权利，保障公民对侦查活动知情权的实现，使侦查活动接受社会权利的监督与制约。侦查活动的展开是基于犯罪行为的发生而展开，为了有效查明犯罪事实、收集证据和查获犯罪嫌疑人，侦查活动就需要在一种不为犯罪嫌疑人一方所知悉和防备的保密状态下进行。首先，侦查程序是一道法律程序，法律程序必须是一种价值合理性程序。法律程序的价值合理性实质是程序的独立价值或内在价值，这是法律程序研究的基本理性结论。总之，法律程序在今天已被要求必须具备一种合理性价值内涵，不具备合理性价值内涵的法律程序便失却其应有的合法性。其次，侦查程序是一道行政程序，公开性是行政程序的基本原则要求。作为侦查程序的运行与司法程序相比，侦查程序具有明显的行政程序性质，侦查程序是国家行政权力作用特定类型的具体表征，是国家行政权力的具体实现方式。在现代法治国家行政公开原则是法治的题中应有之义，行政公开作为一项行政法治原则其意义在于，一是行政公开是民主政治的具体化和实现方式；二是行政公开是促进市场经济健康有序发展的手段；三是行政公开是实现权力监督与反腐倡廉的重要措施；四是行政公开是公民知政、参政、督政等权利保障的必然要求。

（二）侦查中如何体现适度公开的原则

行政公开原则落实到侦查程序上，从理论方面讲有以下三个基础：第一，侦查公开是现代民主政治的内在要求。这种要求的具体体现在于公民有权参与国家管理，有权表达自己对国家管理的意见和建议，有权对国家机关的活动进行监督，而为了实现这些权利，公民就必须获得知情权。第二，侦查公开是刑事诉讼程序正义的基本要素。强调程序正义要以看得见的方式实现，看不见的正义非正义，否定不公开程序的正义性。第三，侦查公开是实现刑事诉讼实体正义的重要条件。强调通过侦查公开防范侦查人员的过强倾向性，防止侦查人员怠于追诉甚至徇私舞弊现象的出现①。

适度公开的侦查原则是法治国家的一项具体要求，是现代国家法治进程中对政府行政行为的一项具体要求。

侦查权本质上是一种行政权，侦查行为是一种特殊的行政行为。侦查作为一种行政行为同样也存在因合法性要求而提出的行为公开问题，关键在于侦查行为不同于一般的行政行为，具有其明显的强制性和独立性；这种特性直接影响和关系到适度公开侦查原则的基本因素在于：第一，侦查程序的活动内容具有明显的对抗性特点，侦辩双方处于一种博弈对抗较量状态。过多地公开侦查活动的有关情况会消耗优势资源，极有可能影响对案件事实的调查、证据的收集和犯罪嫌疑人的查获。第二，侦查程序尚处于刑事诉讼程序的基础阶段，对案件事实和性质有待于审判程序最终得出结论。过早地公开侦查程序的有关情况会造成社会负面影响和心理动荡，极有可能造成对犯罪嫌疑人、被害人的名誉、隐私及其他权利的影响。第三，我国长期一贯强调侦查活动的犯罪控制功能，非常重视侦查程序的工具性价值而轻视权力的公开。在侦查程序工具主义观念驱使下，侦查程序只要能够有效地打击和控制犯罪，侦查程序就是一种正义性法律程序，权力的公开和透明就成为可有可无。因此，对侦查程序适度公开原则的确立应充分考虑上述重要因素。

然而，侦查权这种国家特定的行政权力又因为以下因素，构筑了必须予以权力公开行使的合理性基础：第一，侦查权力行为绝大部分具有鲜明的强制性特征，在权力行使和运作中只有权力公开接受监督和制约，才能

① 陈永生：《侦查程序原理论》，中国人民公安大学出版社 2003 年版，第 192 页。

在一定程度上防止权力的非必要采取乃至非法侵犯权利的行为发生。第二，被追诉一方在侦查程序中必然要求对自己涉嫌的罪名、案件的性质、收集的证据、诉讼的权利、羁押的理由等方面，应当及时得到全部或部分告知，以便通过主张权利和行使权利实现权益保护。第三，被害人是让渡犯罪追诉权利予侦查机关的一方当事人，案件进展和结果与被害人有着切身利益的紧密关系，在侦查程序中被害人有知悉案件进展与结果的权利，侦查机关也有告知其案件相关情况与进展的职责。第四，刑事犯罪不仅仅是一种单一侵害被害人人身和利益的行为，这种反社会行为的危害和影响不仅限于个体身体和心理，其侵害的程度和破坏的范围会波及社会危害与心理影响，适度公开案件侦破可及时缓解社会恐慌和消除心理影响。第五，通过公开侦查决策、措施、进程等方面的情况，对侦查机关在实质上形成一种督促和推进的作用，使侦查中懈怠履行工作职责或渎职乃至滥用职权的行为较少发生，促进侦查效率和社会效益的提高。

不过，侦查公开与一般的行政公开两者之间存在一定的差异，侦查公开制度的落实要充分考虑侦查程序的个性特点。结合我国立法和侦查实践及世界刑事诉讼发展之趋势，通过立法确立侦查公开原则已势在必行。侦查公开原则的确立是一种价值目标的定位，这种价值目标的定位实际就是行政公开原则在侦查程序上的合理化兑现，也只有在正确定位侦查公开的价值目标基础之上，我国侦查公开原则在公开对象、公开内容、公开方式、实现途径等方面的具体要求方可得以确定。在公开对象上，应当明确包括犯罪嫌疑人、受聘请的律师、诉讼参与人、国家有关部门、公民、新闻媒体等。在公开事项上，主要包括侦查方面的规范性文件、犯罪嫌疑人涉嫌的罪名、侦查措施的选择与采取情况、案件事实调查情况、证据收集情况、犯罪嫌疑人被羁押情况、侦查结果和侦查终结意见等。在公开方式上，根据案件实际情况和侦查工作实际情况，或发布新闻、或制作公报、或提供资料查阅等。

六、效益效率的原则

（一）效益效率原则的内涵

效益是一个微观经济学概念，它所体现的是成本或投入和效益或产出之间的关系。即指一个生产过程使既定的投入组合可得到的产出水平达到最大①。效率一般是指单位时间内完成的工作量，或日常工作中消耗的劳动量与所获得的劳动效果的比率，通常被人们用来表达“做事的快慢程度”，强调“过程的快”。它反映投入量与收益的对比关系。效率可以用效益表示为：效率等于效益除以成本。效益是一个正向的有意的结果，是一个具体的量，而效率是一个比值。但是，一般来说，有效益一定有效率，而有效率不一定有效益。

（二）侦查中如何体现效益效率的原则

第一，侦查过程成本的节约体现侦查效益的经济合理性。侦查是刑事诉讼“公诉”的一个必经程序，在这一诉讼程序中国家需要投入大量的人力、物力和财力，即侦查必须付出高昂的诉讼成本。侦查成本一般是指侦查机关为破获案件和处理案件而支付的全部费用，特别是用于侦查破案的鉴定、通缉和围追堵截等消耗的费用。具体包括：一是因执行强制措施所要支付的费用；二是当事人参与侦查而支付的费用（包括请律师和代理人的费用、被调查和询问所支付的物质和时间的耗费等）；三是诉讼参与人为参与侦查而支出的费用（包括鉴定人、证人和翻译人员参与侦查的差旅费、食宿费、误工费等）；四是其他与侦查直接相关的费用（包括制作、发布法律文书的费用等）；五是错误成本。它是指由于侦查机关对犯罪嫌疑人的不当追诉或错误追诉所造成的耗费。一个刑事案件在侦查开始时是无法预测侦查成本的投入，也不便估量侦查成本投入与产出效益的合理性。一般而言，追求经济效率可通过以下几种途径实现：一种是多投入多产出，以达到经济效率极大化；一种是通过减少成本消耗，力求以最少的资源投入来达到效率的极大化；还有一种是投入的成本或资源不变，只是通过改进成本或资源的投入方式来实现效率的极大化。侦查成本的投入产出采用后两种方法更经济合理。

第二，侦查的收益的非物质性决定侦查效益的非物质性。侦查的任务是收集固定证据和查获犯罪嫌疑人，查明案件事实真相和追究犯罪嫌疑人的刑事责任。在侦查中涉及财物主要是被追回的赃款和赃物，以及作案工具和作为证据的有关财物等。赃款和赃物在侦查终结后依法退还给受害者或国家，作案工具和其他财物或被没收销毁，或作为证据在法院依法审判

---

① 陈正云：《刑法的经济分析》，中国法制出版社1997年版，第137页。

后以法定形式固定并退还。在侦查中所涉及的财物原属于个人或国家，侦查查获的财物不属于侦查收益或诉讼收益。对侦查倘若从产出的角度来考量侦查结果的话，侦查最终所产出的只能是对犯罪嫌疑人是否起诉的决定。显然，侦查的产出不可能带给国家任何经济性的利益，相反只能给国家带来经济利益的负增长。侦查的投入是有形的资产，而侦查的产出是无形的资产。侦查的成本部分可以以经济方式进行衡量，而侦查的非物质性收益却不能用经济尺度丈量，这就形成侦查效益的过程与结果的二元结构状态。这就使得对侦查活动的效益评价涉及两种尺度，即涉及物质性因素和精神性因素；侦查效益既要促使诉讼投入满足经济合理性的要求，又要保证诉讼产出符合人们对侦查的期望产生最佳的效果。这种物质价值与精神价值投入与产出的比值，正是法律活动有别于物质生产活动的一个重要特征。

第三，侦查效益是伦理效益考察采用比较和联系的方法。侦查活动的特殊性和收益投入与产出的非物质性，决定了侦查效益是一种伦理效益。从侦查投入的目的考察，国家通过侦查活动所达到实现的收益包括：一是因案件的侦破和犯罪嫌疑人的捕获，使犯罪的社会危害性在一定社会范围内被消除，带来社会秩序的稳定；二是国家或公民个人的合法权益得到保护；三是国家法律尊严和权威的回复与肯定；四是法律正义的伸张和社会公德的倡导；五是对社会冲突行为的预防和抑制；六是社会对国家侦查机关的认可和赞许等。由此可见，侦查活动产出的主要是社会秩序的维护、司法正义的实现和公民自由的保护，主要获得的是伦理性的或非经济性的收益，而非以追求经济或物质的利益为前提。因此，这种效益一般无法用量化的标准进行评估，一般只能从侦查活动的效果或社会意义上进行评价。所以说对具体的案件侦查活动进行衡量或评价，采用比较或联系的方法是较为可行的方法；所谓比较和联系的方法就是一种横向比较、联系的方法。即将若干个侦查活动放在一起进行比较和联系，通过比较和联系从中鉴别出个别侦查活动效果的优劣，以及社会意义整体效益的大小。

本章思考与练习题：

1. 侦查中如何践行实事求是的原则？
2. 侦查中如何践行依靠群众的原则？
3. 侦查中如何践行遵守法制的原则？
4. 侦查中如何践行迅速及时的原则？
5. 侦查中如何践行协同作战的原则？

6. 侦查中如何践行保守秘密的原则？
7. 侦查中如何体现程序法定的原则？
8. 侦查中如何体现措施比例的原则？
9. 侦查中如何体现司法审查的原则？
10. 侦查中如何体现科学证明的原则？
11. 侦查中如何体现适度公开的原则？
12. 侦查中如何体现效益效率的原则？

第九章 侦查比较

在西方人的文化意识中，人类社会其实是伴随着一起盗窃案件的侦破而诞生的。《圣经》中说，当上帝发现亚当是因为自己裸体而感到害羞，以致不敢出来见他时，大为惊讶，于是问亚当：你是不是偷吃了禁果？亚当说，是夏娃给他吃的。上帝又追问夏娃，夏娃说，是蛇诱骗她吃的。这可以说是最早一次对“违法”行为的侦查。亚当、夏娃也因被查出偷吃禁果而被上帝赶出伊甸园，罚到地上终身劳作，人类社会由此开始。人类关于创世之初的这种意象，经过岁月的冲刷与积淀，已潜隐于现代人的意识深处，凝固为一种强烈的“侦查”情结①。在具有深厚宗教背景的西方国家，人在创世之前因偷窃而带着原罪来到这个世界，上帝凭着其先知先觉的智慧洞察人类灵魂的罪恶。在世俗的世界里，要保持世俗社会的安宁和秩序，国家、国家的犯罪侦查机关和人员必须对上帝无力涤荡的罪恶尽到职责。但是，国家不是承担着犯罪侦查职能的机关和人员，也不是先知先觉的上帝，所以，他们不能如上帝一般地觉察世俗社会的一切犯罪。而要达此目的，国家就必须建立适合其目的需要的犯罪侦查制度，赋予犯罪侦查人员相应的职权，对相关人身财产、意志等进行强制，以实现其查清犯罪事实，从而实现社会治理的需要②。

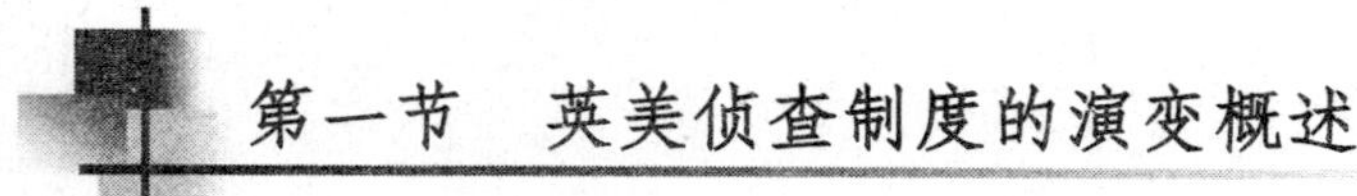

第一节 英美侦查制度的演变概述

一、英国侦查演变概况

公元前1世纪，罗马人征服不列颠群岛，维护社会治安的职责由驻扎地的罗马士兵承担。这是一种早期的军事警察制度的雏形。公元5世纪中期，盎格鲁和撒克逊等日耳曼部落入侵不列颠群岛，相继建立了“七国”。各王

① 左卫民、周长军：《刑事诉讼的理念》，法律出版社1999年版，第17页。

② 刘方权：《强制侦查构造的法治化》，中国人民公安大学出版社2004年版，第52页。

国下分为若干个郡，郡下又分为若干个“百户区”；百户区下又分为若干个“十户区”。郡长和百户长由当地贵族担任，既是当地的行政长官，又是地方的司法长官；十户长由区内的户主轮流担任，其职责是维持地方的治安。此后又形成了“十户连保制”，即十户区内年满20周岁的男子，均应宣誓不做犯法之事，并对区内违法犯罪行为负有共同责任。区内的人犯罪其他人有义务缉拿，并对该犯罪后果承担连带赔偿责任。这是一种以集体负责的居民自治警察制度。在“七国时期”，统一的习惯法逐渐形成；尤其是在9世纪末，统一英格兰后普通法便已具雏形。

1066年，在建立统一的英吉利王国的同时，建立了普通法制度。自此一些城镇开始推举专人负责巡查守夜，维护社会治安和抓捕罪犯；防范对象也由内部居民转为外来游民，并要求“每个百户区从最强壮的人中推举两位守法居民”负责本地治安；这些人后来被称为“警务官”，并逐渐取代百户长和十户长的地位。至此，以集体负责性质的居民自治的警察制度，已开始向专人负责性质的居民自治的警察制度转化。不过，当时以缉捕罪犯为侦查基本职能，只是社会治安职能的一小部分。这种以警务官为主的地方治安体制一直延续到19世纪。

英国具有自诉的法律传统，犯罪被视为是个人对个人的侵犯；因此，只有受害者或其亲友才可以向法官提出控告。后来，“征服者威廉”把诺曼人审判陪审团的习惯带到不列颠；开始时，陪审团仅用于王室权利纠纷的诉讼中，而且陪审团具有证人的作用（挑选陪审团员的标准是“了解案件事实”）。后来，陪审团也用于对个人纠纷的审判。1166年，国王颁布诏书规定，在凶杀、抢劫、窝藏罪犯、纵火等刑事案件的审判中，控告的事实应由陪审团提出。由于陪审团控告之前需要查明案件事实，并在必要时提请法庭逮捕被告人；所以，陪审团具有一定的侦查职能，又具有一种起诉人的性质。虽然此时陪审团仍属于私诉，但已将起诉责任由受害者或亲友，转移到若干名当地居民身上。1352年国王又颁布诏令，决定设具有参加审判职能的另一种陪审团，原来的陪审团只负责调查和起诉。这就形成了起诉陪审团和审判陪审团，陪审团的职责也由此分离而明确清晰。起诉陪审团被称为大陪审团，审判陪审团被称为小陪审团。陪审团职能的分离也标志着侦查职能从审判职能中分离出来。

在当时，大陪审团的主要职责是不公开地询问当事人和证人，而且必须在法官的指导下进行。此时的大陪审团已经由最初的证人性质，转化为“非证人型陪审团”。17世纪末，大陪审团已不再为起诉提供事实依据，而是判断起诉方提供的事实依据是否充分。到18世纪，大陪审团在刑事诉讼中已经具有侦查和预审的职能。19世纪，由于专门从事侦查和起诉的机构相继建立，大陪审团也就只剩下预审的职能。20世纪初，治安法官逐渐取代大陪审团的预审职能。1948年，大陪审团彻底退出了英国司法的历史舞台。

英国的验尸官制度，可以追溯到盎格鲁撒克逊王国时期。验尸官作为保护国王财产和利益的代表，具有制约郡长的权力。最初验尸官是由国王任命，后来由于介入凶杀案件具有公正性和权威性，便由其专门主持勘验尸体和询问证人并作出裁判，以致逐渐发展成为一种固定惯例。1194年英国的治安法院法令中明确规定，验尸官负责保护国王的财产和调查命案，后来逐渐演变为专门负责命案调查的官员。验尸官的主要职责是对尸体查明死因，一般在验尸官法庭进行验尸调查，而且经常有验尸官陪审团协助；如果验尸官陪审团认定是他杀，则可以通过允许调查嫌疑人，并由验尸官发布逮捕令实施逮捕。19世纪以来，随着医学科学的发展，到1926年的英国《验尸官修正案》规定，验尸官必须具有5年以上执业经验的医生或律师担任。

在中世纪的英国，郡长（司法和行政长官）也具有一定的犯罪侦查职责。在宗教法庭与世俗法庭分离之后，郡长是集行政、司法、军事大权于一身的地方长官；仅就司法职能而言，对罪犯的缉捕和提交法庭审判，均由郡长亲自签发令状。到12世纪，郡长的司法权逐渐被削弱，一方面，国王的法官越来越多地涉足地方事务；另一方面，地方治安法官的出现也使郡长的司法权缩小。1877年颁布的《郡长法》统一英国各地郡长的职责为：担任地方巡回审判和地方申诉之法官，确定巡回审判陪审团的名单，执行法令和死刑判决等等。可见，郡长就是地方的司法与行政长官。

英国的治安法官起源于“七国时期”。当时一些郡的郡长选定郡内的骑士或乡绅充当治安维持官，负责郡内的治安维持及拟定起诉书和押解罪犯的事务。1327年，国王颁布法令赋予治安维持官追诉和逮捕罪犯的权力。1344年，国王又颁令赋予治安维持官司法审判权。1361年，又颁令规定将治安维持官改为治安法官，其职责是对刑事案件的调查和审判，包括对罪犯的查缉和逮捕，以及对扰乱社会治安行为的管制。实质上，治安法官是郡一级的最高司法官员，郡内的警务官和验尸官都受治安法官的领导与指挥。治安法官制度在郡级地方政府中的确立，标志着地方长官的司法权与行政完全分离。1748年，亨利·菲尔丁担任鲍街的治安法官期间，开始雇用一些“耳目”为其收集犯罪情报和查缉罪犯。1750 年，菲尔丁创建了英国历史上第一个专业侦查机构——鲍街侦缉队；由于侦缉队组建后功绩卓著，英国政府决定发给侦缉队员津贴，于是治安法官结束了无薪金的业余法官的历史。这一模式在全英各地迅速推行，1792 年通过的议案规定，每个法院设置 3 名有薪金的治安法官，并配备 6 名负责调查的侦探。之后，随着 19 世纪前期伦敦正规警察机构的建立，治安法官的犯罪侦查职能逐渐被警察所取代。

尽管中世纪英国一直以自诉作为刑事诉讼的主要模式，但在一定情况下公诉也是可以采用的方式。13 世纪，对于侵害王室利益的犯罪案件，国王法院可以直接审理，无须等待个人或陪审团提出起诉。国王也开始向各地派遣“国王代理人”（或称为国王律师、即检察官的前身），对地方的司法活动加强监督；主要职责是对涉及王室利益的杀人案件进行调查、起诉并监督审判，还负责叛逆、谋杀、纵火、抢劫、强奸等，被列为“破坏王室安宁”案件的调查并决定是否起诉。1461 年，英国历史上产生了第一个检察长，并设立了国王诉讼律师（后改为检察长），负责处理王室的法律事务和对民事、刑事诉讼的起诉与应诉。19 世纪初，自诉仍是英国刑事审判的基本模式，但是律师越来越多地介入到诉讼活动中；同时又增设了负责追究犯罪行为的检察官，只是此时的检察官还没有以代表国家的身份参加诉讼。1879 年，英国通过《犯罪追诉法》建立了“公共追诉处”，在名义上追诉处负责严重犯罪案件的起诉，实际上涉及凶杀、破产欺诈、选举贿赂等案件均受理。

英国的犯罪侦查制度具有“以民为主、以官为辅”的传统，私人侦探业很早就发展起来。从 16 世纪开始，在伦敦及其他大城市出现了一些代替警务官执勤的人，在小城镇和乡村也相继出现雇用人充当巡夜人的现象。由于当时的警务官属于兼职，并且没有任何报酬或薪金，加之这种执勤和巡夜危险性很大，又常常影响到巡夜者本身的正当职业，所以有些警务官就自己花钱雇人代替执勤，后来法律认可这种做法。17 世纪末，英国城市化的迅速发展促使犯罪的飞速发展，致使政府和有钱的受害者被迫向社会悬赏求助；于是，一种以“捕盗人”为形式的私人侦探，便应运而生。到 19 世纪英国正规的警察机构建立之后，私人侦探依然存在。在英国犯罪的高发时期，富人常常雇用私人侦探或私人保镖，使私人保安业时盛时衰。私人保安虽然多以犯罪预防为主，但在犯罪侦查领域仍然起着拾遗补阙的作用。

19 世纪初，伦敦的警察力量已经具有相当的规模，但社会治安状况仍然十分严重；英国政府曾经动用军队镇压犯罪，在民众强烈的反对声中取消这种做法。由于英国人自由民主观念的影响深入人心，将自由看得比秩序更为重要；因此，直到 1829 年，国会才终于通过《大伦敦警察法》，建立了有别于军队的警察队伍。这是英国近代警察产生的标志。由此一来，地方政府按照首都的模式纷纷组建了警察机构。1842 年，大伦敦警察厅在总部成立了一个由便衣侦探组成的犯罪侦查处，各地方警署也选派巡警担任侦探。19 世纪末，各地都设有一定规模的侦探队伍，负责本辖区内一般案件的侦破；同时，在侦查方法上也开始建立犯罪档案；至此，英国现代以警察为主体的侦查制度便初具规模。

现今的英国，刑事案件的侦查权主要由以下机构行使：

常规警察机构，就是警察局，主要对一般刑事案件享有侦查权，警察局是英国刑事案件侦查的主要部门。

在英国，刑事警察系统比较严密，全英共划分为：英格兰和威尔士、苏格兰、北爱尔兰三个警备区；又分为两大管理类别：英格兰和威尔士警备区受到内政部（The Home Office）、地方警署（Police Authority）和警察局局长（Chief Constadle）的三重制约；称为“三角形”领导体制，实行权力的相互制约机制。实际上，地方警察局局长的权力最大，内政大臣为代表的权力次之，警察署的权力最小。在英国警察权力“倒金字塔”体制的核心，体现的是地方自治。英格兰和北爱尔兰的警备区由地方政府领导。

专门警察机构，就是附属在行政或军事部门的机构，主要有交通运输警察署、原子能总署警察局、邮政总局稽查处、内政部关税总署稽查处、内政部毒品管理署稽查处、港口警察局、机场警察局、国防部警察局、皇家陆军宪兵总队、皇家海军警察局、皇家海军陆战队警察局等①。

检察机关，就是公诉机关，在 1986 年以前对任何刑事案件都有提起公诉的权力，但实际上只有“可能判处死刑的”、“内政部长交办的”、“特别重要或疑难的”三类案件有权提起公诉外，其他的案件均由警察起诉。1985 年通过了《犯罪起诉法》后，这一状况发生了重大改观。1988 年 4 月 6 日，英国成立了严重欺诈局，由英国总检察长领导侦查权，直接立案侦查和起诉重大复杂的欺诈案件。1995 年，法律对严重欺诈局的职能进行了调整，规定经欺诈局局长批准，严重欺诈局的侦查人员有权代表外交当局开

---

① 何家弘：《外国犯罪侦查制度》，中国人民大学出版社 1995 年版，第 66 页。

展海外侦查工作。

另外，英国现行验尸官和私人侦探在某些领域内，也承担一些辅助性的侦查工作。

二、美国侦查演变概况

美国是英国早期的殖民地，英国人在北美的移民中占绝大多数，所以，英国的文化传统在美国的移民社会中占据统治地位。由此一来，英格兰的居民自治的犯罪侦查传统，也就成了美国犯罪侦查制度的重要历史渊源。美国犯罪侦查的模式与英国具有相似性。

大陪审团。在英美国家的早期，对犯罪案件证据的调查和收集都属于审判活动的范畴。1619 年，英国移民在马萨诸塞州建立了第一个法院；1635 年，建立了具有对指控事实进行调查，并决定是否将案件提交审判的第一个大陪审团。美国独立后的《宪法第五修正案》规定："任何人都不得被要求就一起杀人罪或其他不名誉的指控作出回答，除非有大陪审团的报告或起诉书为据。"到 20 世纪 20 年代，美国西南部大多数州先后废除了大陪审团制度。随着检察官侦查权力的扩大，大陪审团在犯罪案件调查和起诉中的作用日渐减小；以致其功能逐渐被局限于"预审"的范围内，其作用也仅局限于对社会影响大和涉及政党斗争的重大案件之中。

验尸官。验尸官的主要职责是对可疑死亡案件进行调查，以确定死亡原因是否具有犯罪事实。由于最初验尸官是从当地居民中选任，而且不要求具备专业医生的知识和经验，导致对死亡原因的鉴定结论常常出现错误。随着近代医学科学的发展，1877 年，波士顿首先废除了由居民选任验尸官的制度，改为由州长任命法医鉴定人代替验尸官的制度；由此其他州纷纷效仿，凡是保留验尸官的州均由有医学专业的人员担任，或者雇用医生进行尸体检验；至此可以说，验尸官制度实际上已被法医鉴定制度所取代。

检察官。美国的检察制度与英国有所不同，与法国也存在一定的差异。法国是属于集中型的检察制度，而美国则是分散型的检察制度。1643 年，英国国王在弗吉尼亚任命了美国历史上第一个检察长，作为国王在殖民地的法律顾问，其职责主要是在法院审判中提供咨询。实际上，只有当某个刑事案件直接涉及到王室利益时，检察长才会参与对该案的调查，包括主持大陪审团的调查和拟定起诉书。随后，其他州也开始效仿。1662 年，康涅狄格率先设立了县检察官，负责刑事案件的调查和起诉。1704 年，又在县级法院确立了公诉制度，规定由各县的检察官负责对所有刑事案件的公诉。这种由检察官负责对刑事案件公诉的模式，迅速普及英国殖民地。至此，检察官在犯罪侦查中的重要作用和地位，便开始逐渐取代大陪审团的作用。但是，代表中央政府的检察长和地方任命的县级检察官，不可避免地在职权上产生冲突，其结果往往是地方检察官的势力占上风。美国到殖民地后期，法官在审判中越来越多地依靠检察官查明案情和提起诉讼；自诉逐渐地转变为公诉，刑事案件的调查和起诉的职责，基本上完全落到了县检察官和代理（或称助理）检察官的身上。

联邦检察官。联邦检察官是总统的法律顾问，这是美国独立战争后确立的一项制度。这一制度是根据1789年《司法条例》的规定，联邦检察官由总统任命，负责应由联邦政府管辖的刑事案件。19世纪20年代，地方开始选举检察官、司法行政官和验尸官。由此，联邦检察官的地位得到提高。

美国内战最终使联邦政府的权力进一步加强，1870年，联邦司法部成立，检察长兼任司法部长；20世纪初，在美国集中型的联邦检察体制已基本确立。然而，地方检察系统却仍然保持分散型的模式，而且地方检察官的权力得到进一步扩大；由此一来，形成了美国“三级双轨、互相独立”的检察体制模式。

警察。美国与英国相同，采取居民集体负责的巡夜制度；1631年，波士顿建立了历史上第一支业余巡夜队。美国独立后，由于工业化和都市化的迅速发展，使城市治安状况急剧恶化，一些大城市便模仿英国大伦敦警察厅的模式建立了警察机构。费城是美国第一个建立警察局的城市，其他城市也纷纷效仿；到19世纪末，美国已形成了“各自为政”的地方警察体系。

美国乡村的警察制度是在司法行政官的基础上发展而成，司法行政官原来的职责是实施法令和保证税收，以及对犯罪案件的调查和维护社会治安秩序等。美国独立后随着城市警察的发展，一些城市的司法行政官属下设有警察局，专门负责乡村的治安警务。19世纪末，各州建立了州警察机构。第一次世界大战后，州警察机构得到进一步的发展，州警察开始负责州属公路上的巡逻和犯罪侦查；美国西部当时没有正式的执法机构，铁道部门被迫建立了本系统的警察队伍，后来得到法律认可成为铁路警察。

私人侦探。19世纪中期，美国在专职警察机构建立后，犯罪仍然没有得到有效的控制，许多企业被迫在警察保护之外寻求更多的保护，于是私人保安和私人侦探便由此产生。美国最著名的私人侦探机构是平克顿侦探公司。

现今的美国，刑事案件的侦查权主要由以下机构行使：

常规警察机构。与英、法、德、日等国家警察体制不同，美国属于分散型的警察体制，全国没有上下统一的警察机构，联邦和各州分别独立行使侦查权。美国最重要的警察机构是建立于1908年的联邦调查局（Federal Bureau of Investigation），它是美国政府的主要侦查机构，专门调查违反联邦法律的近200种案件。联邦调查局既是刑事侦查机关，又是反间谍机关并行使政治侦查职权。它主要对间谍活动、恐怖组织、抢劫银行、绑架诱拐、劫持飞机等严重犯罪行使侦查权。

专门警察机构。专门警察机构是设在相关执法机构内的专门机构。美国在国防部、财政部、劳工部、农业部、商业部、邮电部、交通部、卫生部、海关总署、联邦贸易委员会、文官委员会、赔偿委员会、联邦人事管理局、退伍军人管理局等均设有专门警察局。专门警察局在各自的管辖范围内行使侦查权。

司法部。美国司法部成立于1870年，是美国最高检察机关和最高执法机关，处于美国总统直接领导之下。司法部下设侦查职能机构有：刑事司。主要对假冒、贿赂、敲诈、拐骗和盗窃等犯罪负责起诉，对有关邮政事件和有关诈骗、诱娼、安全和赌博等事件，代表政府采取行动；同时还执行合理劳动规范法。国内安全司。对潜伏间谍、煽动叛乱、通敌和其他颠覆性活动执行法律。税务司。作为国内税务局的法律顾问，在税收案件中对税务上犯有诈骗或失职的行为人，代表税收机构和部门对被指控人提起诉讼。联邦调查局。美国的总检察长，即司法部长直接领导联邦调查局，对特别重大的反恐、有组织犯罪与毒品犯罪、金融犯罪、间谍、贪污、贿赂、警察腐败、白领犯罪等行使侦查权；联邦调查局常采用秘密调查、电子监控等经过特别审批的手段。调查局只有调查权无起诉权，只有司法部或首席检察官聘任联邦检察官才有权行使检察权，检察人员亲自主持并开展侦查工作。

此外，美国的大陪审团和私人侦探，在犯罪侦查中也起到辅助和监督的作用。

第二节 法德侦查制度的演变概述

一、法国侦查演变概况

法国是大陆法系国家的代表，在犯罪侦查的历史进程中，法国的审判官、检察官和警务官，相继扮演过主要的角色。

公元5世纪末，灭亡西罗马帝国的日耳曼的一支，建立了强大的法兰西王国；其社会制度是日耳曼氏族制度与罗马封建制度相接的产物，在司法制度上保留着“民众集体审判”的传统。当时的审判机关是郡法院和百户法院，实际上就是郡和百户的民众大会；后来由民众推选的“智者”主持调查和提出意见，由此一来民众审判便流于形式，“智者”便由主持调查者演变为专职的审判官。公元8世纪末，查理大帝确认了这一制度。法国的审判曾采取控告式诉讼，查明案情的方法主要是宣誓陈述、神明裁判和司法决斗。到9世纪，王室法院开始采用纠问式诉讼，法官主动讯问被告人和询问证人，后来这种制度逐步得到扩展。直到18世纪法国近代司法制度确立之前，犯罪侦查才开始出现检察官和司法警察的身影。

公元11世纪，国王的司法权力从其领地逐渐扩大到地方，一是在全国各地设立地方王室法院，二是国王派其代理人监督地方法院的审判，这便是检察官的前身；到13世纪，路易九世的司法改革正式命名为检察官。检察官代表国王监督地方行政和司法官员，同时对犯罪进行侦查起诉，还承担收集犯罪情报、批准起诉和参与审讯。1539年，检察官成为刑事案件中的联合当事人负责起诉，检察官和法官共同负责案件的审理，实际上主要由检察官负责调查。1670年，法国的敕令确立了检察官的上诉权。1789年的法国大革命胜利后，出现了学习英国刑事司法制度的潮流；1791年颁布的《刑法典草案》，彻底废除了以检察官为代表的公诉制度，代之以八名当地居民组成的控告团，在刑事案件的起诉中扮演主要角色，这是公民自诉权的体现。由于这种自诉权行使的效果不尽如人意，便又很快回到原有的传统上来。1809年《刑事预审法典》规定废除控告陪审制度，全面恢复检察官负责公诉的制度，而且负责所有刑事案件的侦查和起诉，不过犯罪侦查的职能，在一定程度上已转移给了预审法官和司法警察。

1808年法国在每个法院中设立“审议庭”制度，在3名法官中有1名是预审法官，负责审检察官提交的案件调查结论，审查后提交审议庭表决，最后决定是否提交法庭审判。1956年法国撤销了审议庭，将审判前审查案件的权力完全赋予预审法官，预审法官有权进行调查和收集证据，在此基础上决定是否移交审判。

早在公元6世纪，巴黎地区就有一支常备巡夜队，后来被民军所取代。9世纪，军事官员的职能逐渐分化，出现了专门负责警察事务的军官——警务官。11世纪，警务官成为五大军事长官之一，具有一定的司法裁判权。

12 世纪出现的宪兵队——骑警队，由警务官领导负责王室领地的治安。14 世纪，警务官的权力逐渐扩大，甚至一度控制了法兰西的军队指挥权；后来由于出现了谋反的事件，其权力逐渐被削弱减小以致取消。1788 年，路易十六用法律形式将骑警队的职能固定下来，大革命后又改为宪兵；同时，非军事性的普通警察队伍也在形成。1699 年，国王下令组建了全国性的警察部队，由此法国的现代警察体制开始形成。大革命后拿破仑上台执政，警察机构的侦缉队得以重建和扩大，犯罪侦查方法和罪犯识别方法得到长足发展。20 世纪初，巴黎警察局犯罪侦查的体制经历了从集中型向分散集中相结合的转变。20 世纪以来，法国的警察力量不断扩大，检察官的犯罪侦查职能在逐渐缩小。

现今的法国，在形式上侦查权仍保持着检察官、预审法官和司法警察，共同负责侦查的体制，但实质上司法警察已成为最主要的侦查力量。

司法警察。在法国司法警察没有完全独立的侦查权，只是具有初步侦查的权力。司法警察包括：司法警官、司法警员、助理司法警员，以及其他依法享有司法职权的人员。具备司法警官身份的主要包括：市（镇）长及其助理，宪兵队长官、军士及特别任命的宪兵，警察局局长、警监、监察长和监察官等，其职责是对初步侦查具有组织和指挥权。具备司法警察身份的主要包括：宪兵，警察局的督查和侦查员，国家警察局和城市警察局的其他警察；司法警员是司法警察的助手，也是初步侦查的具体执行人员。不具备司法警员身份的正在执勤的国家警察和城市警察，也可以成为助理司法警员，其职责主要是协助司法警官和司法警员。其他依法具有司法职权的人员包括：工程师、区长、森林河流管理员、乡村治安员，政府机关行政公务员和公共服务官员，以及经宣誓的特殊保卫人员等。

检察官。在法国检察官是侦查的指挥者，有权指挥所在法院辖区的司法警官或司法警察的一切活动。在司法警察负责的初步侦查中，检察官有权决定采取拘留措施，享有法律授予司法警察的一切特定性权力。

预审法官。在法国，广义上的侦查包括初级侦查和正式侦查的“二步式”；前者在检察官的领导和指挥下，检察官与司法警察共同完成侦查；后者在预审法官的主持下，由检察官和司法警察辅助完成侦查。预审法官分为初级和二级预审法官，初级预审法官负责绝大多数刑事案件的预审工作，在主持预审时既可以自行实施相关的侦查行为，也可以指挥司法警察实施侦查行为。二级预审法官对于自行发现的违反法律规定的侦查行为，既可以要求初级预审法官补充侦查，也可以自行进行补充侦查。

二、德国侦查演变概况

公元5世纪，日耳曼的一支——法兰克人建立了法兰克王国。自9世纪起法兰克便一分为三，其中东法兰克逐渐演化为德国。早期的德国与法国的司法制度相同，都是日耳曼习惯法与罗马法的结合。但德国在很长时期内保持了分散型的特点。公元10世纪，亨利一世创立了德意志国家，当时的侦查主要由法院的陪审官负责。1532年，德国通过了一部综合性的刑事法典《加洛林法典》，该法典确立了新的规定，一是由职业法官代替了业余的陪审官，二是用纠问式诉讼代替了控告式诉讼。还规定法官主动追查罪犯，并允许广泛使用刑讯逼供。这种以法官为主体的侦查制度，直到18世纪初，近代警察机构出现后才得以改观。

18世纪初，近代警察机构在欧洲开始出现，并逐渐发展成为侦查的主要力量。18世纪末，为了加强司法机关对侦查的监督，警察局的侦查由刑事法院领导，警察负责侦缉犯罪，将重大犯罪的调查结果上报刑事法院；19世纪中期，城市警察机构中的侦查人员开始专业化和固定化，一些大城市相继又成立了刑事警察局。与此同时，德国的检察机构也开始出现；1831年德国各邦相继设立了与法国类似的检察机构，1871年的《法院组织法》规定，在各级法院中设置检察官；同时，《刑事诉讼法》又原则规定了检察官的职责，即指导犯罪侦查和决定是否起诉。19世纪末，现代德国以检察官领导的警察侦查体制已具雏形。

20世纪初，德国的侦查制度得到长足发展，一方面是侦查方法和技术的进步，另一方面是侦查的组织体制得到扩展。侦查方法和技术的进步在很大程度上得益于汉斯·格罗斯的功劳，他于1893年撰写的《检验官手册》一书，创立了“侦查学”这门学科。在侦查组织体制方面经过一定的发展，警察组织在全国和各州都逐步建立了专门的警察机构，并逐步由分散走向集中统一的侦查体制。1928年，柏林警察局的警察大多数在总部的31个专门化的侦缉队从事侦查工作。30年代初的德国法西斯执政时期，警察权力全部集中在党卫军手中，成立了国家秘密警察——盖世太保。第二次世界大战以后，由于德国被分割占领，原来集中统一的组织体系，变成分散型和非专业化的地方自治的警察机构。联邦德国后来恢复了战前的警察体制，民主德国则采用了苏联的模式，警察机构隶属于内务部领导。1990年德国统一后，侦查体制基本上采取联邦德国时期的模式。

现今的德国，侦查权分别由警察、检察官和侦查法官行使。

警察。德国警察系统主要分为联邦警察机构和州警察机构，两者之间只有配合和协作的关系，而没有领导与被领导的关系。警察人员隶属于各邦的内政部，但就其功能而言，法律则将其列于检察机关之下。警察分为一般警察和检察辅助警察，辅助警察被限制特别的强制权。在联邦一级，最主要的侦查机构是联邦刑事警察局和联邦边防警察局。其他的有：联邦宪法保卫局专门负责侦查危害国家安全的案件；联邦情报局是负责搜集各种情报和侦查间谍案件；联邦铁路警察局专门负责铁路案件侦查。在州一级，主要由各州警察机构设立的刑事警察部门负责侦查。在没有设立专门的刑事警察部门的警察局，侦查一般都由警察局设立的治安警察部门和交通警察部门负责。

检察官。德国的检察官不仅享有侦查权，而且有权领导和指挥警察的侦查行为，警察在侦查中只是检察官的助手。原则上，检察机关并没有一个统一指挥侦查的部门；但在实践中，通常检察官直接参与侦查的案件有三类：一是需要特殊知识和经验的案件（如商业欺诈案件）；二是危害国家安全及恐怖暴力案件；三是检察官和警察共同侦查的案件（如谋杀、持枪抢劫银行等严重案件）。

侦查法官。侦查法官又称为预审法官。1974 年之前，首席法官收到起诉的案件后，便指定一名职业法官担任该案的预审法官审理案件；预审法官可以自行或委托检察官补充侦查和提取证据，可以亲自询问证人和鉴定人，也可以决定采取必要的强制措施。预审结束后，预审法官向法庭报告预审结果并提出是否审判的建议。从 1974 年起德国废除了预审制度后，法官不再拥有指挥和领导侦查的权力，而主要是负责司法审查的法官，在紧急情况下也可以主动提起侦查程序，采取强制措施并将案件立即移交检察官。但实践中这种情况并不多见。检察官是侦查程序中的指挥者，但特别是影响大的和影响强的许多侦查措施，只有在侦查法官发布令状后才有权实施。

第三节 日俄侦查制度的演变概述

一、日本侦查演变概况

古代的日本没有专门的负责侦查的官员，在天皇执政时期，天皇是最高统治者，又是最高司法裁判者，具体的法律事务均由任命的官吏负责处理。最早出现的司法官员大概是在奈良时代的“弹正台”和“检事”。平安时代，日本曾设置“检非遣使”，其职责包括纠检违法，缉捕罪犯和审狱断案等。幕府时代出现的“三奉行”（其中执掌江户市行政、司法、警察职能的町奉行），就是兼审案断狱的行政官吏。

近代日本在明治维新以后建立了西方模式的司法制度。明治六年日本政府聘请法国专家制定了《治罪法》，但不适合日本。1890 年又聘请德国专家制定了《法院组织法》和《刑事诉讼法》。1868 年明治初年，日本建立了警察机构，在刑法官下设立了专门负责缉捕罪犯的捕亡司和捕亡方。明治五年，在司法省下成立了代替警察机构——警保寮。明治六年，开始分设司法警察（隶属于司法省）和行政警察（隶属于内务省），并在首都设立直属内务省的警视厅。内务省成立后，各地方也纷纷效仿建立了警察机构，府县的知事逐渐成为地方警察的领导者，不再直接听命于内务大臣。1888 年，在各警察署建立了外勤警察的活动据点——驻在所或派出所。1897 年开始，在建立了专门查缉罪犯的巡查立番所和巡查出张所。

1900 年，日本政府颁布了《治安警察法》，扩大和加强了警察的权力。第一次世界大战后，日本成立了“特高课”。1924 年参照德国制定了新的《刑事诉讼法》；同时扩大了检察机关的权力，规定了检察官的诉讼作为审判的绝对条件。第二次世界大战结束后，日本对司法制度进行了改革，主要体现在检察制度和警察制度两个方面。1947 年，日本国会通过了《警察法》，建立了“民主自治型”的警察系统。独立后，1954 年通过了新《警察法》，重建了全国统一的警察体系。至此，警察成为日本犯罪侦查的首要力量，检察官领导权被限于对重大经济欺诈案件、大规模偷税漏税案件、公务员贪污受贿案件等的侦查。

现今的日本，具有侦查权的机关和人员大体有四类：

一般司法警察。又可以分为司法警察员和司法巡查员，两者均由公安委员会指定，但在警衔和刑事诉讼中的权限上有较大区别。根据国家公安委员会规则，具有巡查部长以上级别的警察官为司法警察员，巡查级别的警察官为司法巡查。司法警察是开展侦查的负责人，拥有独立开始侦查和推进侦查的权力；而司法巡查员的职责是协助司法警察开展侦查工作。司法警察享有申请通常逮捕令、搜查、扣押、身体检查令，以及将被疑人移交检察官或释放和对犯罪案件受理等权力。

特殊司法警察。这是在一般司法警察不便管辖的地域和领域，为了有力地控制和打击犯罪，由行政机关的职员在其执行公务的场所和领域，利用其专门的技能或特定身份来实现侦查权。根据法律规定，享有侦查权的特别司法警察职员有：监狱和分管监狱的监狱长、监狱职员，皇宫保卫官，海上保安官，劳动基准监督官，毒品取缔官，船长和船员，邮政监察官，铁道公安职员，国有铁道职员，矿务监督官，国税厅职员等等。

检察官。检察官分为总检察长、副总检察长、检察长、副检察长、检事和副检事。检察官对警察机关移送的案件和自己直接受理的案件，都可以自行决定侦查与否。警察对刑事案件侦查后移送检察官，检察官从准备公诉的角度再进行侦查或补充侦查。另外，东京和大阪两个检察厅设立专门调查公司，专门办理经济犯罪和公务员犯罪的案件。在对案件侦查中检察机关有权要求司法警察协助，司法警察和检察官在侦查中均有权使用技术设备。

检察事务官。在日本检察机关的职责由检察官、检察事务官，以及检察职员组成。可见，检察事务官并不是检察官，不能行使检察权；事务官与其他人员一样都是检察官的辅助人员，辅助检察官听从检察官的指挥派遣，对刑事案件进行侦查的辅助。

二、俄罗斯侦查演变概况①

公元9世纪，起源于“基辅罗斯”的俄罗斯国家开始建立，当时的国家司法以习惯法为渊源，刑事审判采取私诉的原则，即只有受害者有权提起诉讼，而且被告有权决定是否应诉。随着拜占庭基督教的影响，统治者仿照罗马法的原则颁布了许多法令，后将这些法令汇编成“罗斯真理”。但刑事案件的查证仍然属于当事人的责任，而且仍是不区分原告和被告；主要证据是见证人或目击证人的陈述，掌管审判权的王公和各地封建主，只是负责对案件结论的裁判。

在16世纪，俄罗斯经过分裂和摆脱钦察汗国的附庸，沙皇建立了中央集权的俄罗斯国家，颁布了《沙皇律书》明确规定诉讼的方式；至此，在一定程度上纠问式的诉讼方式取代了控告式的诉讼方式。17世纪，经过长期的战乱后又制定新法典，形成了类似于13世纪法国以法官为主体的“犯罪侦查体制”。1716年，沙皇颁布《军事条例》明确将刑事诉讼程序分为侦查和审判两个阶段，并明确分别由侦查员和审判员负责。18世纪，彼得大

① 黄道秀：《俄罗斯联邦刑事诉讼法典》，中国政法大学出版社2003年版；赵微：《俄罗斯联邦刑法》，法律出版社2003年版。

帝建立了与司法和行政机构相平行的检察系统。19世纪的俄罗斯警察得到很大的发展，但一般意义上的犯罪侦查活动，主要由法院的预审法官和侦查员（隶属于法院）负责。俄罗斯侦查权授予范围相当广泛，法律规定和具体分工都不甚明确，所以法官、检察官、警察都可以对刑事案件进行调查；对于当时西方国家流行的科学的犯罪侦查方法，在俄罗斯没有得到足够的重视。

1917年“十月革命”后，苏维埃新政权颁布的《关于法院的第一号法令》，废除了旧的法院侦查制度和检察制度。形成了：（1）最初建立的警察组织——民警机关，保卫苏维埃政权和维护社会秩序，具有武装的性质和军事镇压的职能。随着粉碎外国武装干涉并结束内战之后，民警机关的职责转变为同各种犯罪进行斗争为主。（2）“十月革命”后，为了采取一切非常手段保卫苏维埃政权，成立了“全俄肃反委员会”（音译为“契卡”），后改名为“国家政治保安局”，主要任务是打击特务、间谍、恐怖组织等。1934年，将国家政治保安局并入内务人民委员部，它成为苏联“民警”和“秘密警察”两大警察部队的共同主管机关。第二次世界大战结束后，内务人民委员部分为“内政部”和“国家安全部”；1949年后，民警总局、边防部队、铁路警察部队等，相继从内政部转入国家安全部；不过，后来国家安全部又并入内政部。1954年，苏联又成立了新的秘密警察机构——“国家安全委员会”，即“克格勃”（苏联解体后改名为“俄罗斯安全部”）。克格勃除了对各种政治犯罪案件侦查外，也负责一些普通刑事案件的侦查和调查。（3）1922年苏联在成立了国家联盟后，检察机关设在法院内，到1933年检察机关与法院分离，建立了独立的检察院。1936年，检察系统完成了集中化的过程，形成了苏联总检察长领导下的各加盟共和国检察机关的体制。

1991年12月苏联解体后，苏联恢复原名为“俄罗斯”，沿用前苏联的刑事诉讼法；1993年俄罗斯新宪法颁布，明确规定了一系列刑事诉讼原则，对刑事诉讼法进行了多次修订，但刑事诉讼法的基本框架没有大的变动。2001年11月，俄罗斯杜马通过了新的《俄罗斯联邦刑事诉讼法典》，其后又对若干内容进行修订，逐渐形成了现在的司法体制。该法典第151条规定审判前的调查须由侦查人员和调查人员进行。

现今的俄罗斯，主要侦查机关的侦查人员负责侦查的案件有：

检察机关的侦查人员有权侦查的案件是：故意杀人或者过失致人死亡的犯罪，严重侵犯人身权利、民主权利的犯罪，恐怖主义犯罪或集团犯罪，部分危害健康和公德的犯罪，部分生态犯罪，部分危害交通的案件，危害国家政权、国家和地方公务利益的犯罪，部分妨碍司法的犯罪，部分妨碍管理秩序、大部分违反军职犯罪和破坏人类和平安全犯罪。另外，还从犯罪主体的角度规定了对议员、法官、统计局局长、联邦特派员、总统候选人、检察员、侦查员、律师等，进行犯罪案件的侦查受理权；还有对安全机关、情报机关、税务警察机关、海关、武装力量等职务犯罪的侦查权。

国家安全机关的侦查人员有权侦查的案件是：走私犯罪，恐怖主义犯罪，非法武装组织犯罪，危害国家政权和国家安全的犯罪，危害边境犯罪，大部分破坏人类和平与安全的犯罪。

俄罗斯联邦内部机关的侦查人员有权侦查的案件是：故意伤害犯罪和其他地方法侵犯健康的犯罪，部分性犯罪，部分侵犯未成年人的犯罪，侵犯财产犯罪，大部分经济活动领域犯罪，在经济组织中侵犯利益的犯罪，大部分危害公共安全的犯罪，部分危害居民健康和社会公德的犯罪，少量生态犯罪，部分危害交通安全和运营安全的犯罪，计算机信息领域犯罪，行贿受贿和玩忽职守的犯罪，少量妨碍司法的犯罪以及其他妨碍管理的犯罪。

其他调查机关调查人员负责调查的案件有：

俄罗斯联邦内务部机关的调查人员、侦查人员进行调查，该法典第150条第3款规定的刑事案件是：侵害健康的犯罪，侵害自由、名誉和人格尊严的犯罪，侵害家庭和未成年人的犯罪，侵犯财产犯罪，部分经济活动领域的犯罪，部分危害公共安全的犯罪，部分危害健康和公德的犯罪，大部分生态犯罪，危害交通及其运营安全的犯罪，部分妨碍司法的犯罪，妨碍管理秩序的犯罪；但其他专门机关调查人员、侦查人员进行调查的案件除外。

税务警察机关的调查人员、侦查人员进行调查的案件是：第198条（公民逃避纳税）第1款和第199条（规避缴纳从经济组织征收的税款）第1款规定的犯罪案件的调查。

俄罗斯联邦边防部队的调查人员、侦查人员进行调查的案件是：第253条和第256条（其中涉及俄罗斯联邦边防部队发现的非法捕捞动物和植物的部分），第322条第1款和第323条第1款，以及第188条第1款（其中涉及在没有俄罗斯联邦海关的情况下，由俄罗斯联邦边防部队查获的走私的部分）。

俄罗斯联邦司法部法警局的调查人员、侦查人员进行调查的案件是：该法典第294条第1款（妨碍审判机关的侦查），第297条（藐视法庭），第

311条第1款（泄露对审判员和刑事诉讼参加人采取安全措施的信息），第312条（违法处理被查封、扣押或没收的财产），第315条（不执行法院判决、裁定或者其他法庭决定）。

俄罗斯联邦海关的调查人员、侦查人员进行调查的案件是：第118条第1款（过失严重或中等严重损害健康），第194条（逃避关税）规定的犯罪案件。

国家消防机关的调查人员、侦查人员进行调查的案件是：《俄罗斯联邦刑法典》第168条第2款（过失毁灭或损坏财产），第219条第1款（违反消防安全规则），第261条第1款（毁灭或损坏森林）规定的犯罪案件的调查。

检察机关的调查人员、侦查人员进行调查的案件是：(1)《俄罗斯联邦刑事诉讼法典》第150条第3款规定的犯罪案件；(2)第447条所列的人员①实施的犯罪案件，以及因上述人员的职务活动而实施的犯罪案件；(3)联邦安全机关，联邦对外情报局，联邦内务部，联邦司法部和刑事执行机关，税务警察机关，联邦海关机关的公职人员实施的犯罪案件；军人，参加军事集训的公民，俄罗斯联邦武装力量，其他部队、军事组织和机关中的文职人员，因履行其职务实施的以及在部队、军团、机构、卫戍区驻地内实施的犯罪案件，以及因其履行职务对上述人员实施的犯罪案件。

综上所述，从历史发展的角度来看，侦查制度发展的历史是一个侦查职能的分工越来越细致化和职能化的过程。在原始社会中由于没有国家和法律，所以也不存在犯罪与之相关的侦查和起诉制度，侦查制度是伴随着阶级和国家的产生而产生发展起来的一项国家制度。从世界范围来看，奴隶社会时期独立的侦查制度还没有形成，侦查制度还是以法官（审案者）为主体，虽然中国、埃及、希腊、罗马等国家在奴隶社会时期的军队，已经具有了维护社会治安的警察的职能，而且在一定程度上参与了缉捕罪犯的行动。但从总体上来说，侦查只是法官审案断狱的一部分，侦查仅在必要时根据法官的要求或在法官的领导下，搜集证据和缉捕罪犯；到了封建社会，由于侦查在揭露犯罪和控制犯罪中的作用凸显，侦查职能便开始与

---

① (1)俄罗斯联邦委员会委员和国家杜马议员，俄罗斯联邦国家立法机关（代议制机关）议员，地方自治机关议员和选任制机关成员，地方自治机关的选任制公务人员，审判进行期间的陪审员或仲裁员；(2)俄罗斯联邦宪法法院的法官，普通管辖法院或联邦仲裁法院的法官，俄罗斯联邦主体宪法法院的和解法官和法官；(3)俄罗斯联邦统计局局长、副局长和俄罗斯联邦统计局审计师；(4)驻俄罗斯联邦人权特派员；(5)俄罗斯联邦卸任总统以及俄罗斯联邦总统候选人；(6)检察长；(7)侦查员；(8)律师。

审判职能分离；但这一分离不是很彻底，具有主体多元的特点，以法国为代表的大陆法系国家是以法官为主体的多元主体，以英国为代表的普通法系国家则是以大陪审团为主体的多元主体①；近代资本主义社会的侦查制度的发展，主要体现在它的逐渐自成体系，与审判职能和治安职能进一步的分离。

① 何家弘：《外国犯罪侦查制度》，中国人民大学出版社 1995 年版，第 68 页。

后记

在《侦查学基础理论》一书付梓出版之际，首先本书写作中引用诸多学者的专著和论文，吸收有关专家的成果和资料，对各位专家和学者所提供的坚实基础和理论铺垫，在此予以说明谨表致谢；对中共中央党校出版社给予出版本书的大力支持和张克敏编审为本书出版付出的努力，以及对编辑工作的一丝不苟的严谨态度，致以深深的谢意。同时感谢甘肃政法学院领导对科研工作的重视，感谢学院科研处对出版本书所给予的资助。